시험에 **꼭** 나오는
3D 프린터 운용기능사 **필기**
기출문제 풀이집

M 메카피아

머리말

Foreword

「3D 프린터 운용기능사」는 기존의 전통적인 제조방식인 절삭가공(subtractive manufacturing)의 한계를 벗어난 적층제조(additive manufacturing) 방식인 3D 프린팅 산업에서 창의적인 아이디어를 실현하기 위해 시장 조사, 제품 스캐닝, 디자인 및 3D 모델링, 적층 시뮬레이션, 3D 프린터 설정, 제품 출력, 후가공 등의 기능 업무를 수행할 숙련 기능인력 양성을 위한 자격으로 제정되었습니다.

정식 국가기술자격증으로 제정되고 나서 2018년 12월 수시 기능사 제1회 필기시험이 시행된 이후 점차 응시자가 증가하고 있는 추세인 국가기술자격증으로 필기 시험은 3D 프린터 운용에 필요한 전문적인 NCS 학습모듈의 능력단위를 기반으로 ▶ 제품스캐닝 ▶ 엔지니어링 모델링 ▶ 출력용 데이터 확정 ▶ 3D 프린터 S/W 설정 ▶ 3D 프린터 H/W 설정 ▶ 제품출력 ▶ 후가공 ▶3D프린팅 안전관리 등의 직무 수행 능력을 종합적으로 출제하여 평가합니다.

필기시험에 필요한 기초 이론 과목은 국가직무능력표준의 NCS 학습모듈 분야별 검색에서 [19.전기·전자]–[03.전자기기개발]–[11.3D프린터개발]–[02.3D프린터용 제품제작]으로 들어가면 관련 [능력단위별 학습모듈]을 무료로 다운로드 받을 수 있으니 참조하기 바랍니다.

■ **NCS 국가직무 능력표준 참조** www.ncs.go.kr

중분류	소분류	세분류	능력단위
01. 전기	08. 로봇개발	01. 3D프린터개발	01. 시장조사
02. 전자기기일반	09. 의료장비제조	02. 3D프린터용 제품제작	02. 제품기획
03. 전자기기개발	10. 광기술개발	03. 3D프린팅 소재개발	03. 제품스캐닝
	11. 3D프린터개발		05. 엔지니어링모델링
	12. 가상훈련시스템개발		06. 출력용데이터확정
	13. 착용형스마트기기		07. 3D프린터 SW 설정
	14. 플렉시블디스플레이개발		08. 3D프린터 HW 설정
	15. 스마트팜개발		

본 서는 학습자의 시간을 최대한 절약해 주고 보다 효율적인 학습을 위해 출제 빈도가 높은 시험 문제들만을 엄선하였고 컴퓨터를 이용해 시험에 응시하고 성적 처리도 컴퓨터를 통해 이루어지는 시험 방식인 CBT 과년도 기출문제를 최대한 복원하여 수록하였으며, 많은 분량의 이론 부분을 수록하는 대신에 출제빈도가 높은 문제의 해설을 보다 충실하게 보강하여 이론과 필기 기출문제를 동시에 학습할 수 있도록 구성하였습니다.

또한 필기 시험 모의평가용으로 수록한 필수 기초 학습문제는 집필진이 관련 업종에 종사하면서 습득한 교육경험과 실례들을 정리하여 문제와 해설로 구성하여 3D프린팅 분야에 처음 입문하는 수험생들의 이해를 높이고자 노력하였으며 아무쪼록 본서를 채택해주신 독자 여러분들에게 좋은 결과가 있기를 희망하고 응원하는 바입니다.

끝으로 어려운 출판계 현실 속에서도 지속적인 투자를 하며 한권의 책으로 완성되기까지 많은 수고를 아끼지 않은 전문도서출판 ㈜메카피아의 임직원들에게 감사의 인사를 드립니다.

2023년 **김진원 · 노수황** 올림

목 차

Contents

PART 01 | 역량강화 필수 기초 **학습문제** — 006

- 01 1회 필수 **기초** 학습문제 — 008
- 02 2회 필수 **기초** 학습문제 — 019
- 03 3회 필수 **기초** 학습문제 — 031

PART 02 | 2018~2021년 CBT **기출문제** 복원 — 042

- 01 2018년 공개 **기출문제** — 044
- 02 2019년 CBT **기출문제** 복원 — 056
- 03 2020년 CBT **기출문제(A)** 복원 — 069
- 04 2020년 CBT **기출문제(B)** 복원 — 080
- 05 2021년 CBT **기출문제(A)** 복원 — 094
- 06 2021년 CBT **기출문제(B)** 복원 — 106

PART 03 | 2022년 CBT 기출문제 복원 — 120

- 01 **2022년 CBT 기출문제(A) 복원** — 122
- 02 **2022년 CBT 기출문제(B) 복원** — 135
- 03 **2022년 CBT 기출문제(C) 복원** — 147

PART 04 | 출제빈도가 높은 G-코드, M-코드 명령어 — 162

- 01 3D 프린터에서 사용하는 주요 **G-코드** 명령어 이해 — 164
- 02 3D 프린터에서 사용하는 주요 **M-코드** 명령어 이해 — 166

PART 01

역량강화
필수 기초 기출문제

01 1회 필수 기초 학습문제

01 작업자가 감전되었을 때 가장 올바른 응급 처치법은?

① 가장 먼저 전원 스위치를 끈 다음 감전자를 응급치료한다.
② 병원에 신속하게 연락한다.
③ 빨리 감전자를 떼어 놓는다.
④ 물을 부어 식히고 감전자를 응급치료한다.

해설 감전재해는 다른 재해에 비해 발생율이 낮으나, 일단 재해가 발생하면 치명적인 경우가 많고 감전재해는 감전되었을 때의 호흡정지, 심장마비, 근육이 수축되는 등의 신체기능 장해와 감전사고에 의한 추락 등으로 인한 2차 재해로 발생한다.

02 적층 제조(AM) 방식의 단점이 아닌 것은?

① 제작 속도가 느리다.
② 사용가능한 소재가 제한적
③ 조형 크기 제한적
④ 절삭가공 대비 칩 발생이 없어 낭비되는 재료가 적다.

해설 3D 프린팅은 적층가공, 부가가공, 첨삭식 제조, RP System, 신속(쾌속)조형시스템, Additive Manufacturing 등으로 불리우며, 재료를 절삭가공하는 방식에 비해 쌓는 방식인 적층제조는 칩(Chip)발생이 없어 낭비되는 재료가 적다는 장점을 가지고 있다.

03 3D 프린팅 방식 중 고체 기반형 소재를 사용하는 기술에 해당되는 것은?

① FDM   ② DLP
③ SLA   ④ 3DP

해설
㉠ FDM : 고체 기반, 열가소성 수지, PLA, ABS, TPU, PVA(수용성), PC 등의 필라멘트를 사용하는 재료압출(ME) 방식
㉡ DLP : 액상 기반, 광경화성수지(레진), 포토폴리머, 빔프로젝트 광원을 사용하는 광중합(PP) 방식
㉢ SLA : 액상 기반, 광경화성수지(레진), 포토폴리머, 자외선 레이저를 사용하는 광중합(PP) 방식
㉣ 3DP : 분말 기반, CJP, 석고분말, 접착제 분사(Binder Jetting) 방식

04 3D 프린팅 기술 방식 중 재료압출(Material Extrusion) 방식에 해당하는 것은?

① FDM   ② DLP
③ SLA   ④ 3DP

해설
㉠ 재료압출(Material Extrusion) 방식 : FDM(Fused Deposition Modeling), FFF(Fused Filament Fabrication)
㉡ 광중합방식(Photo polymerization) : DLP(Digital Light Processing) 또는 수조광중합방식, Vat(액상 소재를 담는 통)
㉢ 광중합방식 : SLA(Stereo Lithography Apparatus), UV 레이저 빔 사용
㉣ 접착제분사(Binder Jetting) 방식 : 3DP(3Dimension Printing), CJP
㉤ 재료분사(Metrial Jetting) 방식 : MJM, MJP, 폴리젯(PolyJet)

05 3D 프린팅 기술 중 FDM 방식에 대한 사항이 아닌 것은?

① 재료는 가열된 압출기를 통과하면서 용융이 되고 노즐을 통해 흘러나온 재료를 출력판에 적층하여 원하는 형상을 조형하는 방식
② 글루건 방식과 유사
③ 고체 기반 소재를 주로 사용하는 방식
④ 빛에 의해 고체화되는 액상의 광경화수지를 재료로 하여 경화를 시키기 위한 빔프로젝터 내장

해설 DLP(Digital Light Projection) 방식은 마스크 투영 이미지 경화방식으로 광학기술을 응용한 기술로 빔프로젝터를 사용하여 액상 수지를 경화시켜 모델을 조형하는 방식

정답 1. ① 2. ④ 3. ① 4. ① 5. ④

06 압출기와 필라멘트 공급 장치가 서로 멀리 떨어져 있는 프린터 방식을 무엇이라고 하는가?

① 보우덴 방식
② 직접압출방식
③ 간접압출방식
④ 직결식(다이렉트 방식)

해설 FFF 방식에서 프린팅 헤드와 필라멘트 공급장치가 서로 붙어 있는 구조를 직결식(Direct)이라 하고 서로 떨어져 있는 구조를 보우덴(Bowden)방식이라고 한다.

07 3D 프린팅 제작 방식의 장점으로 거리가 먼 것은?

① 복잡한 형상의 구현 가능
② 절삭가공 대비 소재 절감
③ 구조 경량화
④ 다품종 대량생산에 유리

해설 3D 프린팅 기술은 다품종 소량생산 방식에 유리하다.

08 ( ) 파일이란 3차원 데이터를 표현하는 국제 표준 형식 중 하나로써 입체 물체의 표면 형상에 무수히 많은 3각형 면으로 구성하여 표현해 주는 일종의 폴리곤 포맷이다.
( ) 안에 들어갈 알맞은 용어는?

① IGES ② STL
③ AMF ④ OBJ

해설 STL(Standard Tessellation Language)은 3D System사에서 개발한 파일 형식으로 STereoLithography 소프트웨어용 기본 확장자로 3D 프린팅 시스템의 파일 포맷으로 표준 데이터 전송 형식이 되어 널리 사용되고 있다. STL은 입체 물체의 표면 즉, 3차원 형상을 무수히 많은 삼각형 면으로 구성하여 표현해 주는 일종의 폴리곤 포맷이기 때문에 삼각형의 크기가 작을수록 고품질의 출력물 표면을 얻을 수가 있다.

09 3D 프린팅 재료 중 옥수수나 사탕수수 같은 농작물을 원료로 만들며, FFF 방식의 3D 프린터에서 많이 사용하는 소재로 강도가 단단하며, 표면에 광택이 있는 특징을 가지는 재료는 무엇인가?

① ABS ② PLA
③ PVC ④ PC

해설 PLA(PolyLactic Acid, 폴리 유산)필라멘트는 옥수수와 같은 작물을 원료로 만들며 자연분해가 가능한 친환경소재로 알려져 있으며, 수축률이 비교적 적은 편이지만 습기를 빨아들이는 특성이 있다. 보통 1.75mm와 2.85mm의 직경으로 제조하며 용융온도는 170~230℃로 압출기 노즐의 적정 온도는 약 210℃ 정도이다.

10 3D 프린팅 제작 방식과 가장 관련이 깊은 것은?

① 첨가식 가공
② 절삭식 가공
③ 소품종 대량 생산
④ 금형기반 생산

해설 3D 프린팅 : 첨가식 제조, 부가 가공, 신속조형시스템, AM(Additive Manufacturing), 다품종 소량 생산 방식

11 대표적인 수용성 플라스틱 폴리머로 출력물 재료보다는 출력물을 받쳐주는 서포트(지지대)에 사용되며 따뜻한 물에 쉽게 녹아 서포트를 제거하는 과정이 비교적 쉬운 듀얼 압출기의 3D 프린터에 사용하기 적합한 소재는?

① PVA 필라멘트
② PLA 필라멘트
③ ABS 필라멘트
④ HIPS 필라멘트

해설 PVA(PolyVinyl Alcohol, 폴리비닐 알콜)는 물에 녹는 수용성 소재로 주로 FDM 방식 3D 프린터에서 서포트용 소재로 사용된다.

정답 6. ① 7. ④ 8. ② 9. ② 10. ① 11. ①

12 3D 프린터의 조형 방식은 시제품 제작에 소요되는 시간과 비용을 혁신적으로 절감할 수 있는 방식이다. 신속 조형법으로 제품 개발에 필요한 시제품을 빠르게 제작할 수 있도록 지원해 주는 전체 시스템을 말하는 기술 용어는 무엇인가?

① NC(Numeric Control)
② CNC(Computer Numerical Control)
③ RP(Rapid Prototyping)
④ High-Fidelity Prototyping

해설 1990년대 당시 RP(Rapid Prototyping)는 3D CAD 시스템에서 바로 부품을 적층제조하는 기술을 의미했다. CAD 파일 또는 디지털방식으로 스캔된 데이터로부터 3차원의 시제품을 제작하는 다양한 기술에 붙여진 일반적인 통칭으로 제품 개발 평가와 의사 결정 단계를 지원하는 목적으로 신속하게 컨셉 모델, 프로토타입을 제작하는 방식을 의미한다.

13 색상 및 질감 정보를 갖고 있는 것이 특징이며 3D 프린팅에도 적용하는 파일 형식은?

① step
② CNC(Computer Numerical Control)
③ dwg
④ obj

해설 ■ OBJ(Wavefront file format specification)
Wavefront의 Visualizer 고유 파일 포맷으로 DXF나 IGES처럼 ASCII 형식(확장자 .obj)으로 저장할 수도 있고 Binary 형식(확장자 .mod)으로 저장할 수도 있다. OBJ 파일에는 사용된 재료와 색상을 나타내는 MTL(Material Library)파일이 수반될 수 있으며, 3차원 객체로 색상이나 재질에 대한 정보가 필요한 경우 STL 파일 대신에 여러 3D CAD 소프트웨어에서 교환 형식으로 사용된다.

14 CMM(Coordinate Measuring Machine) 측정 방식의 특징으로 올바르지 못한 것은?

① 측정 대상물의 크기에 제한이 없다.
② 측정 정밀도 우수
③ 숙련 기술자 필요
④ 전용 항온·항습실 필요

해설 CMM(Coordinate Measuring Machine) 3차원 측정기는 피측정물과의 접촉을 감지하는 터치 프로브(Prove)가 장착되어 있어 피측정물의 치수와 기하학적 양을 감지 신호로 받은 시점에서 접촉점의 3차원 공간 좌표값(X, Y, Z)으로 변환하는 작업을 기본 기능으로 하는 측정기로 정의하며, 이는 측정물의 치수, 위치, 기하편차, 윤곽형상 등의 측정이 현재의 어느 측정기보다도 신속하고 정확하게 측정이 되는 만능형 측정기이다. 복잡한 형상이나 정밀한 측정이 가능하지만 측정 대상물의 크기에 제한이 따른다는 단점이 있다.

15 비접촉식 3D 스캐너에 대한 설명이 아닌 것은?

① 레이저 또는 백색광을 대상물에 투사하여 형상정보를 취득, 디지털 데이터로 생성하는 장비
② 흠집 발생의 우려가 없어 무르고 연한제품도 측정 가능
③ 렌즈 배율에 따라 물체 확대 가능하므로 초소형 물체 측정 가능
④ 온도 및 진동에 민감하고 숙련된 기술을 요함

해설 접촉식 3D 스캐너(CMM 3차원 측정기)는 시스템이 복잡하고 유지보수를 위한 노력이 필요하며 관련 분야의 전문지식이 요구된다.
또한 온도나 진동 등에 민감하기 때문에 설치 시 주변 환경을 잘 관리해야 한다.

16 다음 스캔 측정 방식 중 가장 먼 거리의 피사체를 측정할 수 있는 방식은?

① T.O.F 방식 (레이저)
② 백색광 방식
③ 변조광 방식
④ CMM 방식

해설 TOF(Time of Flight) 방식 3D 스캐너는 레인지 파인더(Range Finder 또는 Laser Range Finder)라고 불리는 빛을 물체 표면에 조사하여, 그 빛이 돌아오는 시간을 측정해서 물체와 측정 원점사이의 거리와 형상정보를 구하고 디지털 정보로 전환하는 기술을 바탕으로 하는 스캐닝 방식으로 현재 약 3.3피코초(1조분의 1초)의 측정이 가능하며 토목 측정이나 건물 등 대형물 측정에 많이 활용된다.

정답 12. ③ 13. ④ 14. ① 15. ④ 16. ①

17 불필요한 점을 제거하고 다양한 오류를 바로 잡아 최종적으로 삼각형 메쉬(trianglar mesh)를 형성하고 3차원 프린팅을 할 수 있게 만드는 작업을 무엇이라고 하는가?

① 페어링
② 모델링
③ 스캐닝
④ 프린팅

해설 스캔 데이터를 보정하여 노이즈를 제거한 후 스캔 형상에 불필요한 점들을 제거하고 삼각형 메쉬를 형성하는 과정을 페어링(Fairing)이라고 한다.

18 다음 설명에서 ( ) 안에 들어갈 용어로 가장 알맞은 것을 고르시오.

> 스캔 데이터는 일반적으로 여러 번의 스캔 과정을 통해 얻어진 점군 데이터를 서로 합친 데이터로 개별적인 스캐닝 작업에서 얻어진 점군 데이터들이 합쳐지는 과정을 ( )이라고 한다.

① 정합
② 병합(머징)
③ 데이터 클리닝
④ 노이즈 제거

해설 정합(Registration) : 여러 번 스캔 후 얻은 점군의 데이터를 합치고 다듬는 과정이 필요한데 스캔 데이터를 합치는 과정을 정합이라고 한다.

19 스캔할 때 주변 밝기를 무엇이라고 하는가?

① 조도
② 광도
③ 휘도
④ 명도

해설 3D 스캔 방식에 따라 조도 조절을 해주어야 한다. 라인 레이저 방식과 광 패턴 방식은 주변에 직사광선 등으로 너무 밝은 경우 또는 실내가 너무 어두운 경우 대상물 표면에 투영된 레이저가 카메라에 잘 측정되지 않을 수 있으므로 사용하는 스캐너에 따라 조도를 맞추고 노출 설정을 해주어야 한다.

20 개별 스캐닝 작업에서 얻어진 점 데이터들이 합쳐지는 과정을 무엇이라고 하는가?

① 정합(Registration)
② 병합(Merging)
③ 정렬(Alignment)
④ 노이즈 제거(Noise Removal)

해설 3D 스캔 데이터는 보통 여러 번의 측정에 따른 점군 데이터를 서로 합친 최종 데이터이다. 이렇게 개별 스캐닝 작업으로부터 얻어진 점군 데이터들이 합쳐지는 과정을 정합이라고 하며 정합은 정합용 고정구 및 마커 등을 사용하는 경우와 측정 데이터 자체로 정합을 하는 경우가 있다.

21 스캐닝 작업에서 중복되는 부분을 서로 합치는 과정으로 데이터를 하나의 파일로 통합하는 과정을 무엇이라고 하는가?

① 정합(Registration)
② 병합(Merging)
③ 얼라이먼트(Alignment)
④ 노이즈 리무벌(Noise Removal)

해설 병합(머징)은 정합을 통해서 중복되는 부분을 하나로 합치는 과정으로 정합은 전체 데이터를 회전 이송하면서 같은 좌표계로 통일하는 과정이며, 병합은 이러한 데이터를 하나의 파일로 통합하는 과정이다.

22 적층값에 대한 설명으로 틀린 것은?

① 3D 프린터가 형상물을 출력하는데 적층하는 수치를 뜻한다.
② 적층값은 3D 프린터마다 각각 다르다.
③ 적층값이 높을수록 정밀도가 좋다.
④ 3D 프린터 종류마다 지원하는 적절한 적층값의 범위를 파악하는 것이 중요하다.

해설 FDM 방식 3D 프린터의 경우 적층값인 레이어 두께(높이)는 보통 0.05, 0.1, 0.2~0.4mm 정도이며 적층값 즉 적층 두께 값이 클수록 출력시간은 단축되지만 출력물의 표면은 거칠어진다.

정답 17. ① 18. ① 19. ① 20. ① 21. ② 22. ③

23 노즐이 다음 출력할 곳으로 이동할 때 재료가 실처럼 흘러나오게 되는 것을 방지하기 위해 역회전하여 일정 부분을 빨아들이고 나오게 하는 기능은?

① 내부 채우기 ② 스트링
③ 채움 밀도 ④ 리트랙션

해설 리트랙션(Retraction, 역회전)은 슬라이싱 프로그램에서 설정할 수 있으며, 출력물에 스트링(String, 일명 거미줄)이 발생하는 경우가 있는데 필라멘트를 핫엔드(Hotend)로 밀어주는 익스트루더의 회전 방향을 순간적으로 역회전시켜 필라멘트의 압출을 일시적으로 멈추게 하는 것으로 주요 설정 항목은 리트랙션 거리(프린트 헤드이동 시 필라멘트를 몇 mm 뒤로 당길지 설정하는 항목)와 리트랙션 속도(어느 정도의 빠르기로 당길지 설정하는 항목)가 있다.

24 Layer height에 대한 설명으로 옳지 못한 것은?

① 레이어 높이 설정값이 높을수록 출력시간이 길어진다.
② 모델의 전체높이를 설정 레이어 높이로 나누면 전체 적층해야 할 층수를 알 수 있다.
③ 3D 프린터에서 출력시 한 층의 높이를 설정하는 옵션이다.
④ 레이어 높이 설정값이 낮을수록 출력물의 품질이 좋다고 할 수 있다.

해설 FDM 방식 3D 프린터의 경우 적층값인 레이어 두께(높이)는 보통 0.05, 0.1, 0.2~0.4mm 정도이며, 레이어 두께를 0.1mm로 한 경우에 0.2mm로 한 경우보다 2배의 출력시간이 걸린다.

25 다음 보기에서 설명하는 내용으로 알맞은 것을 고르시오.

> 3D 프린터에서 실제로 출력하기 전에 슬라이서에서 적층되는 과정을 사전에 확인해 볼 수 있다.

① 적층 두께 ② 적층 높이
③ 가상 적층 ④ 적층 가공

해설 3D 프린터로 출력하기 전 슬라이서 프로그램에서 모델을 가상 적층해보면 모델이 어떻게 출력되는지 적층 시뮬레이션을 통해 확인 가능하다.

26 슬라이싱 프로그램에서 출력물의 내부(속)를 채우는 기능으로 100%로 출력하면 단단하지만 출력하는데 많은 시간이 걸리고 반대로 너무 채우지 않으면 출력물이 약해서 쉽게 파손된다. 이 기능은 무엇인가?

① Fill Density
② Bottom/ Top thickness
③ Enable retraction
④ Shell thickness

해설 Fill Density(%)는 내부 채우기 밀도를 말하며 출력물의 내부를 몇 %로 채울지를 설정하는 메뉴로 일반적으로 15~30% 정도로 설정하며 0으로 설정 시 내부가 완전히 빈 형태로, 100으로 설정 시 완전히 꽉 찬 형태로 출력된다. Infill도 내부 채움 정도를 % 단위로 구분하며 말 그대로 출력물의 내부를 얼마만큼 채울 것인지를 설정하는 기능이다.

27 수치제어(NC)에서 기계를 제어 조정해 주는 코드로 보조 기능이라 불린다. 프로그램을 제어하거나, 기계의 보조 장치들을 On/Off 해 주는 역할을 수행하는 이 코드는 무엇인가?

① G 코드
② M 코드
③ NC 코드
④ Z 코드

해설 아두이노 기반의 3D 프린터는 G 코드(General Code)와 M 코드(Niscellaneous Code)로 이루어진 툴패스(ToolPath)를 만들어서 작동한다. M 코드는 3D 프린터의 노즐, 베드, 냉각팬 등의 기계 동작부의 On/Off 제어명령을 하는 보조 기능이며 G 코드(이동 형태 : 직선, 원호 등)는 준비기능을 담당한다.

정답 23. ④ 24. ① 25. ③ 26. ① 27. ②

28 G-Code에 대한 설명으로 틀린 것은?

① 모터의 동작을 제어하기 위한 좌표값이 프로그래밍되어 있다.
② 3D프린터 이외에도 CNC나 레이저 컷팅기 등에도 사용하는 코드이다.
③ 출력용 G-Code 생성 프로그램을 보통 슬라이서라고 부른다.
④ 대표적인 G-Code 생성기로는 Net Fabb이 있다.

해설 G-Code는 G 프로그래밍 언어 혹은 RS-274 규격은 대부분의 수치제어(NC)에서 사용되는 프로그래밍 언어로 자동제어 공작기계를 통한 컴퓨터 지원 제조에 주로 사용된다. NetFabb은 적층가공과 3D 프린팅 작업을 빠르고 간편하게 해주는 소프트웨어로 효율적인 빌드 준비 기능 외에도 적층제조에 최적화된 디자인 도구, 금속 적층제조를 위한 사전 검증, 후공정에 필요한 CNC 작업 준비 환경 등을 제공하는 프로그램이다.

29 3D 프린팅 방식 중 종이판이나 플라스틱 등의 얇은 재료를 CO2 레이저나 정밀한 칼로 컷팅 후 열을 가하여 접착하면서 모델을 제작하는 방식은?

① FDM   ② LOM
③ SLA   ④ 3DP

해설 LOM(Laminating Object Manufacturing) 방식은 시트 적층(Sheet Lamination) 기술로 얇은 필름이나 판재 형태의 소재를 단면형상으로 절단하고 열, 접착제 등으로 접착시켜가면서 적층 조형하는 기술이다.

30 석유에서 유독 가스를 제거한 추출물을 이용해 만든 재료로 일상생활에서 흔히 볼 수 있는 플라스틱이고, 비교적 저렴하며 고온에서 잘 견디는 프린팅 재료는 무엇인가?

① PLA   ② PC
③ PVC   ④ ABS

해설 ABS(Acrylonitile Poly-Butadiene Styrene)는 실생활에서 많이 사용하는 플라스틱 소재로 레고(LEGO) 완구가 바로 ABS 소재로 제작된 것이다.

31 3D 프린팅 방식 중 액상 기반형 소재를 사용하는 기술에 해당되는 것은?

① FDM   ② LOM
③ DLP   ④ LS

해설 DLP 방식은 광중합방식(PP)으로 액상의 광경화성수지에 빛을 조사하여 소재와 중합반응을 일으켜 선택적으로 고형화시켜 적층조형하는 기술이다.

32 3D 프린팅 방식 중 빛에 민감한 반응을 하는 광경화성 수지가 들어 있는 수조에 자외선 레이저를 조사하여 모델을 제작하는 방식은?

① DMLS
② SLS
③ SLA
④ CJP

해설 SLA(Stereo Lithography Apparatus) 방식은 출력 모델의 돌출부를 지지하는 서포트가 필요하며 미세한 형상구현이나 Sharp Edge의 형상 구현 기능이 우수한 광중합방식(PP)으로 다양한 아크릴 또는 에폭시 계열의 소재, ABS급 물성소재 등이 사용되고 있다.

33 분말 기반 소재를 사용하는 3D 프린팅 방식 설명에 해당되는 것은?

① 플라스틱 분말은 사용할 수 없다.
② SLA, DLP 기술이 이에 속한다.
③ 티타늄, 스테인리스 합금 소재는 사용이 불가능하다.
④ 출력 작업 시 분진이 발생하므로 피부와 호흡기에 영향을 미칠 수 있다.

해설 분말적층 용융결합(Powder Bed Fusion) 방식은 분말을 블레이드와 롤러를 이용하여 베드에 얇은 레이어로 깔고 레이저를 선택적으로 조사하여 수평면 상에서 원하는 패턴을 조형하는 기술로 플라스틱, 금속, 비금속 등의 소재를 사용하며 작업 시에 분말이 피부에 접촉하거나 호흡기를 통해 흡입하지 않도록 안전보호장구를 착용하여야 한다.

정답 28. ④ 29. ② 30. ④ 31. ③ 32. ③ 33. ④

34 3D 프린팅 기술 방식 중 재료압출 방식에 해당하는 것은?

① FFF(Fused Filament Fabrication)
② DLP(Digital Light Processing)
③ SLA(Stereo Lithography Apparatus)
④ 3DP(3Dimension Printing)

해설 재료압출(Metrial Extrusion) 방식은 고온으로 가열한 소재를 노즐을 통해 연속적으로 압출시켜가며 형상을 조형하는 기술로 FDM, FFF 등의 상용화된 기술 방식이 있다.

35 측정 대상으로부터 특정 정보(문자, 모양, 크기, 위치 등)을 얻어 내는 것을 무엇이라고 하는가?

① 3D 스캐닝
② 리버스 엔지니어링
③ 3D 프린팅
④ 3D 모델링

해설 3D 스캐닝은 사람이나 사물의 3차원 형상을 계측하여 3D 데이터를 얻는 기술로 측정기술에 있어 기초가 되는 삼각측량의 측정원리를 이용하여 멀리 떨어진 곳에 있는 물체의 3차원적 형상을 측정하는 것도 가능하다. 제품의 역설계(Reverse Engineering), 검사, 문화재 스캔 등의 다양한 산업 분야에서 활용되고 있다.

36 다음 ( ) 안에 들어갈 알맞은 용어는 무엇인가?

> 지지대와 관련한 성형 결함으로는 제작 중 하중으로 인해 아래로 처지는 현상을 ( )라하며, 소재가 경화하면서 수축에 의해서 뒤틀림이 발생하게 되는데 이러한 현상을 ( )이라고 한다.

① Warping, Sagging
② Sagging, Warping
③ Printing, Sagging
④ Warping, Printing

해설
㉠ 새깅(Sagging) : 출력 중 하중으로 인해 아래로 처지는 현상
㉡ 워핑(Warping) : 압출 소재가 경화하면서 재료에 따라 수축이 발생하여 뒤틀리는 현상

37 출력 보조물인 지지대에 대한 설명 틀린 것은?

① 지지대가 가급적 많을수록 좋다.
② 지지대를 과도하게 형성할 경우 조형물과의 충돌로 인하여 제품 품질이 하락하고 후공정에 있어서 작업과정을 복잡하고 어렵게 만든다.
③ 필요한 지지대는 생성하되 과도하지 않도록 적절한 수준의 지지대 생성이 필요하다.
④ 지지대의 제거가 용이해야 한다.

해설 FDM 방식에서 제품을 출력할 때 외팔보와 같은 돌출 부분에서의 처짐 등을 방지하기 위해서 슬라이서에서 모델의 형상에 따라 자동으로 생성해주는 지지대(서포트)는 모델링 시 가급적 지지대가 필요없는 형상으로 디자인하는 것이 유리하며, 지지대가 많아질수록 출력시간 증가, 사용소재량 증가, 후처리의 어려움 등이 따른다.

38 모델링한 파일을 3D 프린팅으로 출력할 수 있는 G-Code로 변화하는 과정을 무엇이라고 하는가?

① 슬라이싱   ② 스캐닝
③ 코딩   ④ 역설계

해설 3D 프린터는 소재를 압출하여 한층 한층 쌓아 올려가며 제품을 만드는데 이렇게 출력 모델을 설정한 레이어 두께로 데이터를 얇게 썰어주는 것을 슬라이싱(Slicing)이라고 한다. 슬라이싱에 의한 2차원 단면 데이터 생성 시 절단된 윤곽의 경계 데이터가 연결된 폐루프가 이루도록 한 후 생성된 폐루프끼리 교차되지 않아야 한다.

39 슬라이싱 프로그램에서 불필요하게 압출되는 원료 배출을 후퇴시키는 것을 조절하는 메뉴는 무엇인가?

① Retraction   ② Infill
③ Skirt   ④ Layer Thickness

해설 리트랙션(Retraction) 설정으로 모델과 모델 사이의 떨어져 있는 부분을 이동 시 불필요한 소재가 흘러나와 출력물에 거미줄이 쳐진 것처럼 흔적을 남기는 현상을 개선할 수 있다.

정답 34. ① 35. ① 36. ② 37. ① 38. ① 39. ①

40 슬라이스 프로그램에서 적층 두께를 의미하는 것은?

① Layer height
② Shell thickness
③ Fill Density
④ Bottom thickness

해설 적층 두께는 3D 프린터로 출력할 때 한 층의 높이를 설정하는 옵션을 말하며, 레이어 높이, 레이어 두께, 레이어 해상도 등으로 불리며 일반적으로 0.05~0.4mm 정도로 설정할 수 있다.

41 FDM 방식의 3D 프린터에서 사용하는 소재로 강도가 높지만 원래 옷을 만들 때도 쓰이는 재료로서 충격 내구성이 강하고 특유의 유연성과 질긴 소재의 특징 때문에 휴대폰 케이스나 의류, 신발 등을 출력하는 유용한 소재는?

① TPU(써모 플라스틱 폴리우렌탄) 소재
② 나일론 소재
③ PC(폴리카보네이트) 소재
④ PVA(폴리비닐 알코올) 소재

해설 나일론 소재는 FDM 방식에서 주로 사용되는 ABS나 PLA보다 강도가 높은 재질로 기계 부품이나 RC 부품 등 강도와 마모도가 높은 특성의 제품을 제작할 때 주로 사용되기도 하며 출력했을 때 출력물의 표면이 깔끔하고 수축률이 낮은 편이다.

42 광중합방식(Vat Photopolymerization) 3D 프린팅 기술 중에 빛이 투광될 수 있는 수조에 액상재료를 담고 아래 쪽에서 빔 프로젝터의 렌즈를 통해 조형대상물의 단면 영상을 재료에 투사함으로써 필요한 부분만 경화시키는 방식은?

① FDM(Fused Deposition Modeling)
② DLP(Digital Light Processing)
③ SLA(Stereo Lithography Apparatus)
④ SLS(Selective Laser Sintering)

해설 DLP 기술은 우리말로 '마스크 투영 이미지 경화방식'이라고도 하며 3D CAD로 설계된 3차원 솔리드 데이터를 각각의 그림 데이터(Bitmap)로 전환하여 소프트웨어에서 디지털마스크(Digital Mask)를 생성한 뒤 DLP Projetion 장치에서 고해상도의 프로젝션 광으로 광경화 수지(Protopolymer Resin)에 마스크 투영(Digital Mask Projection)하여 모델을 조형하는 원리로 세밀한 표면조도와 정밀도가 있는 제품을 출력할 수 있다.

43 ISO에서 적층가공 기술 용어 정의 중 접착제분사(Binder Jetting) 방식에 속하는 3D 프린팅 방식은 무엇인가?

① LOM(Laminated Object Manufacturing)
② DMLS(Direct Metal Laser Sintering)
③ MJM(Multi-Jet Modeling)
④ 3DP(Three Dimensional Printing)

해설
㉠ 시트적층 : LOM, VLM, UC
㉡ 분말적층 용융결합 : SLS, DMLS, EBM
㉢ 재료분사 : MJM, MJP, PolyJet
㉣ 접착제 분사 : 3DP, CJP, Ink-jetting

44 3D 프린터의 좌표 지령 방법에는 절대 지령과 증분 지령으로 구분한다. G코드에서 절대 지령 G90, 증분 지령은 G91을 사용하는데 두 지령이 속한 그룹은?

① 모달그룹 01
② 모달그룹 02
③ 모달그룹 03
④ 모달그룹 04

해설
모달그룹 01 : G00, G01, G02, G03
모달그룹 02 : G17, G18, G19
모달그룹 03 : G90, G91

45 다음의 M-코드 중에서 '압출기 온도 설정'은?

① M 140
② M 141
③ M 104
④ M 109

해설
M140 : 플랫폼(베드) 온도 설정
M141 : 챔버 온도 설정
M109 : 압출기 온도 설정 후 도달 시까지 대기

정답 40. ① 41. ② 42. ② 43. ④ 44. ③ 45. ③

46 다음 보기 중 3D 프린터 출력용 파일의 오류현상으로 거리가 먼 것은 무엇인가?

① 오픈 메쉬
② 메쉬가 떨어져 있는 경우
③ 매니폴드 형상
④ 반전 면

해설 ■ 출력용 파일의 오류 종류
㉠ 오픈 메쉬 : 메쉬 사이에 한 면이 비어 있는 형상이나 구멍이 있는 메쉬는 출력시 오류가 발생할 수 있다.
㉡ 메쉬가 떨어져 있는 경우 : 메쉬와 메쉬 사이가 완전히 떨어져 있는 경우 수정하지 않으면 출력 시 오류가 발생할 수 있다.
㉢ 비매니폴드 형상 : 비매니폴드 형상은 실제 존재할 수 없는 구조로 3D 프린팅, 부울 작업, 유체 분석 등에 오류가 발생할 수 있다.
㉣ 반전 면 : 오른손 법칙에 의해 생긴 노멀벡터가 반시계 방향으로 입력되어 인접된 면과 같은 방향으로 되어야 하지만, 반대로 시계방향으로 입력되어 인접된 면과 노멀 벡터의 방향이 반대 방향일 경우 반전 면이 생기게 된다. 반전 면은 시각화 및 렌더링 문제뿐만 아니라 3D 프린팅을 하는 경우에 문제가 발생할 수 있다.

47 선택적 레이저 소결 조형방식으로 작은 입자의 플라스틱 분말이나 금속 분말, 세라믹 또는 유리 분말을 높은 열의 레이저로 녹여 적층시켜 입체 조형하는 3D 프린팅 방식은?

① SLS   ② DLP
③ SLA   ④ PolyJet

해설 ㉠ SLS : Selective Laser Sintering
㉡ DLP : Digital Light Processing
㉢ SLA : Stereolithography Apparatus
㉣ PolyJet : Photopolymer Jetting

48 방진 마스크의 선정 기준과 가장 거리가 먼 것은?

① 분집포집 효율은 높고 흡기·배기 저항이 높은 것
② 중량이 가볍고 시야가 넓은 것
③ 안면 밀착성이 좋아 기밀이 잘 유지되는 것
④ 마스크 내부에 호흡에 의한 습기가 발생하지 않는 것

해설 방진 마스크는 채광, 분쇄, 연마작업 등에서 석면이나 고체화학 물질이 호흡기를 통해 체내에 유입되는 것을 방지하기 위하여 사용되는 마스크로 흡기·배기 저항이 낮은 것이 좋다.

49 전기 절연성, 치수 안정성이 좋고 내충격성도 우수한 편이라 전기 부품 제작에 가장 많이 사용되는 재료로 출력 시 발생하는 냄새를 맡을 경우 해로울 수 있으므로 출력 시 실내 환기에 주의를 기울여야 하는 소재는?

① Nylon 소재
② PC(Polycarbonate) 소재
③ HIPS(High-Impact Polystyrene) 소재
④ TPU(Themoplastic PolyUrethane) 소재

해설 PC(폴리카보네이트)는 열가소성 플라스틱으로 가공성, 투명성, 전기절연성이 좋으며 내열성과 강도가 높은 것이 특징이며 충격 강도도 높다고 한다. 전기부품, 안전 헬멧, 스포츠 용품, 고강도의 여행용 가방, 스마트폰, 노트북 케이스, 건축외장재 등에 주로 사용된다.

50 대표적인 수용성 플라스틱 폴리머로 출력물 재료보다는 출력물을 받쳐주는 서포트에 사용되며 따뜻한 물에 쉽게 녹아 서포트를 제거하는 과정이 비교적 쉬운 듀얼 압출기의 3D 프린터에 사용하기 적합한 소재는?

① PVA 필라멘트
② PLA 필라멘트
③ ABS 필라멘트
④ HIPS 필라멘트

해설 PVA(폴리비닐알콜)는 고분자 화합물로 폴리아세트산 비닐을 가수 분해하여 얻어지는 무색 가루로 물에는 녹고 일반 유기 용매에는 녹지 않는다. 수용성 소재이므로 고가의 산업용 FDM 방식에서 주로 서포트 재료로 사용하며 듀얼 노즐 타입의 3D 프린터에서 ABS는 모델을 출력하고 PVA는 서포트로 출력된다.

정답 46. ③ 47. ① 48. ① 49. ② 50. ①

51 3D 프린팅 중 발생할 수 있는 분진이나 미세 먼지의 노출 위험으로 나타나는 증상으로 거리가 먼 것은?

① 심폐 질환
② 천식 등 호흡기 질환
③ 두통
④ 골절

해설 골절은 뼈가 부러지는 부상으로 거리가 멀다.

52 G코드에서 고정 사이클 초기점으로 복귀하는 기능으로 종료 후 초기점으로 복귀하는 용도의 코드는?

① G95
② G96
③ G97
④ G98

해설

G코드	그룹	기능	용도
G95	05	회전당 이송	회전당 공구 이송량 지정
G96	13	주속 일정 제어	공구와 공작물의 운동 속도를 일정하게 제어
G97	13	주축 회전수 일정 제어	분당 RPM 일정
G98	10	고정 사이클 초기점 복귀	종료 후 초기점으로 복귀

53 축과 구멍의 지름이 30mm이고, 축의 공차가 ±0.2일 때 축의 최소허용치수는?

① 30
② 29.8
③ 30.2
④ 30.4

해설 축의 최소 허용치수 : 30 − 0.2 = 29.8
축의 최대 허용치수 : 30 + 0.2 = 30.2

54 제품 설계부터 생산에 이르는 모든 데이터를 포함하기 위해서 가장 최근에 개발된 표준이다. 거의 대부분의 상용 CAD/CAM 소프트웨어에서 지원하는 것은?

① XYZ 데이터
② IGES
③ STEP
④ STL

해설 STEP(Standard for Exchange of Product Data)는 IGES의 단점을 보완하고 제품 설계부터 생산에 이르는 모든 데이터를 포함하기 위해 가장 최근에 개발된 표준 형식으로 거의 대부분의 상용 CAD/CAM 소프트웨어에서 표준 파일 형식을 지원한다.

55 STL 포맷의 꼭짓점 수와 모서리를 구하는 방법에서 삼각형으로 된 면이 4개인 정사면체에서 중복된 꼭짓점과 모서리를 각각 하나라고 생각하면 꼭짓점은 4개이며, 모서리는 몇 개가 되는가?

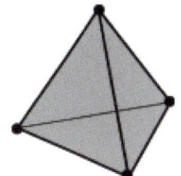

① 4
② 6
③ 8
④ 12

해설 꼭짓점 수 = (총 삼각형의 수/2) + 2 = (4/2) + 2 = 4
모서리 수 = (꼭짓점 수 × 3) − 6 = (4 × 3) − 6 = 6

정답 51. ④ 52. ④ 53. ② 54. ③ 55. ②

56 다음의 M코드 [M140 S80]에 대한 설명으로 올바른 것은?

① 3D 프린터 챔버의 온도를 80℃로 설정한다.
② 3D 프린터 압출기의 온도를 80℃로 설정한다.
③ 3D 프린터 플랫폼의 온도를 80℃로 설정한다.
④ 3D 프린터 헤드의 이송속도를 80mm/min으로 설정한다.

> **해설** M140 : 플랫폼 온도 설정
> 제품이 출력되는 플랫폼의 온도를 Snnn으로 지정된 값으로 설정한다.
> M141 : 챔버 온도 설정
> 제품이 출력되는 공간인 챔버의 온도를 Snn으로 지정된 값으로 설정한다.

57 제도법에서 물체의 기본 중심선에서 반으로 절단하여 물체의 기본적인 특징을 가장 잘 나타낼 수 있도록 단면 모양을 그리는 제도법을 무엇이라고 하는가?

① 온단면도   ② 한쪽 단면도
③ 부분 단면도   ④ 회전 단면도

> **해설** 온단면도는 전단면도라고도 하며 물체의 1/2을 절단하여 도시하고, 한쪽 단면도는 물체의 1/4을 절단하여 도시하는 단면도이다.

58 적층제조, 적층가공이라고도 불리며, 입체물을 기계 가공 등을 통하여 자르거나 깎는 절삭가공 제조방식과 반대되는 개념을 무엇이라고 하는가?

① CAM
② AM
③ CAE
④ CNC

> **해설** AM : Additive Manufacturing(적층 제조)

59 다음의 G코드에 대한 설명으로 옳은 것은?

G1 X80.5 Y12.3 E12.5

① 현재 위치에서 프린트 헤드를 X=80.5, Y=12.3으로, 필라멘트를 현재 길이에서 12.5mm까지 압출하면서 이송
② 현재 위치에서 프린트 헤드를 X=80.5, Y=12.3으로, 압출기 노즐 온도를 12.5℃로 설정
③ 현재 위치에서 프린트 헤드를 X=80.5, Y=12.3으로, 베드 온도를 12.5℃로 설정
④ 현재 위치에서 프린트 헤드를 X=80.5, Y=12.3으로, 이송속도를 12.5mm/min으로 설정

> **해설** G1은 현재 위치에서 지정된 위치까지 프린트 헤드나 베드를 직선 이송하라는 명령이며 이 때 이송 속도(Fnnn)나 압출되는 필라멘트의 길이(Ennn)를 지정할 수 있다.

60 현재의 위치 A의 좌표 값이 [X30, Y10]이고 다음 이동할 위치 B의 좌표값이 [X90, Y100]이라고 했을 때 증분좌표방식의 좌표 이동값으로 올바른 것은?

① G00 Z90.0 Y100.0
② G00 X60.0 Y90.0
③ G00 X30.0 Y10.0
④ G00 X120.0 Y110.0

> **해설** 증분 좌표 방식에서는 현재 위치의 좌표값과 이동할 좌표 값의 차인 X60.0, Y90.0을 지정하게 되고, 절대 좌표 방식에서는 X90.0, Y100.0을 지정하게 된다.

정답 56. ③ 57. ① 58. ② 59. ① 60. ②

2회 필수 기초 학습문제

01 STL 파일에 대한 개념 설명으로 옳지 않은 것은?

① STL 포맷은 삼각형의 세 꼭짓점이 나열된 순서에 따른 오른손 법칙을 사용한다.
② 각 Vertex(꼭짓점)는 인접한 모든 삼각형의 Vertax여야 한다는 꼭짓점 규칙을 만족시켜야 한다.
③ STL 파일은 아스키(ASCII)코드와 바이너리(Binary)코드 형식이 있다.
④ STL 포맷은 동일한 Vertax가 반복된 법칙으로 인해 파일의 크기가 매우 작게 되어 저장 공간을 적게 차지한다.

해설 STL 포맷은 동일한 Vertax(꼭짓점 또는 정점)가 반복된 법칙으로 인해 파일의 크기가 매우 커지게 되어 전송 시간이 길고 저장 공간을 많이 차지한다.

02 ( ) 포맷은 XML에 기반하여 STL 파일의 단점을 다소 보완한 파일 포맷이다. ( ) 안에 들어갈 용어는 무엇인가?

① AMF
② OBJ
③ PLY
④ VRML

해설 AMF(Additive Manufacture Format) 포맷은 XML 기반의 데이터 교환용 오픈 소스 프레임워크로 파일 크기가 작으면서도 CAD 및 3D 프린터 간의 효과적인 표준 파일 형식으로 다양한 색상, 복잡한 구조, 적은 파일 용량(이진 STL보다 50% 정도 우수한 압축률) 등이 장점이다.

03 좌표어에서 좌표를 지령하는 방법에는 절대 지령과 증분(상대) 지령이 있는데 절대 지령은 무엇인가?

① G0
② G90
③ G91
④ G92

해설 좌표어에서 좌표 지령의 방법에는 절대(absolute)지령과 증분(incremental)지령이 있다. 절대 지령은 G90을 증분지령은 G91을 사용하며 모두 모달그룹3에 해당한다. 절대 지령은 좌표를 지정된 원점으로부터의 거리로 나타내는 방식이다. 좌표 값으로부터 현재 가공할 위치가 어디인지 직관적으로 알 수 있어 사람이 코드를 읽기 쉬운 장점이 있다. 반면, 증분지령은 현재 헤드가 있는 위치를 기준으로 해당 축 방향으로의 이동량으로 위치를 나타낸다. 따라서, 기계의 이동량을 나타내게 되어 기계가 해석하기에는 유리한 방식이지만 코드를 보고 현재 어떤 위치인지 알기가 어려운 단점이 있어 권장되지 않는다.

04 3D 프린터 헤드를 직접 이송하는 명령으로 모달그룹 1에 해당하며 전체 G-코드 중 가장 많은 부분을 차지하는 명령으로 이 중에 급속이송으로 설정된 장비 이송의 최대 속도로 압출하지 않고 프린터 헤드를 이동시키는 명령은?

① G00
② G01
③ G21
④ G28

해설 첨가 가공의 헤드를 직접 이송하는 명령으로 모달그룹1에 해당한다. 전체 G-code 중 가장 많은 부분을 차지하는 명령이다. "G00"은 급속이송으로 설정된 장비 이송의 최대 속도로 첨가 가공 없이 헤드를 이동시키는 명령이다.

정답 1. ④ 2. ① 3. ② 4. ①

05 3D 프린터가 특정 시간 동안 아무 변화없이 대기해야 할 경우 사용할 수 있는 대기(Dwell) 지령은?

① G01
② G02
③ G03
④ G04

해설 3D 프린터가 특정 시간 동안 아무 변화 없이 대기해야 할 경우 사용할 수 있는 대기(Dwell) 지령은 G04를 사용한다. 대기 지령은 동일한 블록에 X나 P로 대기 시간을 지정해야 하며, X는 소수점이 있는 실수로 초(second)단위로 정지 시간을 지령한다. 그리고 P는 소수점이 없는 정수로 밀리초(millisecond)단위로 정지시간을 지령한다.

06 원점 복귀를 위한 명령은?

① G0
② G1
③ G21
④ G28

해설
㉠ G28 : 원점이송, 3D 프린터의 각 축을 원점으로 이송시킨다.
㉡ G0 : 급속 이송, 헤드나 플랫폼을 목적지로 빠르게 이송
㉢ G1 : 직선 보간, 현재 위치에서 지정된 위치까지 헤드나 플랫폼을 직선 이송
㉣ G21 : 단위 변환, 단위를 mm로 변환

07 도면에서 구멍의 치수가 [40 ±0.1]로 지시되어 있다면 위 치수허용차는 얼마인가?

① 40.1
② 39.9
③ 40.0
④ 40.2

해설 위(상한) 치수허용차 : 40 + 0.1 = 40.1
아래(하한) 치수허용차 : 40 − 0.1 = 39.9

08 움직이고자 하는 좌표를 지정해 주면 현재 설정된 좌표계의 원점을 기준으로 해서 지정된 좌표로 프린터 헤드 또는 베드(플랫폼)이 이송되는 좌표 방식은?

① 증분 좌표 방식
② 절대 좌표 방식
③ 극좌표 방식
④ 3차원 좌표 방식

해설 위치 결정 방식 중 절대 좌표 방식(Absolute Coordinate Method)은 움직이고자 하는 좌표를 지정해 주면 현재 설정된 좌표계의 원점을 기준으로 해서 지정된 좌표로 헤드 혹은 플랫폼이 이송된다.

09 헤드 또는 플랫폼(베드)의 현재 위치를 기준으로 지정된 값만큼 이송하는 좌표 방식은?

① 증분 (상대)좌표 방식
② 절대 좌표 방식
③ 극좌표 방식
④ 3차원 좌표 방식

해설 증분 좌표 방식(Incremental Coordinate Method)은 헤드 또는 플랫폼의 현재 위치를 기준으로 지정된 값만큼 이송된다.

10 단위를 밀리미터(mm)로 변환하는 G코드는?

① G20
② G21
③ G90
④ G91

해설 G20 : 단위를 인치(Inch)로 변환
G21 : 단위를 밀리미터(mm)로 변환

11 압출기의 온도 설정을 하는 M코드는 무엇인가?

① M1
② M17
③ M18
④ M104

해설 M1 : 휴면
M17 : 모든 스테핑 모터에 전원 공급
M18 : 모든 스테핑 모터에 전원 차단
M104 : 압출기 온도 설정

정답 5. ④ 6. ④ 7. ① 8. ② 9. ① 10. ② 11. ④

12 다음의 M코드에 대한 설명으로 올바른 것은 무엇인가?

> M104 S210

① 3D 프린터의 쿨링팬 회전속도를 분당 210회전으로 설정한다.
② 3D 프린터의 모든 움직임을 멈추고 시스템을 종료시킨다.
③ M104에 의해 3축의 스테핑 모터에 전원을 공급한다.
④ 3D 프린터 압출기의 온도를 210℃로 설정한다.

해설 M104는 압출기 온도 설정 명령이며 Snnn으로 지정된 온도로 설정한다.

13 3D 프린터에서 제품이 출력되는 베드(플랫폼)의 온도를 설정하는 M코드는?

① M104 ② M106
③ M109 ④ M140

해설
M140 : 플랫폼(베드) 온도(Snnn) 설정
M141 : 챔버 온도(Snnn) 설정
M104 : 압출기 온도 설정
M106 : 쿨링팬 전원 켜기
M109 : 압출기 온도 설정 후 대기

14 출력이 종료된 것을 알려 주는 용도로 "삐" 소리를 재생하는 M코드는?

① M18
② M140
③ M141
④ M300

해설 M300은 소리 재생 명령이며 출력이 종료되었다는 것을 알려주는 용도 등으로 사용하고, Snnn으로 지정된 주파수(Hz)와 Pnnn으로 지정된 지속시간(밀리초) 동안 소리가 재생된다.

15 정투상도의 제3각법에서 물체를 위에서 내려다 보고 작성한 그림을 무엇이라 하는가?

① 정면도
② 평면도
③ 저면도
④ 배면도

해설 제3각법은 물체를 제3각에 놓고 정투상하는 방법으로 눈과 물체 사이에 투상면이 있게 된다.
정면도 : 정면에서 본 그림
평면도 : 윗면에서 본 그림
저면도 : 아랫면에서 본 그림
배면도 : 뒷면에서 본 그림

16 도면의 폭(세로)과 길이(가로)의 비는?

① $1:\sqrt{2}$ ② $\sqrt{2}:1$
③ $2:1$ ④ $1:2$

해설 기계제도에서 사용하는 도면의 크기는 A열 사이즈(A0~A4)를 사용하며, 제도 용지의 세로와 가로의 비는 $1:\sqrt{2}$이다.

17 M코드는 수치제어기계를 제어 및 조정해 주는 코드로 보조 기능이라 불린다. 다음 M코드 중에서 헤드의 온도 조작을 위한 PID 제어의 온도 측정 및 출력 값 설정 시간 간격을 지정하는 명령은 어느 것인가?

① M190
② M109
③ M73
④ M135

해설 M190 : 조형을 하는 플랫폼을 가열하는 명령
M109 : 헤드에서 소재를 녹이는 열선의 온도를 지정하고 해당 조건에 도달할 때까지 가열 혹은 냉각을 하면서 대기하는 명령
M73 : 장치의 제작 진행률 표시창에 현재까지 제작이 진행된 정도를 백분율로 표시하는 명령
M135 : 헤드의 온도 조작을 위한 PID제어의 온도 측정 및 출력 값 설정 시간간격을 지정하는 명령으로 'S'어드레스로 밀리초 단위의 시간 값을 줄 수 있다.

정답 12. ④ 13. ④ 14. ④ 15. ② 16. ① 17. ④

18 도면에서 가는 실선을 사용하는 용도로 적합한 것은?

① 외형선 ② 숨은선
③ 지시선 ④ 가상선

해설
- 외형선 : 굵은 실선
- 숨은선 : 가는 파선 또는 굵은 파선
- 지시선 : 가는 실선(치수선, 치수보조선)
- 가상선 : 가는 이점쇄선

19 다음 선의 종류 중에서 특수한 가공이나 열처리를 하는 부분 등 특별한 요구사항을 적용할 범위를 나타내는 선은?

① 굵은 실선 ② 가는 실선
③ 가는 1점쇄선 ④ 굵은 1점쇄선

해설 굵은 1점 쇄선은 특수 지정선으로 특수한 가공이나 열처리를 지시하는 부분 등에 요구사항을 적용할 수 있는 범위를 표시한다.

20 그림과 같은 투상도를 무엇이라 하는가?

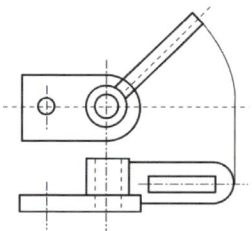

① 회전 투상도
② 국부 투상도
③ 부분 투상도
④ 보조 투상도

해설
- ㉠ **회전 투상도** : 투상면이 어느 정도의 각도를 가지고 있어 실제 모양이 나타나지 않을 때 그 부분을 회전하여 투상하는 것
- ㉡ **국부 투상도** : 대상물의 홈이나 구멍들의 한 국부만의 모양을 도시한 투상도
- ㉢ **부분 투상도** : 물체의 일부를 도시하는 것만으로도 충분한 경우, 필요한 부분만을 투상하여 도시
- ㉣ **보조 투상도** : 경사면 부분이 있는 대상 물체에서 그 경사면의 실제 모양을 표시할 필요가 있는 경우

21 적정 온도를 지키지 않고 노즐 온도를 설정하면 노즐 막힘 현상, 필라멘트 끊김 현상이 일어날 수 있으니, 출력 시 노즐 온도설정을 소재에 맞게 적정 온도로 설정하여야 한다. PLA의 적정 노즐 설정온도는 얼마인가?

① 180~230℃
② 220~250℃
③ 240~260℃
④ 250~305℃

해설

소재 종류	노즐 온도
PLA	180~230℃
ABS	220~250℃
Nylon	240~260℃
PC(폴리카보네이트)	250~305℃

22 3D 프린터 헤드 이송 명령에서 직선 보간으로 불리는 ( )은 'F' 어드레스로 설정된 이송속도에 따라 X, Y, Z, E 등의 좌표어로 주어지는 위치까지 소재를 압출하면서 직선으로 이동한다. ( ) 안에 들어갈 알맞은 명령은 무엇인가?

① G00
② G01
③ G02
④ G04

해설
- ㉠ **G00** : 급속이송으로 설정된 장비 이송의 최대속도로 압출 없이 헤드를 이동시키는 명령
- ㉡ **G02** : 원호 보간 CW(시계방향)
- ㉢ **G04** : 멈춤(드웰, Dwell) 정지시간 지령

정답 18. ③ 19. ④ 20. ① 21. ① 22. ②

23 그림과 같이 부품의 일부를 도시하는 것으로 충분한 경우에는 그 필요 부분만을 표시할 수 있는 투상도는?

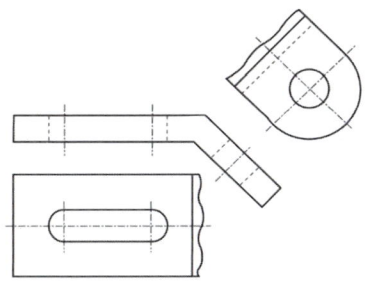

① 회전 투상도
② 부분 투상도
③ 국부 투상도
④ 보조 투상도

> 해설 부분 투상도 : 물체의 일부를 도시하는 것만으로도 충분한 경우, 필요한 부분만을 투상하여 도시하고, 이 경우에 생략한 경계를 파단선으로 나타낸다.

24 투상 관계를 나타내기 위하여 그림과 같이 원칙적으로 주가 되는 그림 위에 중심선 등으로 연결하여 그린 투상도는?

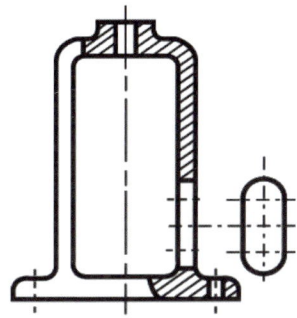

① 보조 투상도
② 국부 투상도
③ 부분 투상도
④ 회전 투상도

> 해설 국부 투상도 : 대상물의 홈이나 구멍들의 한 국부만의 모양을 도시한 투상도

25 STEP(Standard for Exchange of Product Data)에 대한 설명으로 맞는 것은?

① 제품 설계부터 생산에 이르는 모든 데이터를 포함하기 위해서 가장 최근에 개발된 표준이다.
② 가장 단순한 포맷이다.
③ 최초의 표준 포맷이며, 형상 데이터를 나타내는 엔티티(entity)로 이루어져 있다.
④ 파일은 점뿐만 아니라 선, 원, 자유곡선, 자유 곡면, 트림 곡면, 색상, 글자 등 CAD/CAM 소프트웨어에서 3차원 모델의 거의 모든 정보를 포함할 수 있다.

> 해설 XYZ : 가장 단순한 포맷
> IGES : 최초의 표준 포맷이며, 형상 데이터를 나타내는 엔티티(entity)로 이루어져 있다.

26 모델링에서 객체의 모서리 부분을 둥글게 라운드 처리하는 방식을 무엇이라고 하는가?

① 모따기
② 모깎기
③ 대칭
④ 회전

> 해설 모깎기(Fillet)는 각진 모서리를 둥글게 라운딩 처리하는 것으로 라운드의 반지름 값에 따라 모깎기의 반지름 크기가 결정된다.

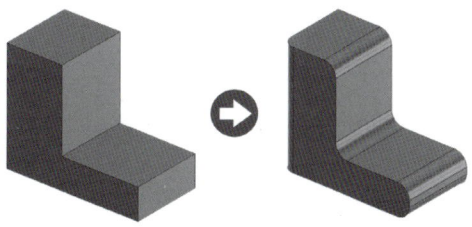

27 FDM 출력물의 후처리 시 사용하기도 하는 훈증기를 이용하는 방법 중에 잘못 설명된 것은?

① 밀폐된 용기에 출력물을 넣고 알콜을 기화시켜 출력물의 거친 표면을 녹여 후처리하는 방법으로 매끈한 표면을 쉽게 얻을 수 있다.
② 단점은 사용할 때 냄새가 많이 나고 출력물의 미세한 형상 등이 뭉개지는 경우가 있다는 것이다.
③ ABS를 분해시키기 때문에 출력물에 닿게 되면 출력물이 녹는 현상이 발생하여 표면 거칠기를 좋게 한다.
④ 반드시 환기가 되는 곳에서 작업하고 항상 안전과 관리 주의를 기울여야 한다.

[해설] 훈증기는 아세톤을 가열하여 배출된 가스를 플라스틱 출력물에 분사하여 매끈한 표면을 얻을 수 있지만 상온에서 휘발성이 강하고 인화성이 크므로 취급에 각별한 주의가 필요하다.

28 2D 단면에 높이 값을 주어 면을 만드는 방식으로 선택한 면에 높이 값을 주어 생성시킨다. 무슨 모델링 방법인가?

① 돌출 모델링 ② 스윕 모델링
③ 회전 모델링 ④ 로프트 모델링

[해설] 돌출(Extrude)은 3D 모델링 작업 시에 가장 많이 사용하는 기능으로 스케치로 생성된 2D 단면에 높이 값을 주어 면을 돌출시키는 방식이다.

29 선의 경로에 따라 넓이, 높이, 길이를 갖고 두께가 없으며 위치와 방향성을 갖는 것을 무엇이라고 하는가?

① 점   ② 선형
③ 서피스 ④ 솔리드

[해설] 서피스(Surface)모델링은 곡면 모델링이라고도 하며 면을 중심으로 입체물을 표현하며, 주로 곡선과 곡면을 통해 물체의 외형을 표현하는 방법이다. 물체의 내부 정보를 제공하지 못하므로 물체의 체적이나 용적을 구할 수 없고 표면의 랜더링을 위한 목적으로 많이 쓰인다.

30 3D 프린팅 서비스 사업자의 안전교육에 관한 세부내용이 아닌 것은?

① 삼차원 프린팅산업 관련 법령 및 제도에 관한 사항
② 삼차원 프린팅의 유해위험방지에 관한사항
③ 삼차원 프린팅 작업환경 및 작업자 보호에 관한 사항
④ 삼차원 프린팅 제작 기술에 대한 세부교육 사항

[해설] 3D 프린팅 서비스 사업자의 안전교육에서 3D 프린터를 제작하는 기술에 대한 교육은 거리가 멀다.

31 아래 그림과 같이 자유 곡선이나 하나 이상의 스케치 경로를 따라가는 형상을 모델링하는 방식은?

 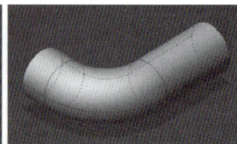

① 돌출(Extrude)   ② 회전(Revolve)
③ 스윕(Sweep)   ④ 쉘(Shell)

[해설] 스윕(Sweep)은 2차원 형상 스케치를 임의의 경로를 따라서 3차원 형상으로 만드는 기능으로 2차원 형상 스케치를 프로파일(Profile), 임의의 경로를 패스(Path)라고 부르며, 2차원 형상 스케치가 스윕기능으로 만들어진 3차원 모델의 단면형상이 된다.

32 다음 치수 중 원호의 길이를 나타내는 것은?

① □50
② ø50
③ ⌒50
④ t=50

[해설] ㉠ □50 : 정사각형 표시
㉡ ø50 : 구멍이나 축의 지름 표시
㉢ t=50 : 두께 치수 표시

33 도면의 치수기입에서 이론적으로 정확한 치수를 나타내는 것은?

① 8
② (8)
③ ★8
④ 8̲ (boxed)

해설 기하공차를 이론적으로 정확한 치수(TED : Theoretically Exact Dimension)로 지시하는 개념으로 TED는 이론적으로 정확한 치수를 사각형으로 둘러싸고 그 위치에 관한 공차를 공차 기입란에 기입한다.

34 헐거운 끼워맞춤에서 구멍의 최대 허용치수는 50.025mm, 최소 허용치수가 50.000mm, 축의 최대 허용치수는 49.975mm, 최소허용치수가 49.950mm 일 때, 최소 틈새는?

① 0.075mm   ② 0.005mm
③ 0.025mm   ④ 0.050mm

해설 ■ 헐거운 끼워맞춤
최소 틈새 = 구멍의 최소 허용치수 – 축의 최대 허용치수
(50.000 – 49.975 = 0.025mm)
최대 틈새 = 구멍의 최대 허용치수 – 축의 최소 허용치수
(50.025 – 49.950 = 0.075mm)

35 아래 그림은 몇 각법인가?

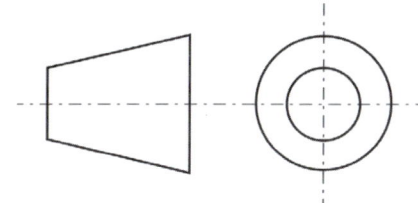

① 제 1 각법
② 제 2 각법
③ 제 3 각법
④ 제 4 각법

해설 제1각법 : 눈 → 물체 → 투상면
제3각법 : 눈 → 투상면 → 물체

36 아래 그림에 해당하는 모델링 기능은?

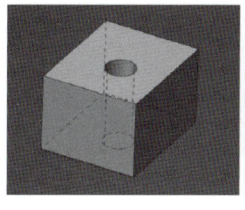 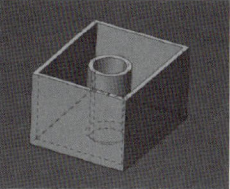

① 돌출(Extrude)
② 회전(Revolve)
③ 스윕(Sweep)
④ 쉘(Shell)

해설 피처 명령어인 쉘 기능은 솔리드 형상에 일정한 두께를 주어 내부를 제거하면 속이 빈 모양의 형상을 모델링하는 기능이다.

37 오류 검출 프로그램의 종류가 아닌 것은?

① Netfabb
② Meshmixer
③ MeshLab
④ CATIA

해설 CATIA는 3차원 CAD 솔루션이다.

38 아래 그림에 해당하는 모델링 기능은?

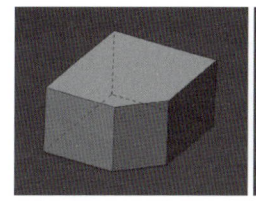 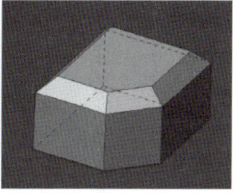

① 모깎기(Fillet)
② 모따기(Chamfer)
③ 쉘(Shell)
④ 라운딩(Rounding)

해설 모따기는 솔리드 형상에서 면의 모서리를 면취하는 기능으로 입력한 거리값에 따라 모따기의 크기가 결정된다.

정답 33. ④ 34. ③ 35. ① 36. ④ 37. ④ 38. ②

39. 솔리드 모델링의 특징이 아닌 것은?

① 데이터의 구성이 간단하다.
② 복잡한 형상의 표현이 가능하다.
③ 물리적 성질 등의 계산이 가능하다.
④ 부품 상호 간의 간섭 체크가 용이하다.

해설 솔리드 모델링은 가장 진보된 방식으로 3차원으로 형상화된 물체의 내부를 공학적으로 분석할 수 있는 방식으로 부피, 무게 등의 다양한 정보를 제공하며 물리적 성질의 계산이나 간섭 체크가 용이한다. 하지만 컴퓨터 메모리 용량이나 데이터의 처리가 많아진다.

40. 다음 중 피처(Feature) 명령에 해당하지 않는 것은?

① 돌출
② 회전
③ 구멍
④ 스케치

해설 피처 명령에는 돌출, 회전, 구멍, 스윕, 쉘, 모깎기, 모따기 등의 명령이 있다.

41. 일반적인 ABS 필라멘트의 압출기 노즐 온도로 가장 적정한 온도는 어느 것인가?

① 180~230℃
② 220~250℃
③ 240~260℃
④ 250~305℃

해설

소재 종류	노즐 온도
PLA	180~230℃
ABS	220~250℃
Nylon	240~260℃
PC(폴리카보네이트)	250~305℃

42. FDM 3D 프린터 출력 도중에 단면이 밀려서 성형되는 경우와 가장 관계가 먼 것은?

① 헤드가 너무 빨리 움직일 때
② 스테핑 모터의 회전 동력이 타이밍 벨트에 제대로 전달되지 않는 경우
③ 초기부터 타이밍 벨트의 장력이 너무 높게 설정되어 있는 경우
④ 플랫폼의 수평이 맞지 않을 때

해설 플랫폼의 수평(노즐과 베드 레벨링)이 맞지 않으면 재료가 플랫폼에 제대로 부착되지 않는 현상이 발생할 소지가 있다.

43. 기존에 생성된 솔리드 모델에서 프로파일 모양으로 홈을 파거나 뚫을 때 사용하는 기능으로서 돌출 명령어의 진행과정과 옵션은 동일하나 돌출 형상으로 제거하는 명령어를 뜻하는 것은?

① 합치기(합집합)
② 교차하기(교집합)
③ 빼기(차집합)
④ 생성하기(신규생성)

해설 3D 모델링에서 집합 연산은 중요한 사항으로 여러 형태의 형상을 만들고 표현하는데 있어 합집합(Union), 차집합(Difference, Subtraction), 교집합(Intersection)을 지원하고 있다. 차집합은 빼기 연산으로 기존에 생성된 객체를 기준으로 새롭게 생성되는 객체를 빼고 남는 부분을 만드는 것이다.

44. 3D 모델링에서 평면을 기준으로 선, 원, 호 등의 작성 명령을 이용하여 형상을 표현하는 것은?

① 2차원 스케치
② 3차원 스케치
③ 솔리드 모델링
④ 곡면 모델링

해설 3D 엔지니어링 소프트웨어에서 가장 먼저 제작할 형상의 기본적인 프로파일(단면)을 생성하기 위해 스케치라는 영역에서 형상의 레이아웃을 작성하는 곳으로, 형상의 완성도를 결정하는 가장 중요한 부분이다. 스케치는 통상적으로 2차원 스케치와 3차원 스케치로 구분이 되며, 2차원 스케치는 평면을 기준으로 선, 원, 호, 사각형, 다각형, 타원, 폴리선 등의 스케치 작성 명령을 이용하여 형상을 표현하는 것이며, 3차원 스케치는 3차원 공간에서 직접적으로 선을 작성하는 기능이다. 일반적으로는 2차원 스케치를 통해서 프로파일을 작성한다.

정답 39. ① 40. ④ 41. ② 42. ④ 43. ③ 44. ①

45 제품 제작 시에 반영해야 할 정보를 정리한 문서이다. 디자인 요구 사항, 영역, 길이, 각도, 공차, 제작 수량에 대한 정보를 포함하고 있다. 이것을 무엇이라고 하는가?

① 사용설명서
② 작업 지시서
③ 시방서
④ 제작 견적서

해설 작업지시서란 보통 생산관리 업무에서 관리자가 업무지시를 내리기 위해 작성한 문서를 말하는데 3D 프린팅용 제품 제작 시에 반영해야 할 정보를 정리한 문서이다. 이 문서에는 디자인 요구사항(모델링 방법, 3D 프린터 사양 등), 제작 요구사항(제작 물품명, 방법, 기간, 수량 등)과 모델의 크기 등에 관련된 치수가 포함되어 있다.

46 끼워맞춤 방식에서 항상 죔새가 생기는 끼워맞춤은 무엇인가?

① 헐거운 끼워맞춤
② 중간 끼워맞춤
③ 억지 끼워맞춤
④ 죔새 끼워맞춤

해설 억지 끼워맞춤은 구멍의 최대 허용치수가 축의 최소 허용치수보다 작은 경우, 즉 구멍이 축보다 작은 경우로 항상 죔새가 발생한다.

47 다음 표에서 구멍과 축의 최대 틈새는 얼마인가?

치수 구분	구멍	축
최대 허용치수	30.034	29.991
최소 허용치수	30.009	29.966

① 0.018
② 0.025
③ 0.043
④ 0.068

해설 구멍과 축의 최대 틈새는 구멍의 최대 허용치수에서 축의 최소 허용치수를 뺀 값이다.
30.034 − 29.966 = 0.068

48 제품이 출력되는 공간인 챔버의 온도를 설정하는 용도의 M코드는?

① M140
② M141
③ M190
④ M300

해설 M140 : 플랫폼(베드) 온도 설정
M141 : 챔버 온도 설정
M190 : 플랫폼(베드) 가열 기능
M300 : 소리 재생

49 출력 도중 재료가 압출되지 않을 때의 원인으로 가장 적절하지 않은 것은?

① 필라멘트가 꼬여서 원활한 공급이 안되는 경우
② 필라멘트 재료의 직경이 일정치 않거나 얇아진 경우
③ 압출기 노즐이 막혀버린 경우
④ 히트 베드의 온도가 너무 높은 경우

해설 ■ 출력 도중 재료가 압출되지 않는 경우
㉠ 스풀에 더 이상 필라멘트가 없을 때
㉡ 필라멘트 직경이 얇아졌을 때
㉢ 압출기 노즐이 막혔을 때
㉣ 압출기 헤드의 모터가 과열되었을 때

50 다음 중 도면의 양식에서 부품란에 기입할 사항이 아닌 것은?

① 품번
② 품명
③ 재질
④ 투상법

해설 투상법은 부품란 아래의 표제란에 기입한다. 표제란에는 도명, 척도, 투상법, 제도자 등이 기입된다.

정답 45. ② 46. ③ 47. ④ 48. ② 49. ④ 50. ④

51 객체들 간의 자세를 흐트러짐이 없이 잡아두고, 차후 디자인 변경이나 수정 작업시 편리하고 직관적으로 업무를 수행하기 위해서 필요한 중요한 기능을 무엇이라고 하는가?

① 조립 조건
② 자립 조건
③ 구속 조건
④ 일치 조건

해설 3D 엔지니어링 프로그램에서 구속 조건에는 크게 형상 구속(수평, 수직, 동일, 평행, 직각, 동심, 접선, 일치 구속 등)과 치수 구속의 두 가지가 있으며 이 두 구속조건을 모두 충족해야 정상적이고 안전한 설계를 할 수 있다.

52 분말방식 SLS 3D 프린터의 출력물 회수 순서로 가장 올바른 것은?

(가) 안전 보호 장구를 착용한다.
(나) 3D 프린터가 완전히 동작을 멈춘 것을 확인하고 도어를 연다.
(다) 플랫폼에서 진공흡입기를 이용하여 출력물을 회수한다.
(라) 출력물에 붙어 있는 성형되지 않은 분말소재를 제거한다.
(마) 출력물 회수 후 플랫폼 위에 남아 있는 분말을 안전하게 회수한다.

① (가) – (나) – (다) – (라) – (마)
② (나) – (가) – (다) – (라) – (마)
③ (나) – (다) – (가) – (라) – (마)
④ (가) – (나) – (라) – (다) – (마)

해설 분말적층 용융결합(PBF, Powder Bed Fusion) 방식에 속하는 SLS(Selective Laser Sintering, 선택적 레이저 소결) 기술은 분말을 블레이드와 롤러를 이용하여 베드에 얇고 평평하게 깔고 그 위에 레이저를 선택적으로 조사하여 수평면 상에서 원하는 패턴을 만들어 조형하는 방식이다.

53 FDM 방식 3D 프린터의 출력물의 출력 보조물에서 베드와 모델과의 접착력이 가장 강한 설정 요소는?

① 스커트(Skirt)
② 브림(Brim)
③ 라프트(Raft)
④ 인필(Infill)

해설 라프트(Raft)는 출력물과 빌드 플랫폼과의 고정력을 강화시키고 출력 중 뒤틀리거나 쓰러짐을 방지할 목적으로 모델 밑면과 베드 바닥 면에 몇 개의 격자라인을 출력하고 그 위에 모델을 출력시키는 기능이다.

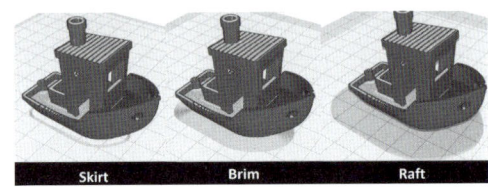

54 SLA 방식 3D 프린터의 출력물의 지지대에 대한 설명으로 올바르지 못한 사항은?

① 액체 상태의 광경화성 수지를 사용하며 모델 재료와 지지대 재료가 동일하다.
② 보통 지지대는 가는 기둥 모양으로 생성되어 출력물에서 분리하기가 비교적 용이하다.
③ 액상 소재를 출력하는 SLA 방식은 경화되지 않은 액상 소재가 지지대 역할을 한다.
④ 일반적으로 지지대는 자동 생성하지만 사용자가 임의로 지지대 생성을 할수 안할 수도 있다.

해설 액상 기반 소재를 사용하는 SLA나 DLP 기술의 경우에도 소재와 동일한 재료의 서포트를 생성하여 출력 시 낙하 방지 및 안정적인 출력물을 얻기 위해 사용한다.

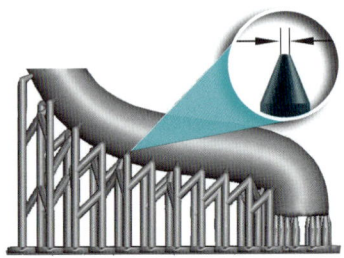

정답 51. ③ 52. ① 53. ③ 54. ③

55 모델을 출력하기 전, 출력물 주변에 라인을 압출하여 노즐 내 남아있는 찌꺼기를 제거하거나 노즐의 막힘 여부를 확인하는 용도로 출력물과 베드와의 안착 관계는 별 영향이 없는 기능 설정은 무엇인가?

① 스커트(Skirt)
② 브림(Brim)
③ 라프트(Raft)
④ 리트랙션(Retraction)

[해설] 브림(Brim) : 모델 출력 시 빌드 플랫폼과 고정력을 강화시키고 출력 시 뒤틀리는 현상을 방지하기 위한 설정으로 바닥면에 바로 출력하지만 출력물의 첫 번째 레이어 가장자리를 돌아가며 보조물을 출력해 주는 기능

리트랙션(Retraction) : 출력물에 머리카락같이 얇은 선이 생기는 것은 압출 노즐 내부의 용융된 재료가 흘러나오기 때문이다. 이런 현상을 방지하기 위해서 압출 노즐 내부의 재료를 뒤로 후퇴시키는 설정을 말한다.

56 출력물의 파트분할에 대한 설명으로 틀린 것은?

① 파트를 분할하여 조각으로 출력하는 경우, 하나의 파트를 그대로 출력했을 때 생성되는 지지대를 최소한 줄일 수 있으며, 지지대의 제거 또한 손쉽게 이루어질 수 있다.
② 파트 분할은 출력될 모든 부품에 적용되는 것이 아니고, 모델링 내부에 공간이 발생되어 있고, 그 모델링 공간에서 조립이나 동작 등이 이루어져야 하는 경우에 많이 사용한다.
③ 3D 엔지니어링 프로그램에서는 파트를 분할할 수 있는 기능을 기본적으로 제공하지 않기 때문에 슬라이서 프로그램에서 파트 분할 작업 후 출력한다.
④ 기준 평면 분할은 처음 모델링을 위한 스케치 드로잉을 시작할 때 사용한 평면을 기준으로 파트를 분할할 때 위치한 기준 평면으로 파트를 분할한다.

57 출력물의 후처리 중 도장 작업 시 주의할 사항이 아닌 것은?

① 도장 작업에서 발생하는 가스를 마시지 않도록 주의해야 한다.
② 환기가 잘 되는 환경에서 도장 작업을 해야 한다.
③ 에어건을 사용한 후에는 남아 있는 도료가 증발되어 날아가므로 별도로 세척할 필요는 없다.
④ 도장 작업이 끝난 후 에어펌프 안에 기체가 남아 있어서 내부 압력이 올라가 있으면 에어펌프가 고장 날 수 있으므로 주의해야 한다.

58 G코드 명령어가 잘못된 것은?

① Fnnn : 이송 속도
② Ennn : 압출 필라멘트의 길이
③ G0 : 급속 이송
④ G1 : 곡선 보간

[해설] G1 : 직선 보간

59 다음의 기하공차 기호의 종류는 무엇인가?

① 진원도 공차   ② 동심도 공차
③ 위치도 공차   ④ 원통도 공차

[해설]

진원도	위치도	원통도
○	⊕	⌭

정답 55. ① 56. ③ 57. ③ 58. ④ 59. ②

60 기하학적 속성에서 이상적인 직선으로부터 어긋난 정도를 무엇이라고 하는가?

① 진직도
② 평행도
③ 직각도
④ 평면도

해설

진직도	평행도	직각도	평면도
—	//	⊥	▱

㉠ **평행도** : 기준이 되는 직선이나 평면에 대해서 평행을 이루고 있는 직선이나 평면으로부터 어긋난 정도를 의미한다.

㉡ **직각도** : 기준 직선이나 평면에 대해서 직각을 이루고 있는 직선이나 평면으로부터 어긋난 정도를 의미한다.

㉢ **평면도** : 이상적인 평면으로부터 어긋남의 정도를 의미하는데, 이상적인 평면은 그 위에 놓인 모든 점들이 동일한 평면 위에 있는 것이다.

정답 60. ①

03 3회 필수 기초 학습문제

01 PLA 필라멘트에 대한 설명으로 틀린 것은?

① 농작물을 원료로 하여 제작한다.
② 금속이나 목재가루를 혼합한 필라멘트도 있다.
③ 커피 찌꺼기나 해조류 등을 이용하여 제작되는 필라멘트도 있다.
④ PLA 필라멘트의 노즐 설정 온도는 약 220~250℃ 정도이다.

> **해설** ■ 소재에 따른 노즐 온도
>
> | 소재의 종류 | 압출 노즐 온도 |
> |---|---|
> | PLA | 180~230℃ |
> | ABS | 220~250℃ |
> | Nylon | 240~260℃ |
> | PC (PolyCarbonate) | 250~305℃ |
> | PVA (Polyvinyl Alcohol) | 220~230℃ |
> | HIPS (High-Impact Polystyrene) | 215~250℃ |
> | WOOD | 175~250℃ |
> | TPU (Thermoplastic polyurethane) | 210~230℃ |

02 접촉식 3차원 측정기의 대표적인 방식은 무엇인가?

① CMM
② CCD
③ CMOS
④ CT

> **해설** CMM(Coordinate Measuring Machine)은 물체의 표면 위치를 검출할 수 있는 터치 프로브(Touch Probe)가 3차원 공간을 이동하면서 각 측정 점의 공간 좌표를 검출하고 그 데이터를 컴퓨터가 처리함으로써 3차원적인 크기나 위치 또는 방향 등을 측정할 수 있는 만능 측정기이다.

03 조립을 위한 부품 배치에서 각 파트를 모델링해 놓은 상태에서 조립품 파일을 열어 부품 요소들을 조립하는 방식은?

① 기준 파트 배치
② 상향식 방식
③ 하향식 방식
④ 파트 조립

> **해설** ㉠ **상향식(Bottom-Up)** : 부품들을 모델링한 후, 부품을 불러 어셈블리를 하는 방식으로 일반적으로 많이 사용하는 방식이며, 조립 조건을 이용하여 어셈블리를 할 수 있다.
>
>
>
> ㉡ **하향식(Top-Down)** : 상위 어셈블리를 만든 후 하위 부품들을 상위 어셈블리 파트와 연관적으로 모델링하여 어셈블리 구조를 이루는 방식으로 부품 간의 간섭량을 최소로 할 수 있다는 특징이 있다.
>
>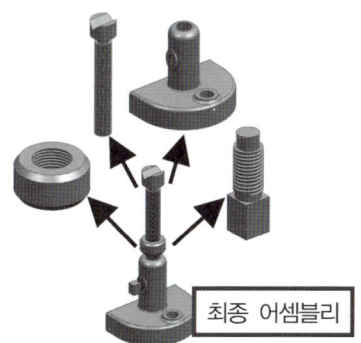

정답 1. ④ 2. ① 3. ②

04 3D 프린터로 제품을 출력할 때 재료가 베드(Bed)에 잘 부착되지 않는 이유로 볼 수 없는 것은?

① 온도 설정이 맞지 않은 경우
② 플랫폼 표면에 문제가 있는 경우
③ 첫 번째 층의 출력속도가 너무 빠른 경우
④ 출력물 아랫부분의 부착 면적이 넓은 경우

> **해설** 첫 번째 레이어의 적층을 위해서 압출된 재료가 플랫폼(베드, 조형판)에 견고히 부착되어야 이후의 층들이 첫 번째 위에 계속 적층되어 최종적으로 원하는 출력물을 얻을 수 있다.
> ㉠ 플랫폼의 수평(레벨)이 맞지 않을 때
> ㉡ 노즐과 플랫폼 사이의 간격이 너무 클 때
> ㉢ 첫 번째 레이어가 너무 빠르게 적층될 때
> ㉣ 압출 온도 설정이 맞지 않은 경우
> ㉤ 플랫폼 표면에 문제가 있는 경우
> ㉥ 출력물의 바닥 면적이 작아 출력물과 플랫폼 사이의 부착 면적이 작은 경우

05 출력용 파일의 오류 설정 중 실제 존재할 수 없는 구조로 3D 프린팅, 부울 작업, 유체 분석 등에 오류가 생길 수 있는 것은?

① 반전 면
② 오픈 메쉬
③ 클로즈 메쉬
④ 비(非)매니폴드 형상

> **해설** 비 매니폴드 형상은 실제로 존재할 수 없는 구조로 굴절 효과, 유체 시뮬레이션, 3D 프린팅 등에 오류가 발생할 수 있다.
> 비 매니폴드 메쉬의 일반적인 조건은 구멍 또는 내부면에서 떨어져 있는 가장자리, 분리된 토폴로지 및 중복된 면들, 적어도 3면의 접합을 만드는 둘 이상의 가장자리 또는 가장자리를 공유하지 않는 면에 의해 공유되는 모든 정점을 포함하는 경우 이들 메쉬는 비 매니폴드로 간주될 수 있다.

06 다음 중 보급형 오픈소스 3D 프린터의 기계적 구동방식으로 보기 어려운 것은?

① 카르테시안 방식   ② 델타 방식
③ 멘델 방식   ④ 알파 방식

> **해설**
> ㉠ 카르테시안(Cartesian) 방식 : 카르테시안 좌표계를 기반으로 모터의 회전운동을 직선운동으로 변화시켜 3D 프린터의 베드 및 노즐을 움직이는 구조로 노즐과 베드가 X, Y 축 또는 Z축으로 움직이며 출력하는 방식(XZ-Y, XY-Z 방식으로 분류)
> ㉡ 델타(Delta) 방식 : 노즐이 X, Y, Z축 세 방향으로 움직이며 출력하는 방식
> ㉢ 멘델(Mendel) 방식 : 베드는 Y축(또는 X축)으로 노즐이 나머지 2방향으로 움직이며 출력하는 방식으로 렙랩 프로젝트에서 선보인 방식(XZ-Y 방식을 멘델 방식이라고도 함)
> ㉣ 폴라(Polar) 방식 : 극 좌표계(원형 그리드)에서 작동하는 방식으로 노즐이 상하좌우로 움직일 수 있을 때 베드는 회전할 수 있다.

07 다음 중 국제 표준규격은 무엇인가?

① ASTM
② ISO
③ ANSI
④ KS

> **해설** ISO는 국제표준화기구(International Organization for Standardization)의 통칭이다. 1947년에 출범하였으며 국가마다 다른 산업, 통상 표준의 문제점을 해결하고자 국제적으로 통용되는 표준을 개발하고 보급한다.
> ㉠ ASTM(American society for testing materials) : 미국재료시험학회
> ㉡ ANSI(American National Standards Institute) : 미국표준협회
> ㉢ KS(Korean Industrial Standards) : 한국공업표준규격

08 다음 중 1각법의 투상 순서로 옳은 것은?

① 눈 → 물체 → 투상면
② 물체 → 투상면 → 눈
③ 물체 → 눈 → 투상면
④ 눈 → 투상면 → 물체

> **해설**
> ㉠ 1각법 : 눈 → 물체 → 투상면
> ㉡ 3각법 : 눈 → 투상면 → 물체

정답   4. ④   5. ④   6. ④   7. ②   8. ①

09 다음과 같은 구조를 가지는 방진 마스크의 종류는?

> 여과제 → 연결관 → 흡기변
> → 마스크 → 배기변

① 격리식   ② 직결식
③ 혼합식   ④ 병렬식

해설 격리식 방진마스크(separate-type dust respirator)는 안면부와 여과재를 넣은 용기가 연결관으로 연결된 분리식 방진마스크이다. 안면부, 여과재, 연결관, 흡기밸브, 배기밸브 및 머리끈으로 구성되며 깨끗한 공기를 연결관으로 통하여 흡기밸브로 흡입되고 체내의 공기는 배기 밸브를 통하여 외기중으로 배출하게 되는 것으로 부품을 자유롭게 교환할 수 있는 것을 말한다.

10 MSDS에 대한 설명으로 알맞은 것은?

① 한국산업표준규격이다.
② 산업안전보건법이다.
③ 3D 프린팅 안전관리법이다.
④ 물질안전보건자료이다.

해설 MSDS(Material Safety Data Sheet)는 화학물질을 안전하게 사용하고 관리하기 위하여 필요한 정보를 기재한 Sheet, 제조자명, 제품명, 성분과 성질, 취급 상의 주의, 적용법규, 사고 시의 응급 처치방법 등이 기입되어 있다. 화학물질 등 안전 Data Sheet 라고도 한다.

11 FDM 3D 프린터에서 사용하는 필라멘트 종류 중 압출기 노즐 온도 설정값이 가장 높은 것은?

① PLA   ② ABS
③ PVA   ④ PC

해설

소재의 종류	압출 노즐 온도
PLA	180~230°C
ABS	220~250°C
PVA (Polyvinyl Alcohol)	220~230°C
PC (PolyCarbonate)	250~305°C

12 2D 스케치 작업에서 라인(Line)을 수정할 수 없는 기능은?

① 생성   ② 분할
③ 연결   ④ 연장

해설 2D 라인(선)에 대한 수정 기능은 선 삽입, 선삭제, 선 분할, 선 연결, 선 연장 등이 있다.

13 형상을 확대, 축소, 회전, 이동을 통하여 지지대 사용없이 성형되기 어려운 부분을 찾는 역할을 하는 것은?

① 형상 분석
② 형상 설계
③ 슬라이싱
④ 적층시뮬레이션

해설 출력 제품의 품질을 향상시키기 위해 형상물을 분석하여 재배치하는 것을 의미하며 형상 분석에는 형상을 확대, 축소, 회전, 이동을 통하여 지지대 사용 설정 없이 조형되기 어려운 부분을 찾는 역할을 한다.

14 G코드 명령어와 기능이 잘못된 것은?

① Fnnn : 이송 속도
② Ennn : 압출 필라멘트의 길이
③ G00 : 급속 이송
④ G01 : 원호 보간

해설 준비기능(G : preparation function)은 로마자 G 다음에 2자리 숫자(G00~G99)를 붙여 지령한다. 제어장치의 기능을 동작하기 전 준비하는 기능으로 준비기능(G코드)이라고 부른다.
㉠ G00 : 위치결정 기능으로 공구의 급속이송 지령
㉡ G01 : 직선 보간으로 직선 가공 지령
㉢ G02 : 원호 보간으로 시계 방향(CW)으로 원호를 가공하라는 지령

정답 9. ① 10. ④ 11. ④ 12. ① 13. ① 14. ④

15 3D 프린터를 구동하기 위해 사용하는 좌표계가 아닌 것은?

① 기계 좌표계
② 공작물 좌표계
③ 로컬 좌표계
④ 삼각 좌표계

해설 G코드를 이용해서 3D 프린터를 구동하기 위해서는 좌표계에 대한 이해가 필요하며, 사용되는 좌표계는 기계 좌표계(Machine Coordinate System), 공작물 좌표계(Work Coordinate System) 그리고 로컬 좌표계(Local Coordinate System)가 있다.

16 일반적인 PLA 필라멘트의 압출기 노즐 온도로 가장 적정한 온도는 어느 것인가?

① 180~230℃
② 220~250℃
③ 240~260℃
④ 250~305℃

해설

소재의 종류	압출 노즐 온도
PLA	180~230℃
ABS	220~250℃
Nylon	240~260℃
PC (PolyCarbonate)	250~305℃

17 노즐의 온도를 설정하는 M코드는?

① M101   ② M104
③ M106   ④ M107

해설 M101 : 압출기 전원 ON
M106 : 냉각팬 전원 켜기
M107 : 냉각팬 전원 끄기

18 물체의 중심선에서 반으로 절단하여 물체의 내부 단면 형상을 가장 잘 나타낼 수 있도록 단면 모양을 도시하는 것을 무슨 단면도라고 하는가?

① 한쪽 단면도   ② 부분 단면도
③ 온단면도   ④ 회전단면도

해설 온단면은 전단면도라고도 하며 물체 전체를 중심을 기준으로 1/2로 절단하여 앞부분은 잘라내고 남은 뒷부분의 단면 모양을 도시한 단면도로 온단면도는 주로 대칭 형상을 가진 물체의 기본 중심선을 기준으로 하나의 평면으로 절단하여 그 절단면에 수직한 방향에서 본 형상을 투상한 기법으로 가장 기본적인 단면기법이다. 온단면도를 도시하는 경우 해당 물체의 형상은 반드시 대칭이 되어야 한다.

19 개별 스캐닝 작업에서 얻어진 데이터를 합치는 과정인 정합에서 사용하는 데이터는?

① 병합 데이터
② 측정 데이터
③ 최종 데이터
④ 점군 데이터

해설 주로 광 패턴 방식에서는 패턴의 모서리들을 카메라로 한꺼번에 측정하기 때문에 측정 데이터는 보통 점군이다. 레이저 삼각 측량법 역시 라인 타입의 빔을 회전하면서 피측정물에 주사하고 좌표를 획득하기 때문에 측정 데이터는 점군(Point Cloud)이다.

20 FDM 방식의 출력물 후처리에 사용하기도 하는 아세톤 훈증에 대한 설명으로 잘못된 것은?

① 밀폐된 용기 안에 출력물을 넣고 아세톤을 기화시키면, 기화된 아세톤이 표면을 녹여 후처리하는 방법이며 매끈한 표면을 쉽게 얻을 수 있다.
② 단점은 냄새가 많이 나고 디테일한 부분이나 꼭짓점 각이 뭉개지는 경우가 있다는 것이다.
③ 환기가 잘되는 곳에서 작업하며, 실내라면 환기 시설이 있는 공간에서 작업을 실시한다.
④ 아세톤을 기화시키는 방식이라 화재발생 위험이 전혀 없는 후가공 방식으로 각광받고 있다.

해설 아세톤(Acetone)은 휘발성이 강한 무색투명한 액체로 인화성이 강하고 폭발의 위험이 있으므로 사용시 각별히 주의해야 한다.

정답   15. ④   16. ①   17. ②   18. ③   19. ④   20. ④

21 소재에 따른 압출기 노즐 설정 온도로 가장 적절하지 못한 것은?

① PLA : 180~230℃
② ABS : 220~250℃
③ PC : 215~250℃
④ PVA : 220~230℃

해설

소재의 종류	압출 노즐 온도
PLA	180~230℃
ABS	220~250℃
PC (PolyCarbonate)	250~305℃
PVA (Polyvinyl Alcohol)	220~230℃

22 3D 프린터 출력물 회수 방법에 대한 사항으로 틀린 것은?

① 전용 공구를 사용하여 플랫폼에서 출력물을 안전하게 회수한다.
② 분말 방식의 3D 프린터는 출력작업이 끝나면 바로 꺼내어 건조시킨다.
③ 액체 방식의 3D 프린터 출력물은 에틸알코올 등을 뿌려 출력물 표면에 남아있는 광경화성수지를 제거한다.
④ 플랫폼에 남은 분말 소재는 진공 흡입기를 이용하여 회수 및 제거한다.

해설 분말 방식 3D 프린터 중 분말 재료에 바인더를 분사하여 3차원 형상을 출력하는 3D 프린터는 작업이 종료되면 출력물을 바로 꺼내지 않고 3D 프린터 내부에 둔 상태로 일정 시간 건조시켜야 한다. 이는 출력물을 건조하지 않은 채 바로 출력물을 꺼내게 되면 부서질 위험이 있기 때문이다.

23 FDM 3D 프린터 방식에서 출력물 표면의 품질에 직접적인 영향을 미치는 원인으로 가장 거리가 먼 것은?

① 압출량 설정이 적절하지 않은 경우
② 타이밍 벨트의 장력이 큰 경우
③ 노즐 설정 온도가 너무 낮은 경우
④ 첫 번째 층(레이어)이 너무 빠르게 성형될 때

해설 플랫폼(베드) 위에 압출되는 재료는 첫 번째 층을 만들게 되며 이때 첫 번째 층이 플랫폼에 견고하게 부착되어야 한다. 만약 첫 번째 층을 성형하는 재료가 너무 빠르게 압출되면 고온으로 용융된 플라스틱 소재가 플랫폼 위에 부착될 충분한 시간을 갖지 못하게 된다.

24 기본 객체들에 집합 연산을 적용하여 새로운 객체를 만드는 방법이다. 집합 연산은 합집합, 교집합, 차집합 연산이 있다. 이러한 모델링 방식을 무엇이라고 하는가?

① 폴리곤 방식
② 넙스 방식
③ 적층제조 방식
④ CSG 방식

해설 ■ CSG(Constructive Solid Geometry) 방식
기본 객체들에 집합 연산을 적용하여 새로운 객체를 만드는 방법이다. 집합 연산은 합집합, 교집합, 차집합 연산이 있으며 합집합은 두 객체를 합쳐서 하나의 객체로 만드는 것이고, 교집합은 두 객체의 겹치는 부분만 남기는 방식이며, 차집합은 한 객체에서 다른 한 객체의 부분을 빼는 것이다. 합집합과 교집합은 피연산자의 순서가 변경되어도 동일한 결과를 나타내지만, 차집합의 경우는 피연산자의 순서가 변경되면 다른 객체가 만들어진다.

25 수학 함수를 이용하여 곡면의 형태를 만드는 방식으로 폴리곤 방식에 비해 많은 계산이 필요하지만 부드러운 곡선을 이용한 모델링에 많이 사용되는 방식은?

① 폴리곤 방식
② 넙스 방식
③ 솔리드 방식
④ 와이어 프레임 방식

해설 넙스(Nurbs) 모델링은 비정형 유리 B-스플라인(Non-Uniform Rational B-spline)의 약자로 폴리곤의 단점을 보완하기 위에 만들어진 기술이다. 넙스 모델링은 높은 품질의 곡면체를 만들 수 있다는 장점이 있기 때문에 제품 디자인에 많이 쓰인다. 넙스 모델링은 먼저 선(Curve)을 이용해 형태를 잡고 선들을 LOFT시켜서 면(Surface)을 만들고나서 콘트롤러로 작용하는 점(Control Vertex)을 이용해 형태를 수정하거나 접합하는 방식으로 모델링을 한다.

정답 21. ③ 22. ② 23. ④ 24. ④ 25. ②

26 제3각법의 도면에서 정면도 아래 방향에 위치하는 투상도은?

① 평면도 ② 배면도
③ 밑면도 ④ 좌측면도

해설 ■ 제3각 투상법
저면도 : 정면도를 기준으로 아래에서 본 도면으로 밑면도라고도 한다.

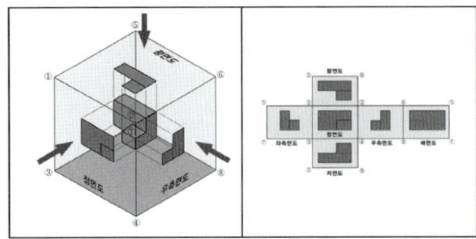

27 사포를 이용하여 출력물의 표면을 다듬질할 때 사용하는 사포에 대한 설명 중 잘못된 것은?

① 사포는 번호가 높을수록 입자가 거칠고 낮을수록 입자가 곱다.
② 사포를 사용해서 출력물의 표면 거칠기를 개선할 때에는 거친 사포로 시작해서 점차 고운 사포의 순서로 작업해야 한다.
③ 종이 사포에 비해 비싸지만 부드러운 곡면 다듬기에 유리하다.
④ #200~1000번 사이가 일반적으로 가장 많이 사용되는 종류이다.

해설 사포의 거칠기는 입도(Grit)라고 표기하며 입도는 일정한 단위면적 당 입자의 수를 말하는데 번호가 높을수록 입자가 곱고 낮을수록 거칠다.

방	용 도	권장 사포
60~120	거친 표면 및 단단한 표면을 연마해야 할 때 사용금속 및 플라스틱 등 강도가 높은 재료에 사용되며 주로 표면에 붙은 이물질을 제거하는 용도	천 사포
180~280	가장 사용빈도가 높으며 적절한 표면의 거칠기와 비교적 높은 연마력을 갖춘 사포	천 사포
320~600	비교적 자주 사용하며 앞선 단계에서 맞춘 평평한 표면을 더욱 부드럽게 연마하는 용도로 사용하며 도색을 살짝 연마시 사용	천, 종이 사포
800~2000	사용 빈도가 떨어짐. 귀금속의 광택이나 도색의 표면을 살짝 연마시 사용	종이 사포

28 다음 중 물체의 특징이 가장 잘 나타나는 도면은?

① 평면도 ② 정면도
③ 측면도 ④ 배면도

해설 주투상도는 대상물의 형상, 특징, 기능 등을 가장 명확하게 나타낼 수 있는 면, 숨은선이 가장 적게 나타나는 면을 선택하여 도시하는데 주로 정면도를 주투상도로 선택하는 경우가 많다.

29 물질안전 보건자료(Material Safety Data Sheet, MSDS)에 대한 설명으로 틀린 것은?

① 화학 물질을 안전하게 사용하고 관리하기 위해서 필요한 정보를 기재한 것이다.
② 해당 화학 물질의 제조자, 제품명, 성분과 성질, 취급 상의 주의 사항, 적용된 법규, 사고가 발생했을 때 응급처치 방법 등이 서술되어 있는 것이 일반적이다.
③ 1983년 미국 노동 안전 위생국이 화학 물질이 작업장에서 일하는 근로자에게 유해하다고 여겨 이들 물질의 유해 기준을 마련하고자 한 것에서 시작되었다.
④ 근로자에게 안전 보건 교육을 실시하도록 하는 제도이다.

해설 물질안전보건자료(MSDS)란 화학물질 및 화학물질을 함유한 제제(대상 화학물질)의 명칭, 구성성분의 명칭 및 함유량, 안전·보건 상의 취급주의 사항, 건강유해성 및 물리적 위험성 등을 설명한 자료를 말한다.

30 꼭짓점의 수가 220개인 모서리 수는?

① 644 ② 654
③ 664 ④ 674

해설 꼭짓점 수 = (총 삼각형의 수/2) + 2
모서리 수 = (꼭짓점 수 × 3) − 6 = (220 × 3) − 6 = 654

정답 26. ③ 27. ① 28. ② 29. ④ 30. ②

31 출력물의 후가공에서 단순한 표면처리 및 사포질을 하는 단계는?

① 하도　　② 중도
③ 상도　　④ 도금

해설 ㉠ 하도
하도는 단순한 표면 처리 및 사포질, 중도는 서페이서/퍼티 작업/아세톤 등으로 표면을 매끄럽게 하는 가공이다. 하도에서는 비교적 떼어내기 쉬운 큰 서포트를 제거하기 위하여 롱노즈 플라이어나 정교한 니퍼가 필요하다. 그리고 표면 조도 향상을 위한 사포가 필요하다.

㉡ 중도
중도에서는 퍼티 계통(핸디코트, 퍼티, 서페이서 스프레이 등) 또는 화학적인 연마를 위하여 아세톤 등을 준비한다. 이때 아세톤 증기의 배출을 위한 환기 시설이 필요하다.

㉢ 상도
상도는 도색 및 코팅 작업 등이 있다. 상도에서는 채색 및 출력물의 내구성을 향상시키기 위한 코팅이 이루어지기 때문에 도료, 채색 도구, 탈포기, 코팅제 등이 필요하다.

32 소재가 경화하면서 수축에 의해 뒤틀림이 발생하는 현상은?

① Sagging
② Warping
③ OverHang
④ Bridge

해설 지지대와 관련한 성형 결함으로는 제작 중 하중으로 인해 아래로 처지는 현상을 'Sagging'라 하며, 소재가 경화화면서 수축에 의해서 뒤틀림이 발생하게 되는데 이러한 현상을 'Warping'이라고 한다.

33 지지대와 관련한 성형 결함 중 하중으로 인해 아래로 처지는 현상을 무엇이라고 하는가?

① Sagging
② Warping
③ OverHang
④ Bridge

34 다음 중 오류 검출 프로그램이 아닌 것은?

① Netfabb
② Meshmixer
③ MeshLab
④ AMF

해설 AMF(Additive Manufacturing File) 포맷은 XML에 기반해 STL의 단점을 다소 보완한 파일 포맷이다. STL 포맷은 표면 메시에 대한 정보만을 포함하지만, AMF 포맷은 색상, 질감과 표면 윤곽이 반영된 면을 포함해 STL 포맷에 비해 곡면을 잘 표현할 수 있다.
색상 단계를 포함하여 각 재료 체적의 색과 메시의 각 삼각형의 색상을 지정할 수 있다. 3D CAD모델링을 할 때 모델의 단위를 계산할 필요가 없고 같은 모델을 STL과 AMF로 변환했을 때 AMF의 용량이 매우 작다. ASTM에서 ASTM F2915-12로 표준 승인되었지만 아직 많은 CAD 시스템에서 지원하지 않아 널리 사용되지 않고 있다.

35 3D 프린터 사용 중에 A씨가 호흡곤란 심정지 증상을 보이며 쓰러졌다. 4분 뒤 직장동료 B씨가 쓰러진 A씨를 발견하여 심폐소생술을 실시했다면 A씨가 살아남을 생존 확률은?

① 90%　　② 85%
③ 40%　　④ 10%

해설 호흡정지 발생시 1분 이내에 심폐소생술이 이루어지면 생존률이 97%이지만 1분 경과할 때 마다 7~25%씩 급속히 떨어져 4분 경과시 생존률이 50% 미만으로 급감한다.

36 응급의료종사자가 인공호흡을 실시할 때 성인은 일반적으로 1분간 몇 회의 속도로 재해자의 코를 막고 입에 숨을 불어 넣는가?

① 10회 미만　　② 10~12회
③ 15~30회　　④ 30~60회

해설 응급의료종사자는 맥박을 확인하는데 10초 이상을 소요하지 않도록 하며, 맥박이 확실하게 느껴지지 않는다면 흉부압박을 시행하도록 한다. 맥박이 만져지는 성인 환자가 정상 호흡이 없다면, 분당 10~12회의 속도(또는 5~6초마다 1회)로 인공호흡을 실시한다.

정답　31. ①　32. ②　33. ①　34. ④　35. ④　36. ②

37 ABS 필라멘트 소재의 출력 시 적절한 노즐 온도는?

① 220~250℃
② 180~230℃
③ 220~230℃
④ 240~260℃

해설

소재의 종류	압출 노즐 온도
PLA	180~230℃
ABS	220~250℃
PVA	220~230℃
나일론	240~260℃

38 물에는 녹고 일반 유기 용매에는 녹지 않는 특성을 가진 소재로 주로 수용성 서포트 소재로 사용하는 것은?

① PVA
② ABS
③ PLA
④ TPU

해설 ■ PVA(Polyvinyl Alcohol) 소재
고분자 화합물로 폴리아세트산 비닐을 가수 분해하여 얻어지는 무색 가루이다. 물에는 녹고 일반 유기용매에는 녹지 않는다. 물에 녹기 때문에 PVA 소재는 주로 서포터에 이용된다. PVA 소재를 서포터로 사용 시 FDM 방식의 3D 프린터에는 노즐이 두 개인 듀얼 방식을 사용한다. 한쪽에는 실제 모델링에 제작될 소재의 필라멘트, 다른 한 쪽에는 서포터 소재인 PVA 소재의 필라멘트를 장착하여 PVA 소재를 서포터 제작 사용에 설정하게 되면 출력물을 출력할 때 서포터는 PVA 소재, 실제 형상에는 원하는 소재로 출력된다. 출력 후 출력물을 물에 담그게 되면 PVA 소재의 서포터가 녹아 원하는 형상만 남아 다양한 형상 제작이 용이해진다.

39 다음 G코드에 대한 해석으로 올바른 것은?

G1 F500

① 이송 거리를 500mm로 설정
② 압출 거리를 500mm로 설정
③ 이송 속도를 500mm/min으로 설정
④ 압출 속도를 500mm/min으로 설정

해설 G1은 직선 보간으로 프린트 헤드나 베드를 현재 위치에서 지정된 위치까지 직선 이송하라는 명령이다. 이송 속도는 Fnnn에 의해서 다음 이송 속도가 지정되기 전까지는 현재 설정된 이송 속도를 따른다. G1 F500을 해석하면 이송 속도를 500mm/min으로 설정하라는 명령이다.

40 출력할 모델의 최대 적층 높이가 40mm이고, 레이어 두께를 0.2로 설정한 경우 전체 적층 수는 얼마인가?

① 40　　② 80
③ 100　　④ 200

해설 전체 적층 수 = 최대적층 높이 / 레이어 두께 = 40/0.2 = 200mm

41 도면에 사용하는 척도의 종류 중 현척은 어느 것인가?

① 1 : 1　　② 1 : 2
③ 2 : 1　　④ 4 : 1

해설 현척(Full Scale) : 실물과 같은 크기로 제도하는 것(실척)
축척(Contraction Scale) : 실물보다 작게 축소해서 제도하는 것
배척(Enlarged Scale) : 실물보다 크게 확대해서 제도하는 것

42 도면 양식에서 표제란에 기입할 사항이 아닌 것은?

① 도명　　② 척도
③ 재질　　④ 투상법

해설 도명, 척도, 투상법, 일자 등은 표제란에 기입하고, 품번, 품명, 재질, 수량 등은 부품란에 기입된다.

43 반지름이 50mm인 원기둥의 높이가 10cm라고 하면 원기둥의 부피는?

① 7.85　　② 78.5
③ 785　　④ 7850

해설 원기둥의 부피 = 반지름 × 반지름 × π × 높이
5 × 5 × π × 10 = 785.4cm³

정답 37. ① 38. ① 39. ③ 40. ④ 41. ① 42. ③ 43. ③

44 도면에서 NS로 표시된 것은 무엇을 말하는가?

① 나사를 표시한 것임
② 비례척이 아님
③ 남과 북을 표시한 것임
④ 철하는 곳을 표시한 것임

해설 NS = Non Scale, Not to Scale

45 화학물질관리법에 따른 화학물질용 보호복 및 개인보호장구에 대한 설명으로 틀린 것은?

① 호흡보호구는 유해화학물질의 유출로 인해 오염된 공기 등을 흡입함으로써 발생할 수 있는 건강영향을 예방하기 위하여 고안된 보호장구이다.
② 보호복은 유해화학물질의 유출로 인해 오염된 공기 혹은 액상물질 등이 피부에 접촉됨으로써 발생할 수 있는 건강영향을 예방하기 위하여 고안된 보호장구이다.
③ 유해한 화학물질로 오염이 된 장갑은 반드시 그 유해 화학물질의 폐기처분에 관한 절차에 준해서 폐기해야 한다.
④ 화학물질용 안전장갑은 숫자가 작을수록 보호 시간이 길고 성능이 우수하다.

해설 화학물질용 안전장갑은 1~6의 성능수준이 있으며, 숫자가 클수록 보호시간이 길고 성능이 우수하다.

46 도면에 사용되는 레이어, 문자, 치수 스타일, 기업로고, 단위, 도명 등을 사전에 만들어 놓고 작업 시 파일을 불러 사용하는 도면 양식을 무엇이라고 하는가?

① A1, A2, A3, A4
② Dwg form
③ 템플릿(template)
④ 블록(Block)

해설 템플릿(Template)이란 신속한 도면작성을 위해 필요한 서식을 담고 있는 파일로 도면 작성에 필요한 요소들인 도명, 회사명, 단위, 문자, 치수스타일 등의 객체가 저장된다.

47 ME방식 3D 프린터의 출력 오류 형태 중에 재료가 베드에 부착되지 않는 원인과 현상으로 가장 올바른 것은?

① 압출기 내부에 재료가 채워져 있지 않을 때
② 필라멘트 재료의 지름이 적절하지 않은 경우
③ 필라멘트 재료가 얇아졌을 때
④ 첫 번째 층이 너무 빠르게 성형될 때

해설 ■ 재료가 플랫폼에 부착되지 않는 원인과 현상
㉠ 플랫폼의 수평이 맞지 않을 때
㉡ 노즐과 플랫폼 사이의 간격이 너무 클 때
㉢ 첫 번째 층이 너무 빠르게 성형될 때
㉣ 온도 설정이 맞지 않은 경우
㉤ 플랫폼 표면의 문제가 있는 경우
㉥ 출력물과 플랫폼 사이의 부착 면적이 작은 경우

48 방진 마스크의 선정 기준으로 적합하지 않은 것은?

① 배기 저항이 낮을 것
② 흡기 저항이 낮을 것
③ 사용 면적이 클 것
④ 시야 확보가 넓을 것

해설 ■ 방진 마스크의 선정 기준
㉠ 분진포집효율은 높고 흡기·배기저항이 낮은 것
㉡ 중량이 가볍고 시야가 넓은 것
㉢ 안면 밀착성이 좋아 기밀이 잘 유지되는 것
㉣ 마스크 내부에 호흡에 의한 습기가 발생하지 않는 것
㉤ 안면 접촉 부위가 땀을 흡수할 수 있는 재질을 사용한 것
㉥ 작업의 내용에 적합한 방진 마스크 종류를 선정할 것

정답 44. ② 45. ④ 46. ③ 47. ④ 48. ③

49 ⌀30±0.2로 지시되어 있는 축의 최소허용치수는?

① ⌀29.8 ② ⌀30
③ ⌀30.2 ④ ⌀30.4

해설 축의 최소허용치수 : 30 − 0.2 = 29.8
축의 최대허용치수 : 30 + 0.2 = 30.2

50 일반적인 3D 프린팅 순서대로 나열된 것은?

> 1) 모델링   2) 출력
> 3) 슬라이싱 4) STL 변환

① 1 − 2 − 3 − 4
② 1 − 4 − 3 − 2
③ 4 − 3 − 2 − 1
④ 2 − 1 − 3 − 4

해설 3D CAD에서 모델링한 파일을 STL이나 OBJ 등의 형식으로 저장한 후 슬라이서에서 슬라이싱하여 G-코드로 변환하여 3D 프린터로 출력을 실시한다.

51 3D 프린터의 동작을 담당하는 모든 스테핑 모터에 전원을 공급하라는 M코드는?

① M1   ② M17
③ M18 ④ M104

해설 ㉠ M1 : 휴면
㉡ M17 : 모든 스테핑 모터에 전원 공급
㉢ M18 : 모든 스테핑 모터에 전원 차단
㉣ M104 : 압출기 온도 설정

52 모델이 조형되는 플랫폼을 가열하는 기능의 M코드는?

① M135
② M190
③ M109
④ M104

해설 ㉠ M135 : 헤드의 온도 조작을 위한 PID 제어의 온도 측정 및 출력값 설정 시간 간격을 지정하는 명령
㉡ M190 : 모델이 적층되는 베드(플랫폼)을 가열하는 기능
㉢ M109 : 헤드에서 소재를 녹이는 열선의 온도를 지정하고 해당 설정 조건에 도달할 때까지 가열 혹은 냉각을 하면서 대기하는 명령
㉣ M104 : 압출기 온도 설정

53 종료 후 초기점으로 복귀하는 코드로 고정 사이클 초기점 복귀 기능이 있는 G코드는?

① G96
② G97
③ G98
④ G99

해설 ㉠ G96 : 주속 일정 제어, 공구와 공작물의 운동속도를 일정하게 제어
㉡ G97 : 주축 회전수 일정 제어, 분당 RPM 일정 제어
㉢ G98 : 고정 사이클 초기점 복귀, 종료 후 초기점으로 복귀
㉣ G99 : 고정 사이클 R점 복귀, 종료 후 R점으로 복귀

54 다음의 3D 프린팅 방식에서 출력물의 소재와 서포트의 소재가 서로 다른 공정은?

① 수조광경화(Vat Photo Polymerization)
② 접착제분사(Binder Jetting)
③ 분말융접(Powder Bed Fusion)
④ 재료분사(Material Jetting)

해설 재료분사 방식 중 MJP/MJM 방식은 모델용 빌드재료인 아크릴 포토폴리머(Acrylic Photopolymer)와 서포트(Support) 재료가 되는 왁스(Wax)를 동시에 분사하여 자외선(UV Light)으로 경화시켜가며 모델을 제작하는 방식으로 아크릴 계열의 광경화성 수지는 투명도를 조절하여 조형이 가능하므로 완성품의 내부를 육안으로 확인할 수 있는 조형물 제작에 적합하다고 한다.
재료압출 방식 중 산업용 FDM 방식은 모델용 재료로 ABS, PC 등을 사용하고 서포트 재료로 수용성 소재인 PVA(폴리비닐알코올) 필라멘트를 사용한다.

정답 49. ① 50. ② 51. ② 52. ② 53. ③ 54. ④

55 3D 엔지니어링 소프트웨어에서 하나의 부품 형상을 모델링하는 곳으로 형상을 표현하는 가장 중요한 요소는?

① 조립품 작성 ② 도면 작성
③ 스케치 작성 ④ 파트 작성

해설 파트 작성 : 3D 엔지니어링 소프트웨어의 파트 작성(부품 모델링) 기능은 크게 스케치 작성, 솔리드 모델링, 곡면 모델링 기능으로 분류할 수 있다.

조립품 작성 : 어셈블리 디자인, 파트 작성을 통해 부품을 조립하는 공간으로 3D 엔지니어링 소프트웨어를 통해 부품간 간섭 및 조립 유효성 검사 및 시뮬레이션 등 의도한 디자인대로 동작하는지 체크할 수 있는 요소이다.

스케치 작성 : 3D 엔지니어링 소프트웨어에서 가장 먼저 제작할 형상의 기본적인 프로파일을 생성하기 위해 스케치라는 영역에서 형상의 레이아웃을 작성하는 공간으로 형상의 완성도를 결정하는 가장 중요한 부분이다.

56 표현하기 힘든 기하 곡면 등을 처리하는 모델링 기법은?

① 와이어 프레임
② 서피스 모델링
③ 스케치 모델링
④ 솔리드 모델링

해설 서피스 모델링(Surface Modeling)은 입체를 면으로 표현하는 방식으로 자유곡면을 생성시키기 위해 사용되며, 프레임의 데이터에 표면의 데이터를 인식할 수 있도록 하는 것으로 가공면을 정확히 인식하여 NC를 통한 가공이 용이한 방식이다.

57 다음 설명 중 ( ) 안에 들어갈 알맞은 용어는?

분말 융접 3차원 프린팅에서는 금속뿐만 아니라 다른 종류의 분말들도 이용한다. 하지만 기본적으로는 일반적인 ( ) 공정과 마찬가지로 분말 재료에 압력을 가해서 밀도를 높인 후 여기에 적절한 에너지를 가해서 분말의 표면을 녹여 결합시키는 공정을 이용하므로, 이를 통칭하여 ( )이라는 용어를 사용한다.

① 소성가공 ② 열가소성
③ 소결   ④ 분말용융성

해설 소결(Sintering)은 성형 또는 충진된 분말을 융점(Melting Point) 이하의 온도로 가열해 확산(Diffusion)이나 원자 단위의 현상을 매개로, 분말 입자 상호 간의 결합에 의해 강도·경도 등 원하는 물성을 나타내도록 하는 기술을 말한다.

58 압출 노즐이 다음 출력할 곳으로 이동할 때 재료가 실처럼 흘러나오게 되는 것을 방지하기 위해 일정 부분 역으로 되감는 기능을 무엇이라고 하는가?

① 내부채움 ② 리트랙션
③ 가상적층 ④ 스트링

해설 리트렉션(Retraction)은 3D 프린터 압출 헤드에 재료를 공급해 주는 모터와 모터에 부착된 톱니의 회전 방향을 반대로 해 줌으로써 가능하다. 이렇게 하면 압출 노즐 내부에 들어가기 직전의 용융되지 않은 필라멘트가 뒤로 이송되면서 압출 노즐 내부의 압력을 낮게 해 준다.

59 CAD 프로그램에서 사용하는 좌표계의 종류가 아닌 것은?

① 직교좌표계 ② 극좌표계
③ 원통좌표계 ④ 원형좌표계

해설 CAD 프로그램에서는 2차원 또는 3차원에서의 한 점을 정의할 수 있는 좌표계를 사용하는데 원형 좌표계는 2차원 평면 상의 모든 점을 정의할 수 없기 때문에 사용되지 않는다.

60 현재 위치에서 지정된 위치까지 프린트 헤드나 베드를 직선 이동하라는 G코드 명령어는?

① G00 ② G01
③ G02 ④ G03

해설 G01은 현재 위치에서 헤드나 플랫폼을 지정 위치로 직선 이송시키는 명령이다.
㉠ G00 : 위치 결정, 공구의 급속 이송
㉡ G01 : 직선 가공, 직선 이송
㉢ G02 : 원호 보간, 시계 방향으로 원호 가공
㉣ G03 : 원호 보간, 반시계 방향으로 원호 가공

정답 55. ④ 56. ② 57. ③ 58. ② 59. ④ 60. ②

PART 02

2018~2021년
CBT 기출문제 복원

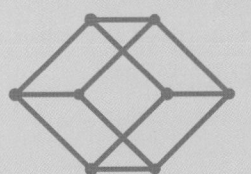

2018년 공개 기출문제

01 3D 프린팅의 개념 및 특징에 관한 내용으로 옳지 않은 것은?

① 컴퓨터로 제어되기 때문에 만들 수 있는 형태가 다양하다.
② 제작 속도가 매우 빠르며, 절삭 가공하므로 표면이 매끄럽다.
③ 재료를 연속적으로 한층, 한층 쌓으면서 3차원 물체를 만들어내는 제조 기술이다.
④ 기존 잉크젯 프린터에서 쓰이는 것과 유사한 적층 방식으로 입체물을 제작하는 방식도 있다.

> **해설** 3D 프린팅은 적층 제조방식으로 출력 속도가 느리며 절삭가공에 비해 표면이 매끄럽지 못하다.

02 다음 설명에 해당되는 데이터 포맷은?

> - 최초의 3D 호환 표준 포맷
> - 형상 데이터를 나타내는 엔터티(entity)로 이루어져 있다.
> - 점, 선, 원, 자유곡선, 자유곡면 등 3차원 모델의 거의 모든 정보를 포함한다.

① XYZ   ② IGES
③ STEP   ④ STL

> **해설** IGES 포맷은 최초의 표준 포맷이며, 형상 데이터를 나타내는 엔터티(entity)로 이루어져 있다. IGES 파일은 점뿐만 아니라 선, 원, 자유 곡선, 자유 곡면, 트림 곡면, 색상, 글자 등 CAD/CAM 소프트웨어에서 3차원 모델의 거의 모든 정보를 포함할 수 있다.

03 여러 부분을 나누어 스캔할 때 스캔 데이터를 정합하기 위해 사용되는 도구는?

① 정합용 마커   ② 정합용 스캐너
③ 정합용 광원   ④ 정합용 레이저

> **해설** 산업용 고정밀 라인 레이저 측정에서는 보통 정합용 마커(registration marker)를 많이 사용하며, 치수 정밀도가 매우 우수한 볼 형태로 이를 측정 대상물에 미리 고정을 시킨다.

04 측정 대상물에 대한 표면 처리 등의 준비, 스캐닝 가능 여부에 대한 대체 스캐너 선정 등의 작업을 수행하는 단계는?

① 역설계   ② 스캐닝 보정
③ 스캐닝 준비   ④ 스캔 데이터 정합

> **해설** 스캐닝을 준비하는 과정은 스캐닝의 방식, 측정 대상물의 크기 및 표면, 적용 분야(고정밀 산업용 혹은 일반용) 등에 따라서 조금씩 변동이 있을 수 있다. 기본적으로 측정 대상물에 대한 표면 처리 등의 준비 및 스캐닝 가능 여부에 대한 대체 스캐너 고려, 스캐닝 경로 설정 등이 포함된다.

05 다음 설명에 해당되는 3D 스캐너 타입은?

> 물체 표면에 지속적으로 주파수가 다른 빛을 쏘고 수신광부에서 이 빛을 받을 때 주파수의 차이를 검출해 거리 값을 구해내는 방식

① 핸드헬드 스캐너
② 변조광 방식의 3D 스캐너
③ 백색광 방식의 3D 스캐너
④ 광 삼각법 3D 레이저 스캐너

> **해설** 단거리 비접촉식 3차원 스캐너 중에 광학 방식 3D 스캐너는 백색광 방식과 변조광 방식이 있으며, 변조광(structured-light) 방식의 3D 스캐너는 대상 물체의 표면에 지속적으로 주파수가 다른 빛을 쏘고 수신광부에서 이 빛을 받을 때 주파수의 차이를 검출하여 거리값을 구해 내는 방식이다. 이 방식은 스캐너가 발송하는 레이저 소스 이외에 주파수가 다른 빛의 배제가 가능해 간섭에 의한 노이즈를 감쇄시킬 수가 있다. 이런 타입의 스캐너는 T.O.F 방식의 단점인 시간 분해능에 대한 제한이 없어 고속(액 1M Hz)으로 스캔이 가능하지만 일정 영역대의 주파수를 사용하기 때문에 레이저의 세기가 약해서 보통 중거리 영역인 10~30m 정도의 영역을 스캔할 때 주로 사용한다.

정답 1. ② 2. ② 3. ① 4. ③ 5. ②

06 모델을 생성하는 데 있어 단면 곡선과 가이드 곡선이라는 2개의 스케치가 필요한 모델링은?

① 돌출(extrude) 모델링
② 필렛(fillet) 모델링
③ 쉘(shell) 모델링
④ 스윕(sweep) 모델링

해설
① **돌출(Extrude)** : 2D 스케치를 한 다음에 돌출 기능을 이용하여 2D 단면에 돌출 높이값을 주면 입체화된 솔리드 도형이 생성된다.
② **필렛(Fillet)** : 모깎기라고 하며 두 개의 모서리 면이 만나는 부분을 일정 반지름으로 둥글게 만든다.
③ **쉘(Shell)** : 생성된 3차원 객체의 면 일부분을 제거한 후, 남아 있는 면에 일정한 두께를 부여하여 속을 만드는 기능이다.
④ **스윕(Sweep)** : 스윕은 경로 스케치와 별도로 단면 스케치를 각각 작성하여 형상을 완성하며 두 개 이상의 곡선에서 안내 곡선을 따라 이동곡선이 생성되는 곡면이다.

07 3D 프린팅 출력용 모델링 데이터를 수정해야 하는 이유로 거리가 먼 것은?

① 모델링 데이터 상에 출력할 3D 프린팅의 해상도보다 작은 크기의 형상이 있다.
② 모델링 데이터의 전체 사이즈가 3D 프린팅의 최대 출력 사이즈보다 작다.
③ 제품의 조립성을 위하여 각 부품을 분할 출력하기 위해 모델링 데이터를 분할한다.
④ 3D 프린터 과정에서 서포터를 최소한으로 생성시키기 위해 모델링 데이터를 분할 및 수정한다.

해설
■ 보급형 3D 프린터 출력용 최적 모델링 데이터
① 모델의 벽두께는 노즐 구멍(최소 0.5mm) 보다 얇으면 출력이 되지 않는다.
② 3차원 모델의 면과 면 사이가 전부 닫혀있지 않은 상태라면 출력이 되지 않는다.
③ 한 개 이상의 개별 출력물을 한 번에 출력할 때에는 모델 간의 간격 조정은 필수적이다.
④ 3D 프린터의 최대 출력 사이즈를 염두에 둔다.
⑤ 가급적 불필요한 지지대가 생성되지 않도록 모델링한다.

08 그림의 구속조건 중 도형의 평행(parallel) 조건을 부여하는 것은?

①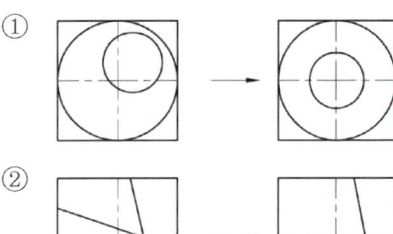

②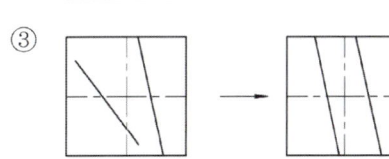

③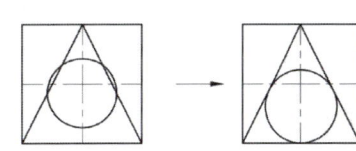

④

해설
① **동심구속** : 두 개 이상 선택된 원호의 중심을 정확하게 구속한다.
② **직각구속** : 선택된 두 개의 스케치 선을 직각으로 구속한다.
③ **평행구속** : 두 개 이상 선택된 스케치 선을 평행하게 구속한다.
④ **접선구속** : 선택된 두 개의 원호 또는 원과 선을 접선이 되도록 구속한다.

09 2D도면 작성 시 가는 실선이 적용되는 것이 아닌 것은?

① 치수선
② 외형선
③ 해칭선
④ 치수 보조선

해설 외형선은 굵은 실선을 적용한다.

정답 6. ④ 7. ② 8. ③ 9. ②

10 다음 그림 기호에 해당하는 투상도법은?

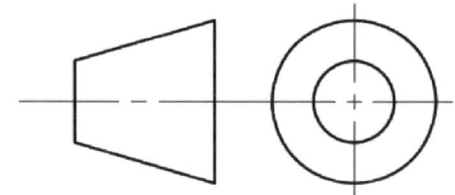

① 제1각법
② 제2각법
③ 제3각법
④ 제4각법

해설 제1각법 : 눈 → 물체 → 투상면

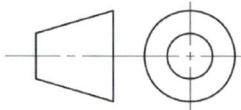

제3각법 : 눈 → 투상면 → 물체

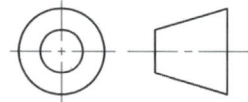

11 기존에 생성된 솔리드 모델에서 프로파일 모양으로 홈을 파거나 뚫을 때 사용하는 기능으로서 돌출 명령어의 진행과정과 옵션은 동일하나 돌출 형상으로 제거하는 명령어를 뜻하는 것은?

① 합치기(합집합)
② 교차하기(교집합)
③ 빼기(차집합)
④ 생성하기(신규생성)

해설
① **합치기(합집합)** : 두 객체를 합쳐서 하나의 객체로 만드는 것
② **교차하기(교집합)** : 두 객체의 겹치는 부분만 남기는 것
③ **빼기(차집합)** : 한 객체에서 다른 한 객체의 부분을 빼는 것

12 3D 프린팅의 출력공차를 고려한 파트 수정에 대한 설명으로 옳은 것은?

① 조립되는 부분은 출력공차를 고려하여 부품 형상을 모델링하거나 필요할 경우에는 수정해야 한다.
② 조립 부품을 수정할 때에는 반드시 두 개의 부품을 모두 수정해야 한다.
③ 출력공차를 고려할 시 출력 노즐의 크기는 고려할 필요가 없다.
④ 공차를 고려할 사항으로는 소재 수축률, 기계공차, 도표 색상 등이 있다.

해설 ■ 출력 공차 적용 대상
① 부품과 부품이 상호 조립되어 끼워맞춤되는 부분에 대해서 출력 공차를 부여한다.
② 조립되는 두 개의 부품을 모두 수정하는 것이 아니라, 축이나 구멍의 두 부품 중에서 하나의 부품에만 공차를 적용하는 것이 바람직하다.
③ 축과 구멍으로 조립이 되는 경우 구멍(+공차 적용)을 조금 더 키워 출력하고, 구멍의 벽이 얇은 형태와 축의 경우라면 축(-공차 적용)을 조금 줄이는 것이 바람직하다.

13 물체의 보이지 않는 안쪽 모양을 명확하게 나타낼 때 사용되며 일반적으로 45°의 가는 실선을 단면부 면적에 일정한 간격의 경사선으로 나타내어 절단되었다는 것을 표시해주는 것은?

① 해칭
② 스머징
③ 커팅
④ 트리밍

해설 ■ **해칭**(Hatching)
물체의 내부에 형상을 갖는 부분을 단면하여 쉽게 이해할 수 있도록 45°의 가는 실선으로 작도하는 제도법

정답 10. ① 11. ③ 12. ① 13. ①

14 엔지니어링 모델링에서 사용되는 상향식(Bottom-up) 방식에 대한 설명으로 옳지 않은 것은?

① 파트를 모델링 해놓은 상태에서 조립품을 구성하는 것이다.
② 기존에 생성된 단품을 불러오거나 배치할 수 있다.
③ 자동차나 로봇 모형(프라모델) 분야에서 사용되며 기존 데이터를 참고하여 작업하는 방식이다.
④ 제품의 조립 관계를 고려하여 배치 및 조립을 한다.

> **해설** ■ 어셈블리 방식
> 하향식 설계(TOP Down Design) : 제품 구조의 맨 위에 있는 제품을 어셈블리로 나누고, 다시 어셈블리를 더 작은 어셈블리로 나누어 가면서 부품 단위까지 정의를 하고, 마지막으로 CAD에서 부품을 모델링하는 방식

15 스케치 요소 중 두 개의 원에 적용할 수 없는 구속조건은?

① 동심   ② 동일
③ 평행   ④ 탄젠트

> **해설** 평행 구속조건은 두 개의 원에 적용할 수 없다.

16 다음 도면의 치수 중 A 위치에 기입될 치수의 표현으로 가장 정확한 것은? (단, 도면 전체에 치수편차 ±0.1을 적용한다.)

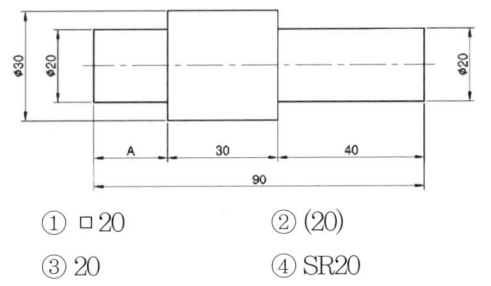

① □20   ② (20)
③ 20   ④ SR20

> **해설** 전체 길이치수(90)에도 치수편차가 적용되므로 공차누적과 중복 치수기입을 피하기 위해 치수에 괄호를 붙여 참고 치수로 기입한다.

17 FDM 방식 3D 프린팅 작업을 위해 3D 형상 데이터를 분할하는 경우 고려해야 할 항목으로 가장 거리가 먼 것은?

① 3D 프린팅 출력 범위
② 서포터 생성 유무
③ 출력물의 품질
④ 익스트루더의 크기

> **해설** 3D 형상 데이터를 분할하는 경우 익스트루더(압출기)의 크기는 고려 대상이 아니다.

18 다음 중 3D 프린팅 작업을 위해 3D 모델링에서 고려해야 할 항목으로 가장 거리가 먼 것은?

① 1회 적층 높이
② 서포터 유무
③ 출력 프린터 제작 크기
④ 출력 소재 및 수축률

> **해설** 1회 적층 높이(레이어 두께)는 슬라이서에서 설정하는 적층 두께 값이다.

19 3D 모델링 방식의 종류 중 넙스(Nurbs) 방식에 대한 설명으로 옳은 것은?

① 삼각형을 기본 단위로 하여 모델링을 할 수 있는 방식이다.
② 폴리곤 방식에 비행 많은 계산이 필요하다.
③ 폴리곤 방식보다는 비교적 모델링 형상이 명확하지 않다.
④ 도형의 외곽선을 와이어 프레임만으로 나타낸 형상이다.

> **해설** ■ 넙스(NURBS) 방식
> ① 수학 함수를 이용하여 곡면의 형태를 생성한다.
> ② 폴리곤 방식에 비해 많은 계산이 필요하지만 부드러운 곡선을 이용한 모델링에 많이 사용된다.
> ③ 폴리곤 방식보다 정확한 모델링이 가능하고 자동차나 비행기의 부드러운 곡면부를 설계할 때 효과적이다.

정답 14. ③ 15. ③ 16. ② 17. ④ 18. ① 19. ②

20 치수 보조기호를 나타내는 의미와 치수 보조기호가 잘못된 것은?

① 지름 : ⌀10
② 참고치수 : (30)
③ 구의 지름 : S⌀40
④ 판의 두께 : □4

[해설]

지름	⌀
구의 지름	S⌀
구의 반지름	SR
정사각형	□
두께	t
45° 모따기	C
참고 치수	( )

21 내마모성이 우수하고 고무와 플라스틱의 특징을 가지고 있어 휴대폰 케이스의 말랑한 소재나 장난감, 타이어 등으로 프린팅해서 바로 사용이 가능한 소재는?

① TPU   ② ABS
③ PVA   ④ PLA

[해설] TPU(Thermoplastic Polyurethane) : 탄성력과 연성을 가지고 있어 플렉시블 필라멘트라고 하며, 우레탄의 일종인 탄성 플라스틱 계열 재료이다.

22 FDM 방식 3D 프린팅으로 출력하기 위해 확인해야 할 점검사항으로 볼 수 없는 것은?

① 장비 매뉴얼을 숙지한다.
② 테스트용 형상을 출력하여 프린터 성능을 점검한다.
③ 프린터의 베드(bed) 레벨링 상태를 확인 및 조정한다.
④ 진동·충격을 방지하기 위해 프린터가 연질 매트 위에 설치되었는지 확인한다.

[해설] 3D 프린터를 설치하는 바닥은 평평하고 견고하며 흔들림이 없어야 출력에 문제가 발생하지 않는다.

23 라프트(raft) 값 설정과 관련이 없는 것은?

① Base Line widthsms 라프트의 맨 아래층 라인의 폭을 설정하는 옵션이다.
② Line spacing은 라프트의 맨 아래층 라인의 간격을 설정하는 옵션이다.
③ Surface layer는 라프트의 맨 위층의 적층 횟수를 설정하는 옵션이다.
④ Infill speed는 내부 채움 시 속도를 별도로 지정하는 옵션이다.

[해설] 라프트(Raft)는 출력물이 베드에 좀 더 잘 붙게 하고, 출력 도중 출력물의 쓰러짐을 방지하기 위해 베드에 닿는 모델의 밑면에 전체적으로 1~2개의 층을 깔아주는 출력보조물이다.

24 FDM 델타 방식 프린터에서 높이가 258mm일 때, 원점 좌표로 옳은 것은?

① (258, 0, 0)
② (0, 258, 0)
③ (0, 0, 258)
④ (0, 0, 0)

[해설] X0, Y0, Z258

25 3D 프린팅에 적합하지 않은 3D 데이터 포맷은?

① STL
② OBJ
③ MPEG
④ AMF

[해설] 반드시 STL 파일만 출력에 사용되는 것은 아니며 3D 프린팅용 파일 형식만해도 30여가지가 넘는다. 색상 및 질감 프로파일을 저장할 수 있는 OBJ, 스캐닝한 객체를 저장하는 용도의 PLY 및 AMF, VRML 등의 형식이 있다.

정답 20. ④ 21. ① 22. ④ 23. ④ 24. ③ 25. ③

26 출력 보조물인 지지대(Support)에 대한 효과로 볼 수 없는 것은?

① 출력 오차를 줄일 수 있다.
② 지지대를 많이 사용할 시 후가공 시간이 단축된다.
③ 지지대는 출력물의 수축에 의한 뒤틀림이나 휨을 방지할 수 있다.
④ 진동이나 충격이 가해졌을 때 출력물의 이동이나 붕괴를 방지할 수 있다.

해설 슬라이서에서 지지대 사용 설정 조건에 따라 출력 시간이 늘어난다.

27 다음 설명에 해당되는 코드는?

- 기계를 제어 및 조정해주는 코드
- 보조기능의 코드
- 프로그램을 제어하거나 기계의 보조장치들을 ON / OFF 해주는 역할

① G코드
② M코드
③ C코드
④ QR코드

해설 G-Code : 준비기능, M-Code : 보조기능

28 FDM 방식 3D 프린팅 출력 전 생성된 G코드에 직접적으로 포함되지 않는 정보는?

① 헤드 이송속도
② 헤드 동작시간
③ 헤드 온도
④ 헤드 좌표

해설 G-Code에는 프린트 헤드의 이송속도 및 좌표, 압출기 온도, 베드 온도 등의 모델의 출력에 관한 정보가 들어 있다.

29 슬라이서 소프트웨어 설정 중 내부 채우기의 정도를 뜻하는 것으로 0~100%까지 채우기가 가능하며 채우기 정도가 높아질수록 출력 시간이 오래 걸리는 단점이 있는 것은?

① Infill
② Raft
③ Support
④ Resolution

해설 Infill은 출력 모델의 내부 채움 정도를 의미하며 Infill의 설정값은 비율(보통 10~20%)과 패턴(속을 채우는 모양)이 있다.

30 FDM 방식 3D 프린팅을 사용하여 한 변의 길이가 50mm인 정육면체 형상을 출력하기 위해 한 층의 높이 값을 0.25mm로 설정하여 슬라이싱 하였다. 이때 생성된 전체 layer의 층수는?

① 40개
② 80개
③ 120개
④ 200개

해설 50/0.25 = 200

31 3D 프린팅은 3D 모델의 형상을 분석하여 모델의 이상 유무와 형상을 고려하여 배치한다. 다음 그림과 같은 형태로 출력할 때 출력시간이 가장 긴 것은? (단, 아랫면이 베드에 부착되는 면이다.)

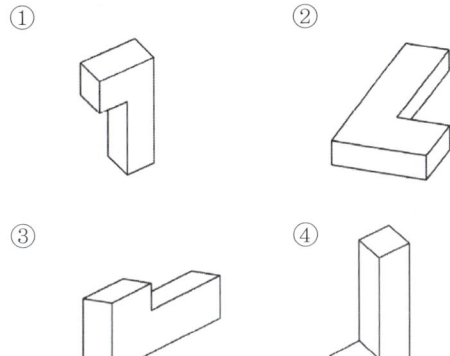

해설 출력하려는 모델의 방향에 따라 지지대 생성에 영향을 주므로 가급적 지지대가 발생하지 않는 최적의 자세로 슬라이싱하여 출력하는 것이 좋다.

정답 26. ② 27. ② 28. ② 29. ① 30. ④ 31. ①

32 3D 프린팅의 종류와 사용 소재의 연결이 옳지 않은 것은?

① FDM → 열가소성 수지(고체)
② SLA → 광경화성 수지(액상)
③ SLS → 열가소성 수지(분말)
④ DLP → 열경화성 수지(분말)

해설 DLP(Digital Light Projection)는 광중합방식(Photo Polymerization)의 한 방식으로 분류되며 빛에 민감한 반응을 하는 액상의 광경화성수지를 소재로 사용한다.

33 FDM 방식 3D 프린팅을 위한 설정값 중 레이어(layer) 두께에 대한 설명으로 틀린 것은?

① 레이어 두께는 프린팅 품질을 좌우하는 핵심적인 치수이다.
② 일반적으로 레이어 두께를 절반으로 줄이면 프린팅 시간은 2배로 늘어난다.
③ 레이어가 얇을수록 측면의 품질뿐만 아니라 사선부의 표면이나 둥근 부분의 품질도 좋아진다.
④ 맨 처음 적층되는 레이어는 베드에 잘 부착이 되도록 가능한 얇게 설정하는 것이 좋다.

해설 맨 처음 적층되는 레이어가 바닥에 잘 붙을 수 있도록 너무 얇지 않도록 설정하는 것이 좋다.

34 3D 모델링을 다음 그림과 같이 배치하여 출력할 때 안정적인 출력을 위해 가장 기본적으로 필요한 것은? (단, FDM 방식 3D 프린팅에서 출력한다고 가정한다.)

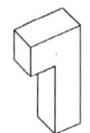

① 서포터 ② 브림
③ 루프   ④ 스커트

해설 모델의 어느 부분이 바닥에 닿지 않고 허공에 떠 있는 형상은 원활한 출력을 위해 지지대(서포트)를 설정해 주어야 한다.

35 다음 중 3D 프린팅 출력물의 외형강도에 가장 크게 영향을 미치는 설정 값은?

① Raft
② Brim
③ Speed
④ Number of shells

해설 Number of shells은 출력물의 외형 강도에 가장 큰 영향을 미치는 설정값이다.

36 G코드 중에서 홈(원점)으로 이동하는 명령어는?

① G28   ② G92
③ M106   ④ M113

해설 G28 : 원점 복귀
G92 : 좌표계 설정
M106 : 냉각팬 전원 ON
M113 : 익스트루더 PWM

37 다음 설명에 해당하는 소재는?

- 전기 절연성, 치수 안정성이 좋고 내충격성도 뛰어난 편이라 전기 부품 제작에 가장 많이 사용되는 재료이다.
- 연속적인 힘이 가해지는 부품에는 부적당하지만, 일회성으로 강한 충격을 받는 제품에 주로 쓰인다.

① ABS   ② PLA
③ Nylon   ④ PC

해설 PC(Polycarbonate) : 폴리카보네이트는 열가소성 플라스틱의 일종으로 전기절연성, 치수 안정성, 내충격성이 좋아 전기부품으로 많이 사용하며 내열성, 내후성, 자기 소화성, 투명성 등의 특징이 있고, 강화 유리의 약 150배 이상의 충격도를 지니고 있으며 유연성 및 가공성이 우수하다. 잘 깨지고 변형되기 쉬운 아크릴의 대용재이자 일반 판유리의 보완재로 많이 쓰인다.

정답 32. ④ 33. ④ 34. ① 35. ④ 36. ① 37. ④

38 분말을 용융하는 분말융접(Powder Bed Fusion) 방식의 3D 프린팅에서 고형화를 위해 주로 사용되는 것은?

① 레이저 ② 황산
③ 산소 ④ 글루

해설 PBF(Powder Bed Fusion)은 분말소결방식으로 파우더에 CO_2 레이저를 조사하여 조형물을 만들며 SLS, DMLS, SLM, EBM 등의 기술방식이 있다.

39 노즐에서 재료를 토출하면서 가로 100㎜, 세로 200㎜ 위치로 이동하라는 G코드 명령어에 해당하는 것은?

① G1 X100 Y200
② G0 X100 Y200
③ G1 A100 B200
④ G1 X200 Y100

해설 [G1 X100 Y200]은 X축으로 100mm, Y축으로 100mm 위치 이동하라는 G코드 명령어

40 3D 프린팅의 출력 방식에 대한 설명으로 옳지 않은 것은?

① DLP 방식은 선택적 레이저 소결 방식으로 소재에 레이저를 주사하여 가공하는 방식이다.
② SLS 방식은 재료 위에 레이저를 스캐닝하여 용접하는 방식이다.
③ FDM 방식은 가열된 노즐에 필라멘트를 투입하여 가압 토출하는 방식이다.
④ SLA 방식은 용기 안에 담긴 재료에 적절한 파장의 빛을 주사하여 선택적으로 경화시키는 방식이다.

해설 DLP : 마스크 투영 이미지 경화방식으로 액상의 광경화성수지를 광학기술을 이용하여 조형하는 방식
SLS : 선택적 레이저 소결 방식

41 3D 프린팅의 정밀도를 확인 후 장비를 교정하려 한다. 출력물 내부 폭을 2㎜로 지정하여 10개의 출력물을 뽑아서 내부 폭의 측정값을 토대로 구한 평균값(A)과 오차 평균값(B)으로 옳은 것은?

출력회차	1	2	3	4	5
측정값	1.58	1.72	1.63	1.66	1.62
출력회차	6	7	8	9	10
측정값	1.65	1.72	1.78	1.80	1.65

① A : 1.665, B : -0.335
② A : 1.672, B : -0.328
③ A : 1.678, B : -0.322
④ A : 1.681, B : -0.319

해설 평균값(A) :
1.58+1.72+1.63+1.66+1.62+1.65+1.72+1.78+1.80+1.65=
16.81/10=1.681
오차 평균값 : 1.681-2=-0.319

42 3D 프린팅 출력을 하기 위한 오브젝트의 수정 및 오류 검출에 관한 설명으로 옳지 않은 것은?

① 출력용 STL 파일의 사이즈는 슬라이서 프로그램에서 조정이 가능하다.
② 오브젝트의 위상을 바꾸어 출력하기 위해서는 반드시 모델링 프로그램에서 수정할 필요는 없다.
③ 같은 모양의 오브젝트를 멀티로 출력할 때는 반드시 모델링 프로그램에서 수량을 늘려주어야 한다.
④ 오브젝트의 위치를 바꾸기 위한 반전 및 회전은 슬라이서 프로그램에서 조정 가능하다.

해설 같은 모양의 오브젝트를 멀티로 출력하는 경우 모델링 프로그램에서 수량을 늘려주는 것이 아니라 슬라이서에서 원하는 수량을 선택하여 출력하면 된다.

정답 38. ① 39. ① 40. ① 41. ④ 42. ③

43 3D 프린팅 출력 시 STL 파일을 불러와서 슬라이서 프로그램에서 출력 조건을 설정 후 출력을 진행할 때 생성되는 코드는?

① Z코드
② D코드
③ G코드
④ C코드

해설 슬라이서에서 STL, OBJ와 같은 출력용 파일을 불러와서 출력 조건을 설정 후 G-코드로 변환하여 출력을 실시한다.

44 3D 프린팅용 슬라이서 프로그램이 인식할 수 있는 파일의 종류로 올바르게 나열된 것은?

① STL, OBJ, IGES
② DWG, STL, AMF
③ STL, OBJ, AMF
④ DWG, IGES, STL

해설 3D 프린터별 슬라이서에서 불러올 수 있는 출력용 파일은 여러 가지가 있으며 STL, OBJ, AMF 등의 형식이 있다.

45 3D 프린팅용 출력물 회수 시 전용공구를 이용하여 출력물을 회수하고 표면을 세척제로 세척 후 출력물을 경화기로 경화시키는 방식은?

① FDM
② SLA
③ SLS
④ LOM

해설 액상 광경화성수지 소재를 출력하는 경우 출력물 회수 시 출력물에 남아있는 수지를 전용 세척제로 세척 후 출력물의 강도를 높이기 위해 UV 경화기에 넣어 경화시키는 작업을 하는데 SLA, DLP 등의 방식이 이에 속한다.

46 3D 프린팅 출력 오류 중 처음부터 재료가 압출되지 않는 경우의 원인으로 거리가 먼 것은?

① 압출기 내부에 재료가 채워져 있지 않을 때
② 회전하는 기어 톱니가 필라멘트를 밀어내지 못할 경우
③ 가열된 플라스틱 재료가 노즐 내부와 너무 오래 접촉하여 굳어 있는 경우
④ 재료를 절약하기 위해 출력물 내부에 빈 공간을 너무 많이 설정할 경우

해설 ■ 출력 오류 중 처음부터 압출이 되지 않는 경우
① 압출기 노즐 내부에 재료가 채워져 있지 않을 때
② 압출기 노즐과 플랫폼 사이의 거리가 너무 가까울 때
③ 필라멘트 재료의 직경이 가늘어졌을 때
④ 압출기 노즐 내부 고착현상 등으로 막혀 있을 때

47 3D 프린팅 출력물에 용융된 재료가 흘러나와 얇은 선이 생겼을 경우 이러한 출력 오류를 해결하는 방법으로 옳지 않은 것은?

① 온도 설정을 변경한다.
② 리트랙션(retraction) 거리를 조절한다.
③ 리트랙션(retraction) 속도를 조절한다.
④ 압출 헤드가 긴 거리를 이송하도록 조정한다.

해설 ■ 얇은 선이 생기는 경우 출력 오류 해결 방법
① 리트랙션 거리 설정값 조절
② 리트랙션 속도 설정값 조절
③ 압출 온도 설정 변경
④ 압출기 헤드가 빈 공간을 멀리 이송하지 않도록 한다.

48 출력용 파일의 오류 종류 중 실제 존재할 수 없는 구조로 3D 프린팅, 부울 작업, 유체 분석 등에 오류가 생길 수 있는 것은?

① 반전 면
② 오픈 메쉬
③ 클로즈 메쉬
④ 비(非)매니폴드 형상

해설 비매니폴드 조건(non-manifold condition)에는 비다양체 모서리, 비다양체 점, 비다양체 표면이 있는데 모델링이 서로 연결되지 못하고 깨져 있는 형상으로 3D 프린팅, 부울 작업, 유체 분석 등에 오류가 발생할 수 있다.

정답 43. ③　44. ③　45. ②　46. ④　47. ④　48. ④

49 문제점 리스트를 작성하고 오류 수정을 거쳐 출력용 데이터를 저장하는 과정이다. A, B, C에 들어갈 내용이 모두 옳은 것은?

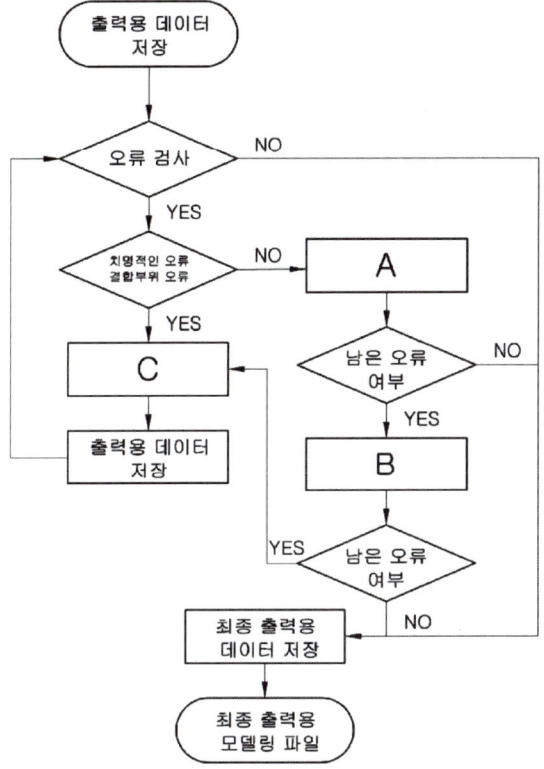

[보기]
ㄱ. 수동 오류 수정
ㄴ. 자동 오류 수정
ㄷ. 모델링 소프트웨어 수정

① A : ㄱ, B : ㄴ, C : ㄷ
② A : ㄴ, B : ㄱ, C : ㄷ
③ A : ㄴ, B : ㄷ, C : ㄱ
④ A : ㄷ, B : ㄴ, C : ㄱ

해설 A : 자동 오류 수정
B : 수동 오류 수정
C : 모델링 소프트웨어 수정

50 FDM 방식 3D 프린팅 출력 시 첫 번째 레이어의 바닥 안착이 중요하다. 바닥에 출력물이 잘 고정되게 하기 위한 방법으로 적절하지 않은 것은?

① Skirt 라인을 1줄로 설정하여 오브젝트를 출력한다.
② 열 수축현상이 많은 재료로 출력을 하거나 출력물의 바닥이 평평하지 않을 때 Raft를 설정하여 출력한다.
③ 출력물이 플랫폼과 잘 붙도록 출력물의 바닥 주변에 Brim을 설정한다.
④ 소재에 따라 Bed를 적절한 온도로 가열하여 출력물의 바닥이 수축되지 않도록 한다.

해설 Skirt는 출력 시작 전 안정적인 출력이 될 수 있도록 출력물에서 약간 띄워 설정 수량만큼 라인을 출력하는 기능으로 핫엔드 노즐 부분에 소재가 비어 있으면 채워주거나 탄화물이 노즐 내부에 고착되어 굳어버려 정상적인 출력이 되지 않는 경우를 사전에 파악하기 위한 용도로 사용한다.

51 3D 프린팅 제품 출력 시 제품 고정 상태와 서포터에 관한 설명으로 옳지 않은 것은?

① 허공에 떠 있는 부분은 서포터 생성을 설정해준다.
② 출력물이 베드에 닿는 면적이 작은 경우 라프트(raft)와 서포터를 별도로 설정한다.
③ 3D 프린팅의 공정에 따라 제품이 성형되는 바닥면의 위치와 서포터의 형태는 같다.
④ 각 3D 프린팅 공정에 따라 출력물이 성형되는 방향과 서포터는 프린터의 종류에 따라 다르다.

해설 3D 프린팅 공정별로 제품이 조형되는 바닥면의 위치와 서포트의 형태는 다르다.

정답 49. ② 50. ① 51. ③

52 FDM 방식 3D 프린팅에서 재료를 교체하는 방법으로 옳은 것은?

① 프린터가 작동 중인 상태에서 교체한다.
② 재료가 모두 소진되었을 때만 교체한다.
③ 프린터가 정지한 후 익스트루더가 완전히 식은 상태에서 교체한다.
④ 프린터가 정지한 상태에서 익스트루더의 온도를 소재별 적정 온도로 유지한 후 교체한다.

> 해설 3D 프린터의 작동이 끝난 정지 상태에서 압출기의 온도를 사용하려는 소재별 적정 온도를 유지한 후에 교체한다.

53 3D 프린팅으로 제품을 출력할 때 재료가 베드(bed)에 잘 부착되지 않는 이유로 볼 수 없는 것은?

① 온도 설정이 맞지 않은 경우
② 플랫폼 표면에 문제가 있는 경우
③ 첫 번째 층의 출력속도가 너무 빠른 경우
④ 출력물 아랫부분의 부착 면적이 넓은 경우

> 해설 베드에 적층되는 출력물의 아랫 부분의 부착 면적이 작은 경우 제대로 부착이 되지 않는 경우가 발생할 수 있다.

54 3D 프린팅 출력 시 성형되지 않은 재료가 지지대(support) 역할을 하는 프린팅 방식은?

① 재료분사(Material Jetting)
② 재료압출(Material Extrusion)
③ 분말적층용융(Powder Bed Fusion)
④ 광중합(Vat Photo Polymerization)

> 해설 분말적층 용융(PBF)방식은 출력물 주위에 있는 분말들이 지지대 역할을 하기 때문에 별도의 지지대를 형성시켜 줄 필요가 없다.
> PBF 방식에는 SLS, DMLS 등의 기술방식이 있다.

55 3D 프린터로 한 변의 길이가 25mm인 정육면체를 출력하였더니 X축 방향 길이가 26.9mm가 되었다. 이때 X축 모터 구동을 위한 G코드 중 M92(steps per unit) 명령 상 설정된 스텝 수가 85라면 치수를 보정하기 위해 설정해야 할 스텝 값은?(단, 소수점은 반올림한다.)

① 79   ② 91
③ 113   ④ 162

> 해설 25 : 26.9 = X : 85   26.9 X = 2125   X = 78.996

56 FDM 방식 3D 프린팅 가동 중 필라멘트 공급 장치가 작동을 멈췄을 때 정비에 필요한 도구로 거리가 먼 것은?

① 망치   ② 롱노우즈
③ 육각렌치   ④ +, − 드라이버

> 해설 다른 공구에 비해 망치는 정비용 도구로 적합하지 않다.

57 오픈소스 기반 FDM 방식의 보급형 3D 프린팅이 초등학교까지 보급되는 상황에서 학생들의 호기심을 자극하고 있다. 이러한 상황에서 안전을 고려한 3D 프린팅의 운영으로 가장 거리가 먼 것은?

① 필터를 장착한 장비를 권장하고 필터의 교체 주기를 확인하여 관리한다.
② 장비의 내부 동작을 볼 수 있고, 직접 만져 볼 수 있는 오픈형 장비의 운영을 고려한다.
③ 베드는 노히팅 방식을 권장하고 스크레퍼를 사용하지 않는 플렉시블 베드를 지원하는 장비의 운영을 고려한다.
④ 소재는 ABS보다 비교적 인체에 유해성이 적은 PLA를 사용한다.

> 해설 초등학교 같은 곳은 가급적 오픈형보다 밀폐형(유해가스 제거용 필터 내장)을 권장하고 있으며 이는 출력 도중 고온으로 가열된 노즐부를 손으로 만지거나 장비 작동 중 손이나 장갑, 머리카락, 옷 등의 끼임에 의한 부상의 우려가 있으므로 운영 시 세심한 주의를 필요로 한다.

정답 52. ④ 53. ④ 54. ③ 55. ① 56. ① 57. ②

58 다음과 같은 구조를 가지는 방진 마스크의 종류는?

> 여과제 → 연결관 → 흡기변 → 마스크 → 배기변

① 격리식
② 직결식
③ 혼합식
④ 병렬식

해설
■ 격리식 마스크의 구조
여과제(정화통) → 연결관 → 흡기밸브 → 마스크(안면부) → 배기밸브 및 머리끈
① **전면형** : 안면부 전체를 덮는 구조
② **반면형** : 코 및 입부분을 덮는 구조

59 ABS 소재의 필라멘트를 사용하여 장시간 작업할 경우 주의해야 할 사항은?

① 융점이 기타 재질에 비해 매우 높으므로 냉방기를 가동하여 작업한다.
② 옥수수 전분 기반 생분해성 재질이므로 특별히 주의해야 할 사항은 없다.
③ 작업 시 냄새가 심하므로 작업장의 환기를 적절히 실시한다.
④ 물에 용해되는 재질이므로 수분이 닿지 않도록 주의해야 한다.

해설 ABS 필라멘트는 유해가스를 제거한 석유 추출물에서 얻은 원료를 쌀알 모양의 패럿으로 만들어 와이어 형태의 필라멘트로 만드는 것인데 출력시 플라스틱 타는듯한 냄새, 유해가스나 분진 발생 등의 우려가 있어 반드시 밀폐형 3D 프린터를 사용하고 환기시설이 잘 갖추어진 곳에서 안전에 유의하여 사용해야 한다.

60 SLA 방식 3D 프린팅 운용 시 주의해야 할 사항으로 옳지 않은 것은?

① UV 레이저를 조사하는 방식이므로 보안경을 착용하여 운용한다.
② 레진은 보관이 까다롭고 악취가 심하기 때문에 환기가 잘되는 곳에서 운용한다.
③ 레진은 어두운 장소에서 경화반응을 일으키므로 햇빛이 잘 드는 곳에서 보관, 운용한다.
④ 출력물 표면에 남은 레진은 유해성분이 있기에 방독 마스크와 니트릴 보호 장갑을 착용해야 한다.

해설 광경화성수지(Resin)는 빛에 민감한 반응을 하여 경화되는 성질이 있는 소재이므로 취급에 주의를 요하는 3D 프린팅용 소재이다.

정답 58. ① 59. ③ 60. ③

2019년 CBT 기출문제 복원

01 직선보간 명령으로 현재 위치에서 지정된 위치까지 헤드나 플랫폼을 직선 이송하는 지령은?

① G0
② G1
③ G4
④ G28

해설
㉠ G0 : 빠른 이송, 헤드나 플랫폼을 목적지로 가장 빠르게 이송시키기 위해서 사용한다.
㉡ G1 : 직선 보간, 현재 위치에서 지정된 위치까지 헤드나 플랫폼을 직선 이송한다. 이 때 이송되는 속도나 압출되는 필라멘트의 길이를 지정할 수 있다.
㉢ G4 : 멈춤(dwell), 3D 프린터의 모든 동작을 Pnnn에 의해 지정된 시간만큼 멈춘다.
㉣ G28 : 원점 이송, 3D 프린터의 각 축을 원점으로 이송시킨다.

02 다음의 G코드를 설명한 것으로 올바른 것은?

G1 X80.5 Y12.3 E50

① 현재 위치에서 헤드를 X=80.5, Y=12.3mm 로, 필라멘트를 현재 길이에서 50mm까지 압출하면서 이동
② 현재 위치에서 헤드를 X=80.5, Y=12.3mm 로, 이송속도를 50mm/min으로 급이송
③ 현재 위치에서 헤드를 X=80.5, Y=12.3mm 로, 베드 온도를 50℃로 설정
④ 현재 위치에서 헤드를 X=80.5, Y=12.3mm 로, 노즐 온도를 50℃로 설정

해설 G1은 직선보간으로 현재 위치에서 지정된 위치까지 헤드나 플랫폼을 직선 이송한다. 이 때 이송되는 속도나 압출되는 필라멘트의 길이를 지정할 수 있다. Ennn은 압출되는 필라멘트의 길이(mm)를 의미한다.

03 모든 좌표값을 현재 좌표계의 원점에 대한 좌표값으로 설정하는 것으로 절대 좌표 설정은?

① G21
② G90
③ G91
④ G92

해설
㉠ G21 : 단위를 밀리미터(mm)로 변환
㉡ G90 : 절대 좌표 설정, 모든 좌표값을 현재 좌표계의 원점에 대한 좌표값으로 설정한다.
㉢ G91 : 상대 좌표 설정, G91이 지정된 이후의 모든 좌표값은 현재 위치에 대한 상대값으로 설정된다.
㉣ G92 : 좌표계 설정, G92에 의해서 지정된 값이 현재 값이 된다. 3D 프린터가 동작하지는 않는다.

04 전기감전 쇼크에 의해 호흡이 정지된 재해자에게 일반적으로 몇 분 이내에 심폐소생술을 하면 95% 정도의 소생할 확률이 있는가?

① 1분 이내
② 3분 이내
③ 5분 이내
④ 10분 이내

해설 1분 이내에 심폐소생술을 실시할 경우 소생할 확률은 95%나 되지만 심장이 정지되어 순환이 되지 않은 채 4분이 지나면 뇌에 산소가 공급되지 않아 뇌가 손상되기 시작하며 10분부터는 뇌 이외의 다른 장기들도 손상되기 시작한다. 따라서 심정지가 발생하면 늦어도 4분 이내에 심폐소생술을 시작해서 제세동과 병원 치료가 이루어질 때까지 중단 없이 계속해야 환자의 생존율을 높일 수 있다. 이에 응급상황 발생 직후부터 4분까지를 골든 타임이라고 한다.
심폐소생술은 심장을 마사지해서 심장이 다시 뛰게 하는 것이 아닌 심장을 직접 눌러서 펌프질을 해주는 과정이다. 심장엔 판막이 있기 때문에 밖에서 눌러도 정상 방향으로 혈액이 흐른다. 외부에서 압력을 가해 심장이 해야 할 일을 대신 해주는 것이라 생각하면 된다.

정답 1. ② 2. ① 3. ② 4. ①

05 FDM 방식 3D 프린터로 출력 도중에 단면이 밀려서 성형되는 현상과 관계가 가장 먼 것은?

① 헤드가 너무 빨리 움직일 때 발생할 수 있다.
② 3D 프린터의 기계 혹은 전자 시스템에 문제가 발생했을 때
③ 초기부터 타이밍 벨트의 장력이 너무 높게 설정되어 있는 경우도 문제를 일으킨다.
④ 출력물의 크기가 작고 PLA 같은 소재를 출력 시 많이 발생한다.

해설 출력 오류의 형태 중 출력 도중에 단면이 밀려서 성형되는 경우는 출력물 각 층의 수직 방향 정렬이 맞지 않고 밀려서 성형되는 경우를 말한다. 일반적인 재료 압출 방식 3D 프린터는 개루프(open-loop)제어가 이루어지므로 출력 도중에 프린트 헤드의 위치가 제어 시스템에 전달되지 않게 된다.

㉠ 헤드가 너무 빨리 움직일 때
매우 고속으로 출력을 진행하면 3D 프린터의 모터가 이를 따라가지 못하는 경우가 생길 수 있다. 모터가 견디는 속도 이상으로 3D 프린터를 동작시키면 모터가 오동작을 일으키는 소리가 발생하게 되고, 3D 프린터 헤드의 정렬이 틀어지게 된다.

㉡ 3D 프린터의 기계 혹은 전자시스템에 문제가 발생할 때
타이밍벨트와 타이밍풀리를 헤드 구동에 사용한다. 특히 타이밍벨트의 대부분은 고무 재질로 되어 있으며, 따라서 시간이 흐르면 벨트가 늘어나게 된다. 벨트가 늘어나면 타이밍풀리 사이에 감겨진 타이밍풀리의 장력이 낮아지게 되어 타이밍벨트의 이빨이 타이밍풀리의 이빨을 타고 넘는 현상이 발생하고, 따라서 헤드의 정렬에 영향을 주게 된다. 반면에 초기부터 타이밍벨트의 장력이 너무 높게 설정되어 있는 것도 문제를 일으킨다. 즉 타이밍벨트의 높은 장력은 베어링에 과도한 마찰을 발생시켜 모터의 원활한 회전을 방해한다.
또 다른 원인으로는 타이밍풀리가 스테핑 모터의 회전축에 느슨하게 고정되는 경우이다. 이렇게 되면 스테핑 모터의 회전 동력이 타이밍풀리에 제대로 전달되지 않게 되고, 헤드의 움직임도 부적절하게 된다. 적절한 전류가 모터로 전달되지 않으면 동력이 약해져서 스테핑 모터의 축이 제대로 회전하지 않는 경우가 발생한다. 혹은 모터 드라이버가 과열되면 다시 냉각될 때까지 모터의 회전이 멈추기도 한다.

㉢ 출력물의 크기가 크고 ABS 같은 소재를 출력시
많이 발생하는 현상으로 고온으로 압출된 플라스틱 재료가 식으면서 수축하기 때문에 바닥이 말려 올라가게 된다.

06 환자가 호흡이 없거나 정상적인 호흡을 보이지 않을 경우 전문가가 재해자의 맥박 확인 결과 이상이 있을 때 실시하며, 분당 10~12회의 속도로 실시하는 응급처치는?

① 흉부 압박
② 인공 호흡
③ 기도 유지
④ 심폐소생술

해설 응급의료종사자는 맥박을 확인하는데 10초 이상을 소요하지 않도록 하며, 맥박이 확실하게 느껴지지 않는다면 흉부압박을 시행하도록 한다. 맥박이 만져지는 성인 환자가 정상 호흡이 없다면, 분당 10~12회의 속도(또는 5~6초마다 1회)로 인공호흡을 실시한다.

07 다음 보기 중 G코드 명령어에 대한 설명으로 올바르지 못한 것은?

① Fnnn은 이송속도를 의미한다. 이때 nnn은 이송속도(mm/min)이다.
② Ennn은 압출 필라멘트의 길이를 의미한다. 이때 nnn은 압출되는 길이(cm)이다.
③ G0은 빠른 이송을 의한다. 즉 헤드나 플랫폼을 목적지로 가장 빠르게 이송시키기 위해서 사용한다.
④ G1은 직선 보간으로 현재 위치에서 지정된 위치까지 헤드나 플랫폼을 직선 이송한다.

해설 Ennn은 압출 필라멘트의 길이를 의미하며, nnn은 압출되는 길이로 단위는 mm이다.

08 다음의 M코드 중에서 조형을 하는 플랫폼을 가열하는 온도를 설정하는 코드는?

① M106   ② M117
③ M104   ④ M140

해설
㉠ M106 : 냉각팬 전원 끄기
㉡ M117 : 메시지 표시
㉢ M104 : 압출기 온도 설정
㉣ M140 : 플랫폼(베드) 온도 설정

정답 5. ④ 6. ② 7. ② 8. ④

09 도면 작성시 가는 실선의 용도가 아닌 것은?

① 절단선
② 해칭선
③ 치수선
④ 치수보조선

해설
㉠ 절단선 : 가는 1점 쇄선으로 끝부분 및 방향이 변하는 부분을 굵게 한 선
㉡ 해칭선 : 45°의 가는 실선
㉢ 치수선 : 가는 실선
㉣ 치수보조선 : 가는 실선

10 광경화성 수지에 대한 설명으로 올바르지 않은 것은?

① 소재 보관시에 통풍이 잘되고 햇볕이나 직사광선이 잘 들어오는 곳에 보관한다.
② 광경화성 수지는 빛의 파장과 빛의 세기, 노출 시간에 따라 구조물의 제작이 달라진다.
③ 온도에 영향을 받을 수 있으므로 온도유지 장치에 보관하는 것이 좋다.
④ 광경화성 재료를 보관할 때에는 빛을 차단하는 장치가 있거나 광개시제와 혼합하지 않고 보관한다.

해설 광경화성 수지는 포토폴리머, 광활성화 수지, 광민감성 수지라고도 하며 모노머, 올리고머, 폴리머, 기타 개별 공정별로 특수한 첨가제로 조성하여 다양하게 제조할 수 있는데 빛(자외선이나가시광)을 조사할 때 물성의 변화가 일어나는 폴리머를 말한다. 빛에 민감한 반응을 하기 때문에 보관 시에 햇볕이나 직사광선을 피해 서늘하고 통풍이 잘 되는 곳에 보관하는 것이 좋다.

11 마케팅 분석방법 중 SWOT에서 S에 해당하지 않는 것은?

① 기업의 목표
② 기업의 프로젝트
③ 기업의 목적 달성을 위한 활동
④ 시장경제상황

해설 S.W.O.T
㉠ S : Strength(나의 강점)
㉡ W : Weakness(나의 약점)
㉢ O : Opportunity(외부환경의 기회)
㉣ T : Threat(외부 환경의 위협/위기)
강점과 약점은 내부 분석이고 기회와 위협은 외부 분석이다.
S는 우리 기업의 경쟁력(독점적 기술, 브랜딩화, 안정적 수익원, 창업자 역량 우수 등) W는 경쟁상대와 비교시 부족함(연구개발의 한계, 제품 효율성 저하, 기술적 한계, 자금 부족 등) O는 외부적인(우리가 한 것이 아닌) 기회(사회적 이슈, 정부 정책, 시장상황 등)이며, T는우리가 어찌할 수 없는 불리한 점(경쟁 기업의 독점, 소비자들의 편견, 심리 등)을 말한다.

12 스탠포드 삼각형 형식 또는 다각형 파일 형식으로, 주로 3D 스캐너를 이용해 물건이나 인물 등을 스캔한 스캔 데이터를 저장하기 위해 고안된 포맷은?

① PLY
② STL
③ 3MF
④ AMF

해설
㉠ PLY : obj 포맷의 부족한 확장성으로 인한 성질과 요소에 개념을 종합하기 위해 고안되었으며, 90년대 중반 스탠포드 그래픽 연구소의 Greg turk에 의해 개발되었다. 스탠포드 삼각형 형식 또는 다각형 파일 형식으로, 주로 3D 스캐너를 이용해 물건이나 인물 등을 3D 스캔한 스캔 데이터를 저장하기 위해 설계되었다.
㉡ STL : STL 포맷은 삼각형의 세 꼭짓점이 나열된 순서에 따른 오른손 법칙(Right hand rule)을 사용한다. normal vector를 축으로 반시계 방향으로 꼭짓점이 입력되어야 하고, 각 vertex(꼭짓점)는 인접한 모든 삼각형의 vertex여야 한다는 꼭짓점 규칙을 만족시켜야 한다.
㉢ 3MF : STL의 단점을 보완한 포맷으로 색상, 재질, 재료, 메쉬 등의 정보를 한 파일에 담을 수 있도록 하고, 유연한 형식으로 필요한 데이터를 추가할 수 있다.
㉣ AMF(Additive Manufacturing File) : XML에 기반해 STL의 단점을 다소 보완한 파일 포맷으로 STL 포맷은 표면 메시에 대한 정보만을 포함하지만, AMF 포맷은 색상, 질감과 표면 윤곽이 반영된 면을 포함해 STL 포맷에 비해 곡면을 잘 표현할 수 있다. 또한 색상 단계를 포함하여 각 재료 체적의 색과 메시의 각 삼각형의 색상을 지정할 수 있다.

정답 09. ① 10. ① 11. ④ 12. ①

13 3D 프린터 사용 중 전기 화재가 발생했을 때 원인으로 가장 거리가 먼 것은?

① 합선 ② 누전
③ 과전류 ④ 페라이트 코어

해설 페라이트 코어는 0kHz~200MHz 이상의 고주파에 이르기까지 투자율이 좋으며, 이 특성을 이용해 제품 사이의 배선에 통과시키면 그 선에 흐르는 유효한 신호는 잘 통과시키며, 해로운 고주파 및 잡음 성분을 차단하는 역할을 한다.

14 다음과 같은 구조를 가지는 방진마스크의 종류는?

여과제 → 연결관 → 흡기변
→ 마스크 → 배기변

① 격리식 ② 직결식
③ 혼합식 ④ 병렬식

해설 ■ 격리식 마스크의 구조
여과제(정화통) → 연결관 → 흡기밸브 → 마스크(안면부) → 배기밸브 및 머리끈

15 스캔 데이터는 일반적으로 여러 번의 측정에 따른 점군 데이터를 서로 합친 최종 데이터로 이렇게 개별 스캐닝 작업에서 획득한 점 데이터들이 합쳐지는 과정을 무엇이라고 하는가?

① 정합 ② 병합
③ 스무딩 ④ 페어링

해설 정합(Registration) : 전체 데이터를 회전 이송하면서 같은 좌표계로 통일하는 과정

병합(Merging) : 정합을 통해서 중복되는 부분을 서로 합치는 과정

스무딩(Smoothing) : 오류로 인해 불규칙하게 형성된 점을 매끄럽게 해주는 과정

페어링(Fairing) : 불필요한 점을 제거하고 다양한 오류를 바로잡아 최종적으로 삼각형 메쉬를 형성하고 3차원 프린팅을 할 수 있다.

16 다음의 피처 명령어 중에서 필렛 명령으로 구현할 수 있는 그림을 고르시오.

① 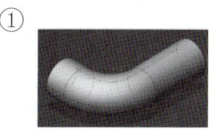 ②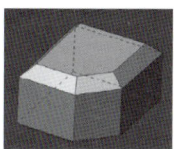

③ 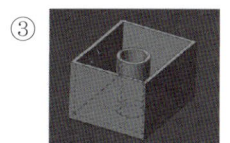 ④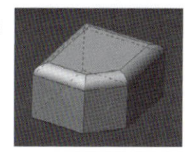

해설 필렛(Fillet)은 모깎기라고도 하며 모서리 부분을 둥글게 라운드 처리하는 것을 말한다.
① 스윕(Sweep)
② 모따기(Chamfer)
③ 쉘(Shell)
④ 모깎기(Fillet)

17 분말 소재를 사용하는 SLS 방식 3D 프린터의 출력물 회수 순서로 가장 적절한 것은?

가. 안전보호장구 착용
나. 3D 프린터 작동 중지 확인
다. 전면 도어 개방
라. 플랫폼에서 출력물 분리
마. 플랫폼에 남아 있는 분말 소재 제거 · 회수
바. 출력물에 붙어 있는 분말 소재 제거

① 가 → 나 → 다 → 라 → 마 → 바
② 나 → 가 → 다 → 라 → 마 → 바
③ 나 → 다 → 가 → 라 → 마 → 바
④ 가 → 다 → 나 → 마 → 라 → 바

해설 ■ SLS 기술방식 개념도

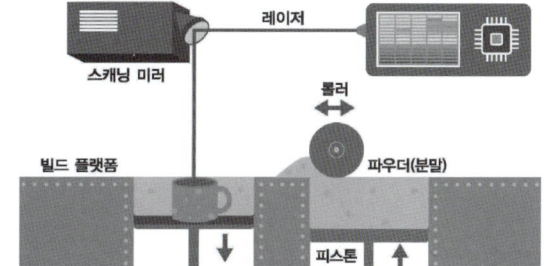

정답 13. ④ 14. ① 15. ① 16. ④ 17. ①

18 작업지시서에 포함되어야 하는 항목이 아닌 것은?

① 제작 물품명 ② 제작 방법
③ 제작 기간   ④ 제작 단가

해설
■ 작업지시서에 포함되어야 하는 항목
㉠ 제작 물품명 : 제작하고자 하는 제품의 명칭을 표기한다.
㉡ 제작 방법 : 사용 소재 및 3D 프린팅 방식을 표기한다.
㉢ 제작 기간 : 제작에 소요되는 기간(납기)을 표기한다.
㉣ 제작 수량 : 고객이 주문한 제작 수량을 표기 한다.

19 압축된 금속 분말에 적절한 열에너지를 가해 입자들의 표면을 녹이고, 녹은 표면을 가진 금속 입자들을 서로 접합시켜 금속 구조물의 강도와 경도를 높이는 SLS 방식에서 사용하는 공정은?

① 압출(extrusion)   ② 큐어링(curing)
③ 수조(vat)   ④ 소결(sintering)

해설 소결(Sintering)은 성형 또는 충진된 분말을 융점(Melting Point) 이하의 온도로 가열해 확산(Diffusion)이나 원자단위의 현상을 매개로, 분말 입자 상호 간의 결합에 의해 강도·경도 등 원하는 물성을 나타내도록 하는 기술을 말한다.

20 오류 검출 프로그램의 종류가 아닌 것은?

① MESHLAB
② MESHMIXER
③ NETFABB
④ Slicer

해설 3D 프린팅 슬라이서(Slicer) 프로그램에는 큐라(Cura), Slic3r, KISSlicer, Simplify3D 등이 있다.

21 다음 중 국제표준화 기구는 무엇인가?

① KS   ② ISO
③ ANSI ④ DIN

해설 국제표준화 기구는 세계 각국의 표준화 기관으로 구성된 국제 표준화 기관이다.

㉠ KS : 한국산업규격(Korean Industrial Standards)
㉡ ISO : 국제 표준화 기구(International Organization for Standardization)
㉢ ANSI : 미국 규격 협회(American National Standards Institute)
㉣ DIN : 독일 연방 규격(Deutsche Normen)

22 3D 프린터가 처음 구동되거나 초기화될 때 헤드가 항상 일정한 위치로 복귀하게 되는 기준점이 된다. 이 기준점을 좌표축의 원점으로 사용하는 좌표계를 무엇이라고 하는가?

① 기계 좌표계   ② 공작물 좌표계
③ 로컬 좌표계   ④ 원점 좌표계

해설 3D 프린터를 구동하기 위해서는 좌표계에 대한 이해가 필요하다. 사용되는 좌표계는 기계 좌표계(Machine Coordinate System), 공작물 좌표계(Work Coordinate System), 로컬 좌표계(Local Coordinate System)가 있다.
㉠ 공작물 좌표계 : 공작물 좌표계는 3D 프린터의 제품이 만들어지는 공간 안에 임의의 점을 새로운 원점으로 설정하는 것이다. 공작물 좌표계를 설정하면 하나의 공간에 여러 개의 제품을 동시에 만들 때, 각 제품마다 공작물 좌표계를 각각 설정하여 사용할 수 있다.
㉡ 로컬 좌표계 : 필요에 의해서 공작물 좌표계 내부에 또 다른 국부적인 좌표계가 요구될 때 사용된다. 로컬 좌표계는 각 공작물 좌표계를 기준으로 설정된다.

23 FDM 3D 프린터에 사용하는 필라멘트 종류 중 노즐 설정 온도가 가장 높은 것은?

① PLA   ② ABS
③ PC   ④ TPU

해설 PC(Polycarbonate, 폴리카보네이트)는 공기 중의 수분을 흡수하는 성질(흡습성)이 있어 플라스틱이 빨리 분해되버리므로 습도가 낮은 환경에서 필라멘트 보관, 습기 제거제, 진공 포장 등을 하여 보관한다.
PC는 전기 절연성, 치수 안정성이 좋고 내충격성도 뛰어난 편이라 전기 부품 제작에 가장 많이 사용되는 재료이며 열에 의한 변형온도가 ABS에 비해 높다. 연속적인 힘이 가해지는 부품에는 부적당하지만 일회성으로 강한 충격을 받는 제품에도 주로 쓰인다. 인쇄 시 발생하는 냄새를 맡을 경우 해로울 수 있으므로 출력 시 실내 환기는 필수적이다. 그리고 프린팅 속도에 따라 압출 온도 설정을 다르게 해야 하므로 다소 까다로운 소재에 속한다.

정답 18. ④ 19. ④ 20. ④ 21. ② 22. ① 23. ③

소재의 종류	압출 노즐 온도
PLA	180~230℃
ABS	220~250℃
Nylon	240~260℃
PC (PolyCarbonate)	250~305℃
PVA (Polyvinyl Alcohol)	220~230℃
HIPS (High-Impact Polystyrene)	215~250℃
WOOD	175~250℃
TPU (Thermoplastic polyurethane)	210~230℃

24 신규로 3D 프린터 구입시 고려 사항으로 가장 거리가 먼 것은?

① 3D 프린터의 가격이나 유지 비용
② 3D 프린터 출력 시간
③ 소재의 가격이나 유지 비용
④ 최대 출력 크기나 프린터의 크기

해설 3D 프린터 구입시 출력 시간은 중고 제품을 구입하는 경우 얼마나 사용했는지 총 사용 시간을 확인하는 것이 좋다.

25 파트를 모델링해 놓은 상태에서 조립품을 구성하는 방식을 무엇이라고 하는가?

① 상향식   ② 하향식
③ 분할식   ④ 조립식

해설 ㉠ 상향식 모델링
각각의 부품들을 일일이 개별적으로 모델링한 다음 새로운 조립품 파일을 열어 부품 요소들을 불러와 조립하는 방식으로 초보자들이 쉽게 접근할 수 있다. 상향식 조립품은 작성 순서가 아래에 있는(Bottom) 부품에서부터 가장 꼭대기(Top)에 있는 전체 조립품을 향해 위쪽으로 작성된다고 해서 Bottom-Up, 혹은 상향식 조립품이라고 불린다.

㉡ 하향식 모델링
상향식 모델링과 달리 전체 조립도 혹은 레이아웃에서부터 점차 세분화하는 식으로 내려오는 방향으로 작성하는 방식으로 레이아웃 방식, 매개변수 이용 방식, 솔리드 바디를 이용한 방식, 스케치 블록을 이용한 방식들이 탑다운 방식을 사용한다.

26 다음의 구멍과 축에 주어진 치수를 보고 최소 틈새값을 구하시오.

치수 구분	구멍	축
최대 허용치수	60.039	59.975
최소 허용치수	60.000	59.940

① 0.039   ② 0.025
③ 0.060   ④ 0.064

해설 최대 틈새 = 구멍의 최소 허용치수 - 축의 최대 허용치수
= 60.000 - 59.975 = 0.025

27 화학물질용 개인보호장구 중 보호(안전)장갑 사용 전 고려해야 할 사항으로 올바르지 못한 것은?

① 사용 전 반드시 마모되거나 구멍난 곳이 없는지 점검한다.
② 장갑에 물을 넣어 구멍의 유무 상태를 관찰한다.
③ 유해화학물질과 접촉된 보호 장갑은 2차 오염을 유발할 수 있으므로 처리에 주의한다.
④ 침투율을 고려하여 적합한 재질의 보호 장갑을 선택한다.

해설 유해화학물질의 유출·폭발·화재 등으로 인해 오염된 공기 혹은 액상물질 등이 손에 접촉됨으로써 발생할 수 있는 건강영향을 예방하기 위하여 고안된 보호장구를 말한다.

28 마케팅 분석방법 중 SWOT에서 S가 의미하는 것은?

① 강점
② 약점
③ 기회
④ 위협

해설 ㉠ 강점(strength) : 내부 환경(자사 경영자원)의 강점
㉡ 약점(weakness) : 내부 환경(자사 경영자원)의 약점
㉢ 기회(opportunity) : 외부 환경(경쟁, 고객, 거시적 환경)에서 비롯된 기회
㉣ 위협(threat) : 외부 환경(경쟁, 고객, 거시적 환경)에서 비롯된 위협

정답 24. ② 25. ① 26. ② 27. ② 28. ①

29 노즐이 3개의 암(Arm)에 의해 지지되고, 원형의 베드는 움직이지 않는 고정 상태로 출력물이 조형되는 FDM 3D 프린팅 방식을 무엇이라고 하는가?

① 카르테시안 방식
② 멘델 방식
③ 델타 방식
④ 폴라 방식

> 해설
> ㉠ 카르테시안(Cartesian) 방식 : 카르테시안 좌표계를 기반으로 모터의 회전운동을 직선운동으로 변화시켜 3D 프린터의 베드 및 노즐을 움직이는 구조로 노즐과 베드가 X, Y축 또는 Z축으로 움직이며 출력하는 방식(XZ-Y, XY-Z 방식으로 분류)
> ㉡ 멘델(Mendel) 방식 : 베드는 Y축(또는 X축)으로 노즐이 나머지 2방향으로 움직이며 출력하는 방식으로 렙랩 프로젝트에서 선보인 방식(XZ-Y 방식을 멘델 방식이라고도 함)
> ㉢ 델타(Delta) 방식 : 노즐이 X, Y, Z축 세 방향으로 움직이며 출력하는 방식
> ㉣ 폴라(Polar) 방식 : 극좌표계(원형 그리드)에서 작동하는 방식으로 노즐이 상하좌우로 움직일 수 있을 때 베드는 회전할 수 있다.

30 FDM 3D 프린터에서 챔버(Chamber)의 주요 목적은 무엇인가?

① 3D 프린팅 시 출력 내부 공간의 온도를 유지하는 것
② 3D 프린팅 시 출력 외부 공간의 온도를 유지하는 것
③ 3D 프린팅 시 출력 노즐의 온도를 유지하는 것
④ 3D 프린팅 시 출력 베드의 온도를 유지하는 것

> 해설 산업용 FDM 방식에서의 챔버는 내부 온도를 제어해 주는 일종의 케이스로 출력 시 주변 온도에 의한 영향을 받지 않고 내부 온도가 일정하게 유지되고, 유해한 냄새 등을 외부로 발생시키지 않으려는 것이 목적이다.

31 슬라이서에서 설정한 간격 및 라인 수만큼 압출하여 노즐 내부의 비정상 소재를 압출하는 기능으로 출력물 안착 효과는 없는 바닥보조물은?

① 라프트
② 서포트
③ 스커트
④ 브림

> 해설
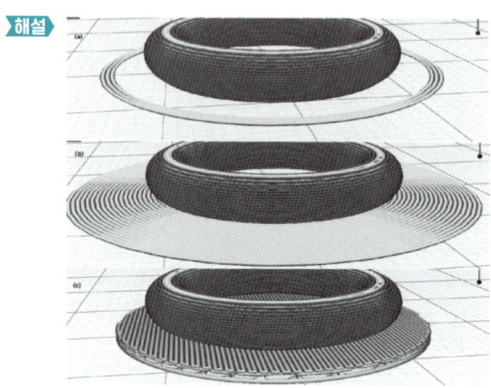
맨 위 그림부터 스커트, 브림, 라프트

32 밑면의 반지름이 10cm이고 높이가 15cm인 원기둥의 부피를 구하시오.

① $4.7cm^3$
② $47cm^3$
③ $471cm^3$
④ $4,712cm^3$

> 해설 원기둥의 부피
> $\pi \times r \times h = \pi \times 10^2 \times 15 = 4712.4 cm^3$

33 FDM 3D 프린팅에서 출력오류가 발생하는 현상으로 가장 거리가 먼 것은?

① 노즐과 베드의 간격이 넓을 때
② 노즐과 베드의 간격이 너무 붙었을 때
③ 노즐과 베드 양쪽 다 히팅되는 구조인 경우
④ 노즐 내부에 찌꺼기가 많은 경우

> 해설 노즐과 베드 양쪽 다 히팅되는 방식이 많으며 특히 수축이 심한 ABS 소재의 출력 시에 히팅베드가 유리하다.

정답 29. ③ 30. ① 31. ③ 32. ④ 33. ③

34 PLA 필라멘트 소재에 대한 설명으로 틀린 것은?

① 농작물을 원료로 하여 제작한다.
② 융점이 약 180~230℃ 정도이다.
③ 열수축 현상이 ABS 대비 적은 편이라 비교적 큰 사이즈 출력물에 적합하다.
④ ABS 필라멘트 출력물 대비 사포질 등의 표면처리 및 도장처리가 쉽다.

해설 PLA는 옥수수, 사탕수수 고구마 등의 식물성 원료가 주재료로 사용된다. PLA 재료는 ABS 재료보다 재료 압출 방식의 3D 프린팅 시 성형 온도가 낮아도 된다. 따라서 출력 후 끈끈한 정도가 ABS보다 낮으며 단단하다. 이 재료는 열에 의해서 발생하는 변형이 상대적으로 적기 때문에 비교적 큰 출력물을 출력하여도 변형이 많이 생기지 않는다. 하지만 출력 후 사포질 등의 표면 처리가 상대적으로 어려우며 도장 처리도 ABS에 비해서 쉽지 않다.

35 3D 프린팅 기술과 가장 밀접한 관련이 있는 설명을 고르시오.

① 대량 생산 방식에 매우 유리한 제조 방식이다.
② 다품종 소량 생산 방식과 개인맞춤형 생산에 적합한 방식이다.
③ 시제품 제작 시에는 매우 불리한 방식이다.
④ 현재 고체기반의 소재만 사용가능한 적층 제조 공법이다.

해설 3D 프린팅 제조 방식은 적층제조라고도 부르며, 출력 시간이 느리다는 단점이 있지만 다품종 소량 생산 방식과 까다로운 고객의 디자인 요구사항까지 수용할 수 있어 개인맞춤형 주문 제작에 최적화된 제조 방식이라고 할 수 있다.

36 고에너지원(레이저 빔, 전자빔, 플라즈마 아크 등)을 이용하여 입체 모델을 조형하는 기술 방식은?

① PP   ② MJ
③ DED   ④ PBF

해설
㉠ PP(Photo polymerization) : 광중합방식
㉡ MJ(Material Jetting) : 재료분사방식
㉢ ED(Direct Energy Deposition) : 고에너지 직접조사 방식
㉣ PBF(Powder Bed Fusion) : 분말적층 용융결합 방식

37 3D 프린팅 도중 전원부(SMPS) 고장으로 전원이 나갔을 경우 가장 먼저 취해야 하는 조치로 올바른 것은?

① 전원 스위치를 끈다.
② 전원공급장치를 고친다.
③ 출력물을 먼저 회수한다.
④ 배전반을 점검한다.

해설 전원부가 이상이 있는 경우 가장 먼저 전원 스위치를 끈 다음 후속 조치를 취한다.

38 점 또는 선 타입의 레이저를 피사체에 투사하는 발신장치와 반사된 빛을 받는 수신장치를 이용하는 스캐너로 내부 좌표계를 기본 좌표계를 연결하기 위한 시스템을 이용하여 스캐닝하는 스캐너는?

① T.O.F 방식 레이저 스캐너
② 패턴 이미지 기반 삼각 측량 스캐너
③ 레이저 기반 삼각 측량 스캐너
④ 핸드헬드 스캐너

해설
㉠ T.O.F 방식 레이저 스캐너 : 주로 펄스 레이저(pulse laser)를 사용하며, 레이저의 펄스가 레이저 헤드를 출발해서 대상물을 맞히고 반사하여 돌아오는 시간을 측정해서 최종적으로 거리를 계산한다. 이 방식의 장점은 먼 거리의 대형 구조물을 측정하는데 용이하다는 것이지만, 측정 정밀도가 비교적 낮아 작은 형상이면서 정밀한 측정이 필요한 경우에는 적합하지 않다.
㉡ 패턴 이미지 기반 삼각 측량 스캐너 : 이미지를 생성할 수 있는 장치(레이저 인터페로미터(laser interferometer) 혹은 프로젝터)와 같은 장치가 이미 알고 있는 패턴의 광을 측정 대상물에 조사하고, 대상물에 변형이 된 패턴을 카메라에서 측정을 하고 모서리 부분들에 대한 삼각 측량법으로 3차원 좌표를 계산한다.
㉢ 레이저 기반 삼각 측량 방식 스캐너 : 일반적으로 가장 많이 사용되는 방식으로, 라인 형태의 레이저를 측정 대상물에 주사하여 반사된 광이 수광부(CCD(charage-coupled device) 혹은 CMOS(complementary metal-oxide semiconductor))의 특정 셀(cell)에서 측정된다. 레이저 발진부와 수광부 사이의 거리는 정해져 있으며, 레이저의 발진 각도도 정해져 있다.

정답 34. ④ 35. ② 36. ③ 37. ① 38. ④

39 SLS 방식 3D 프린팅에 대한 설명으로 틀린 것은?

① 플라스틱 분말, 세라믹 분말, 금속 분말 등을 소재로 사용한다.
② 주로 알루미늄, 티타늄, 스테인리스 등이 SLS 방식의 금속 분말로 사용되고 있다.
③ 금속 분말은 자동차 부품과 같이 기계부품 제작 등에 사용되기 어렵다.
④ SLS 방식은 서포터가 필요하지 않지만, 금속 분말 같은 경우에는 소결되거나 용융된 금속에서 빠르게 열을 분산시키고 열에 의한 뒤틀림을 방지하기 위해서 서포터가 필요하다.

[해설] SLS 방식에서 금속 분말 소재로 출력한 제품은 기능성 부품으로 활용될 수 있다.

40 고분자 화합물로 폴리아세트산 비닐을 가수 분해하여 얻어지는 무색 가루를 원료로 만드는 소재로 물에 녹는 성질이 있어 주로 FDM 방식에서 서포트용 소재로 사용하는 필라멘트는?

① TPU
② ABS
③ PVA
④ HIPS

[해설] ■ PVA(Polyvinyl Alcohol) 소재
고분자 화합물로 폴리아세트산 비닐을 가수 분해하여 얻어지는 무색 가루이다. 물에는 녹고 일반 유기용매에는 녹지 않는다. 물에 녹기 때문에 PVA 소재는 주로 서포터에 이용된다.
PVA 소재를 서포터로 사용 시 FDM 방식의 3D 프린터에는 노즐이 두 개인 듀얼 방식을 사용한다. 한쪽에는 실제 모델링에 제작될 소재의 필라멘트, 다른 한 쪽에는 서포터 소재인 PVA 소재의 필라멘트를 장착하여 PVA 소재를 서포터 제작 사용에 설정하게 되면 출력물을 출력할 때 서포터는 PVA 소재, 실제 형상에는 원하는 ABS 소재로 출력된다.
출력 후 출력물을 물에 담그게 되면 PVA 소재의 서포터가 녹아 원하는 형상만 남아 다양한 형상 제작이 용이해진다.

41 FDM 방식에서 출력물의 안정적인 안착 효과와 베드 접착성을 증대를 위한 설정으로 사용하는 기능이지만 소재 낭비 및 출력 시간이 가장 증대되는 출력보조물은 무엇인가?

① Raft
② Brim
③ Skirt
④ Support

[해설]
㉠ Brim(브림) : 출력물 주변에 설정 라인 수만큼 압출하여 노즐 내부에 비정상적 소재를 압출하고 출력물 안착에도 약간의 도움을 주는 바닥 보조물 설정
㉡ Skirt(스커트) : 출력물에서 설정 간격 및 라인 수만큼 압출하여 노즐 내부의 비정상 소재를 압출하는 기능으로 출력물 안착 효과는 없음
㉢ Support(서포트, 지지대) : 출력물의 돌출부를 출력 시 필요한 출력 보조물로 보통 45° 미만 각도로 기울어진 부분은 서포트 설정을 하지 않아도 출력이 가능하지만 그 이상이 되면 서포트를 설정해야 원활한 출력이 된다. 오버행(Overhang), 브릿지(Bridge) 등이 모델에서 슬라이서 기본 설정값 이상의 각도를 가진 돌출부에 자동으로 서포트가 생성된다.

42 제품 설계에서부터 생산에 이르는 모든 데이터를 포함하기 위해서 가장 최근에 개발된 표준 형식으로 대부분의 상용 CAD/CAM 소프트웨어에서 지원하는 포맷은?

① XYZ
② IGES
③ STEP
④ STL

[해설]
㉠ XYZ : 가장 단순하며, 각 점에 대한 좌표값인 XYZ 값을 가지는 포맷
㉡ IGES : 최초의 표준 포맷이며 점뿐만 아니라 선, 원, 자유곡선, 자유곡면, 트림곡면, 색상, 글자 등 CAD/CAM 소프트웨어에서 3차원 모델의 거의 모든 정보를 포함할 수 있는 포맷
㉢ STL : 3D 프린팅을 하기 위한 3D 모델링 데이터를 메쉬(Mesh)형태의 파일 포맷으로 저장한 표준 파일 형식

정답 39. ③ 40. ③ 41. ① 42. ③

43 제3각법에서 정면도 아래쪽에 위치하는 것은?

① 배면도
② 평면도
③ 저면도
④ 측면도

해설 저면도는 정면도 아래, 평면도는 정면도 위에, 배면도는 우측면도의 우측에 배치한다.

44 다음 중에서 3각법의 투시 순서로 옳은 것은?

① 눈 → 투상 → 물체
② 물체 → 눈 → 투상
③ 눈 → 물체 → 투상
④ 물체 → 눈 → 투상

해설 제1각법 : 눈 → 물체 → 투상
제3각법 : 눈 → 투상 → 물체

45 3D 모델링 방식 중에서 수학적 함수를 이용하여 곡면의 형태를 만들고, 자동차나 비행기의 표면과 같은 부드러운 곡면을 설계할 때 효과적인 방식은?

① 폴리곤 방식
② 넙스 방식
③ 솔리드 방식
④ 와이어프레임 방식

해설 ㉠ 폴리곤 방식 : 삼각형을 기본 단위로 하여 모델링하는 방식
㉡ 솔리드 방식 : 면이 모여 입체가 만들어지는 상태로 속이 꽉 찬 물체를 이용해 모델링하는 방식
㉢ 와이어프레임 방식 : 점과 선으로 구성되어 실체감이 나타나지 않으며 데이터 구조가 간단하고 처리속도가 빠르지만, 단면도 작성이 불가하고 물리적 성질의 계산에 대한 정보가 부족하다.

46 출력물에 머리카락같이 얇은 선이 발생하는 것을 방지하기 위한 리트랙션 설정값과 가장 관련이 없는 것은?

① 리트랙션 거리를 조절해 준다.
② 리트랙션 속도를 조절해 준다.
③ 적정한 리트랙션 온도 설정을 변경해준다.
④ 압출 헤드가 가급적 긴 거리를 이송하도록 설정해 준다.

해설 리트랙션(Retraction)은 3D 프린터 압출 헤드에 재료를 공급해 주는 모터와 모터에 부착된 톱니의 회전 방향을 반대로 해 줌으로써 가능하다. 이렇게 하면 압출 노즐 내부에 들어가기 직전의 용융되지 않는 필라멘트가 뒤로 이송되면서 압출 노즐 내부의 압력을 낮게 해 준다.
압출 노즐이 재료를 압출하지 않고 이송할 때 노즐 내부의 용융된 상태의 재료가 흘러 내린다. 이때 이송 거리가 짧으면 재료가 흘러내리기 전에 헤드가 이송되어 다음 단면형상을 성형하기 때문에 문제가 발생하지 않는다. 하지만 이송 거리가 길게 되면 재료가 흘러내릴 시간이 충분하게 된다. 압출 헤드가 재료를 압출하지 않고 이송되는 거리가 긴 경우에는 G코드를 수정하여 단면을 만드는 패턴을 수정하는 것이 좋다.

47 도면 작성 시 필요한 레이어, 치수 스타일, 문자 스타일, 도면층, 도면 특성, 기업 로고, 단위 등을 사전에 정해 두고 필요 시 불러와서 사용하는 양식을 무엇이라고 하는가?

① 스케치(Sketch)
② 매개 변수(Parameter)
③ 템플릿(Template)
④ 레이어(Layer)

해설 2D & 3D CAD에서 도면 양식을 만드는 것을 템플릿(Template)이라고 하며, 도면 작성에 필요한 기본 구성을 미리 설정한 도면 양식으로 사용자의 업무에 알맞도록 설정값(레이어, 텍스트 스타일, 치수 스타일, 선의 종류 등) 및 시스템 변수를 조절하고 테두리선, 표제란, 부품란 등을 작성하는 것을 말한다.

정답 43. ③ 44. ① 45. ② 46. ④ 47. ③

48 ME 방식에서 프린터 헤드 노즐에서 소재를 녹이는 열선의 온도를 지정하고 해당 조건에 도달할 때까지 가열 혹은 냉각을 하면서 대기하는 명령은?

① M104
② M135
③ M109
④ M190

해설
㉠ M104 : 압출기 노즐의 온도를 지정하는 명령이며, 어드레스로 온도 S와 헤드 번호 T가 이용 가능
㉡ M135 : 노즐의 온도 조작을 위한 PID 제어의 온도 측정 및 출력 값 설정 시간 간격을 지정하는 명령
㉢ M109 : 노즐에서 소재를 녹이는 열선의 온도를 지정하고 해당 조건에 도달할 때까지 가열 혹은 냉각을 하면서 대기하는 명령으로 동일한 블록에 어드레스로 'S'는 열선의 최소온도, 'R'은 최대온도 설정 가능
㉣ M190 : 조형을 하는 플렛폼을 가열하는 기능

49 헤드의 온도 조작을 위한 PID 제어의 온도측정 및 출력 값 설정 시간 간격을 지정하는 명령은?

① M106
② M107
③ M117
④ M135

해설
㉠ M106 : 쿨링팬 전원 켜기
㉡ M107 : 쿨링팬 전원 끄기
㉢ M117 : 화면에 메시지 표시

50 다음의 M-코드의 명령어 중 챔버 온도 설정은?

① M1
② M17
③ M141
④ M300

해설
㉠ M1 : 휴면
㉡ M17 : 모든 스테핑 모터에 전원 공급
㉢ M141 : 제품이 출력되는 공간인 챔버의 온도를 Snnn으로 지정된 값으로 설정
㉣ M300 : 소리 재생

51 출력물을 서로 결합 또는 조립을 할 때 두 부품 간에 가장 고려해야 할 사항은?

① 지지대(서포트)
② 출력물의 크기
③ 출력물의 형상
④ 공차

해설 상호 끼워맞춤 관계를 갖는 두 개의 부품의 조립에 있어 가장 우선적으로 고려해야 하는 항목으로 공차를 들 수 있다.

52 다음 중 스케치 드로잉 도구가 아닌 것은 무엇인가?

① 호
② 원
③ 폴리선
④ 모따기

해설 스케치 드로잉 메뉴에는 선, 원, 사각형, 호, 정다각형, 타원, 폴리선 이외에도 문자기입, 점 및 각 명령의 하위 명령 등 여러 가지 드로잉 명령을 가지고 있다. 모따기는 스케치 편집 도구로 모깎기, 이동, 회전, 복사, 대칭 명령 등이 있다.

53 ABS 필라멘트 소재의 출력 시 베드 설정온도로 가장 적절한 것은 무엇인가?

① 별도의 설정이 필요없는 소재
② 20~50℃ 정도
③ 80~100℃ 정도
④ 120~150℃ 정도

해설 FDM 방식에서 보통 히팅베드가 없는 제품은 PLA 필라멘트 소재의 전용 출력 시 해당하는 사항으로 요즘은 대부분 히팅베드가 장착되어 있는 것이 일반적이다. PLA 소재는 온도 변화에 의한 출력물의 변형이 ABS에 비해 적은 편인데 ABS 소재의 경우 온도에 따른 출력물의 수축 등 변형이 따르기 때문에 히팅베드 사용이 필수적이다.

소재의 종류	히팅베드 사용 유무 혹은 사용 온도
PLA, PVA 소재 등	필요 없음 다만 사용 시 히팅베드 온도는 50℃ 이하로 설정
ABS, HIPS, PC 소재 등	필수 80℃ 이상의 온도로 설정

정답 48. ③ 49. ④ 50. ③ 51. ④ 52. ④ 53. ③

54 3D 엔지니어링 소프트웨어에서 하나의 부품 형상을 모델링하는 곳으로 3D 엔지니어링 소프트웨어에서 형상을 표현하는 가장 중요한 요소는 무엇인가?

① 파트 작성 ② 조립품 작성
③ 도면 작성 ④ 매개변수 작성

해설
㉠ **조립품 작성** : 파트 작성을 통해 생성된 부품을 조립하는 곳이다.
㉡ **도면 작성** : 작성된 부품 또는 조립품을 도면화시키고, 형상을 실제 제작하기 위한 2차원도면을 작성하는 요소이다.
㉢ **매개 변수 작성** : 파라메트릭이란 기하학적 형상에 구속조건을 부여하여 설계 및 변경이 용이하게 만드는 방식으로 치수나 공식 같은 파라미터(매개변수)를 사용해 모델의 형상 또는 각 설계 단계에 종속 및 상호관계를 부여하여 설계 작업을 진행하는 동안 언제나 수정 가능한 가변성을 지니고 있는 것을 의미한다.

55 2D 도면 작성 시 스케치 작성 도구가 아닌 것은?

① 호 ② 점
③ 슬롯 ④ 대칭

해설 스케치란 좁은 의미로는 피처를 작성하기 위한 프로파일을 작성하는 2차원의 작업평면에서 작업하는 것을 말하며, 넓은 의미로는 전체 설비나 제품의 레이아웃을 만들기 위한 설계 정의의 가이드 라인을 작성하는 것을 의미한다.
스케치 작성도구에는 선, 원, 호, 직사각형, 슬롯, 방정식 곡선, 타원, 점, 폴리곤, 텍스트, 형상 투영 등이 있다. 대칭은 피처 명령어로 배치 피처에 속한다.

56 ABS 필라멘트 소재의 출력 시 노즐 설정 온도로 가장 적당한 것은?

① 180~230℃ ② 220~250℃
③ 240~260℃ ④ 250~305℃

해설 필라멘트 제조사별로 세부 성분이 다르기 때문에 같은 소재의 필라멘트라도 온도의 편차가 있을 수 있으니 사용하는 필라멘트 제조사에서 권장하는 사용 온도를 확인하는 것이 정확하다. 아래 표 안의 내용은 일반적인 필라멘트 소재별 노즐 설정 온도이다.

소재의 종류	압출 노즐 온도
PLA	180~230℃
ABS	220~250℃
나일론 (Nylon)	240~260℃
PC (PolyCarbonate)	250~305℃
PVA (Polyvinyl Alcohol)	220~230℃
HIPS (High-Impact Polystyrene)	215~250℃
WOOD	175~250℃
TPU (Thermoplastic polyurethane)	210~230℃

57 출력용 STL 파일의 오류 현상으로 보기 어려운 것을 고르시오.

① 오픈 메쉬
② 반전 면
③ 매니폴드 형상
④ 메쉬가 떨어져 있는 경우

해설 ■ 출력용 파일의 오류 종류
㉠ 구멍이 있는 메쉬는 오픈 메쉬가 되어 출력하는데 오류가 발생할 수 있다.
㉡ 비매니폴드 형상은 실제 존재할 수 없는 구조로 3D 프린팅, 부울 작업, 유체 분석 등에 오류가 생길 수 있다.
㉢ 메쉬와 메쉬 사이가 떨어져 있는 상태로 출력 시 오류가 발생할 수 있다.
㉣ 반전면은 시각화 및 렌더링 문제뿐만 아니라 3D 프린팅을 하는 경우에 문제가 발생할 수 있다.

58 FDM 3D 프린터의 출력하는 과정이다. 올바른 순서대로 나열한 것은?

① 3D 모델링 → STL 파일 변환 → 슬라이싱 → 3D 프린팅
② 3D 모델링 → 슬라이싱 → STL 파일변환 → 3D 프린팅
③ G-Code 파일 → STL 파일 변환 → 슬라이싱 → 3D 프린팅
④ 3D 모델링 → G-Code 파일 → 슬라이싱 → 3D 프린팅

해설 ■ 일반적인 3D 프린팅 출력 순서
① 3D CAD에서 모델링 작업 또는 3D 스캐너로 스캔하여 데이터 생성
② 3D CAD에서 STL(또는 OBJ 등) 파일 형식으로 변환 저장
③ 슬라이서에서 STL(또는 OBJ 등) 파일을 슬라이싱하여 G-Code 변환
④ 변환된 G-Code를 3D 프린터에 입력하여 출력 진행

정답 54. ① 55. ④ 56. ② 57. ③ 58. ①

59 FDM 3D 프린터로 출력 시 지지대와 관련한 성형 결함으로는 제작 중 하중으로 인해 아래로 처지는 현상을 무엇이라고 하는가?

① Warping
② Overhang
③ Ceiling
④ Sagging

해설 ㉠ 새깅(Sagging) : 출력 중 하중으로 인해 아래로 처지는 현상
㉡ 워핑(Warping) : 압출 소재가 경화하면서 재료에 따라 수축이 발생하여 뒤틀리는 현상

60 FDM 3D 프린터로 출력시 소재가 경화하면서 수축에 의해 뒤틀림이 발생하게 되는 데 이러한 현상을 무엇이라고 하는가?

① Warping
② Overhang
③ Sagging
④ Support

해설 ㉠ 새깅(Sagging) : 출력 중 하중으로 인해 아래로 처지는 현상
㉡ 워핑(Warping) : 압출 소재가 경화하면서 재료에 따라 수축이 발생하여 뒤틀리는 현상

참고

■ 지지대의 종류
1. 형상보조물 : 제품의 출력 시 적층바닥과 제품이 떨어져 있을 경우 이를 보조해 주는 지지대
2. 바닥받침대 : 제품의 출력 시 적층바닥과 제품을 보다 견고하게 유지시켜 주는 지지대

■ 지지대의 구조물의 종류

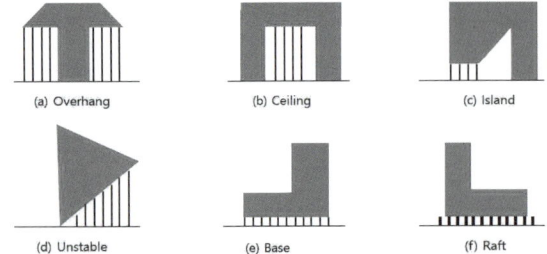

(a) Overhang (b) Ceiling (c) Island
(d) Unstable (e) Base (f) Raft

정답 59. ④ 60. ①

2020년 CBT 기출문제(A) 복원

01 다음 설명에 해당되는 3D 스캐너 타입은?

> 물체 표면에 지속적으로 주파수가 다른 빛을 쏘고 수신광부에서 이 빛을 받을 때 주파수의 차이를 검출해 거리 값을 구해 내는 방식

① 핸드헬드 스캐너
② 변조광 방식의 3D 스캐너
③ 백색광 방식의 3D 스캐너
④ 광삼각법 3D 레이저 스캐너

해설 단거리 비접촉식 3차원 스캐너 중에 광학 방식 3D 스캐너는 백색광 방식과 변조광 방식이 있으며, 변조광(structured-light) 방식의 3D 스캐너는 대상 물체의 표면에 지속적으로 주파수가 다른 빛을 쏘고 수신광부에서 이 빛을 받을 때 주파수의 차이를 검출하여 거리값을 구해 내는 방식이다.
이 방식은 스캐너가 발송하는 레이저 소스 이외에 주파수가 다른 빛의 배제가 가능해 간섭에 의한 노이즈를 감쇄시킬 수가 있다. 이런 타입의 스캐너는 T.O.F 방식의 단점인 시간 분해능에 대한 제한이 없어 고속(약 1M Hz)으로 스캔이 가능하지만 일정 영역대의 주파수를 사용하기 때문에 레이저의 세기가 약해서 보통 중거리 영역인 10~30m 정도의 영역을 스캔할 때 주로 사용한다.

02 패턴 이미지 기반 스캐너에 대한 설명으로 옳지 않은 것은?

① 대상물에 변형이 된 패턴을 카메라에서 측정하고 모서리 부분들에 대한 삼각측량법으로 3차원 좌표를 계산한다.
② 광 패턴을 이용하기 때문에 한꺼번에 넓은 영역을 빠르게 측정할 수 있다.
③ 휴대용으로 개발하기가 용이하다.
④ 먼 거리의 대형 구조물의 측정에 적당하다.

해설 패턴 이미지 기반 삼각 측량 3차원 스캐너는 이미지를 생성할 수 있는(레이저 인터페로미터 혹은 프로젝터)와 같은 장치가 이미 알고 있는 패턴의 광을 측정 대상물에 조사하고, 대상물에 변형이 된 패턴을 카메라에서 측정하고 모서리 부분들에 대한 삼각측량법으로 3차원 좌표를 계산한다. 광 패턴을 이용하기 때문에 넓은 영역을 빠르게 측정할 수 있으며 휴대용으로 개발하기 용이한 스캐너 방식이다.

03 FDM 방식 3D 프린팅 작업을 위해 3D 형상 데이터를 분할하는 경우 고려해야 할 항목으로 가장 거리가 먼 것은?

① 3D 프린팅 출력 범위
② 서포터 생성 유무
③ 출력물의 품질
④ 익스트루더의 크기

해설 3D 형상 데이터를 분할하는 경우 익스트루더(압출기)의 크기는 고려 대상이 아니다. 파트 분할은 모든 출력물에 적용되는 것이 아니라, 모델링 내부에 빈 공간이 발생되어 있고, 그 공간에서 조립이나 동작 등이 이루어져야 하는 경우에 많이 사용한다.

04 압출기 노즐의 직경이 0.5mm인 3D 프린터의 레이어 두께로 적당하지 않은 수치는 어느 것인가?

① 0.2mm
② 0.25mm
③ 0.3mm
④ 0.5mm

해설 보급형 3D 프린터의 노즐의 직경은 보통 0.4mm로 슬라이서 상에서 설정할 수 있는 레이어 두께(높이)값은 0.05, 0.1, 0.2, 0.3, 0.4mm 정도이다.

정답 1. ② 2. ④ 3. ④ 4. ④

05
3D 모델링을 다음 그림과 같이 배치하여 출력할 때 안정적인 출력을 위해 가장 기본적으로 필요한 것은? (단, FDM 방식 3D 프린팅에서 출력한다고 가정한다.)

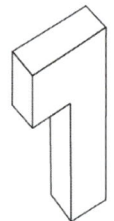

① 서포터　② 브림
③ 루프　　④ 스커트

해설 모델의 어느 부분이 바닥에 닿지 않고 허공에 떠 있는 형상은 원활한 출력을 위해 형상 출력 보조물인 지지대(Support)를 설정해 주어야 한다. 브림(Brim)은 출력물 주위에 설정된 값으로 출력하여 베드와 모델 간의 비교적 안정적인 접착을 위해 사용하며, 스커트는 노즐의 막힘 여부, 노즐 내부의 찌꺼기 배출 등의 목적으로 슬라이서에서 설정해 주는 바닥 보조물의 종류이다.

06
FDM 방식에서 출력물의 안정적인 안착 효과와 베드 접착성을 증대를 위한 설정으로 사용하는 기능이지만 소재 낭비 및 출력 시간이 가장 증대되는 출력보조물은 무엇인가?

① 라프트　② 브림
③ 스커트　④ 서포트

해설
㉠ Brim(브림) : 출력물 주변에 설정 라인 수만큼 압출하여 노즐 내부에 비정상적 소재를 압출하고 출력물 안착에도 약간의 도움을 주는 바닥 보조물 설정
㉡ Skirt(스커트) : 출력물에서 설정 간격 및 라인 수만큼 압출하여 노즐 내부의 비정상 소재를 압출하는 기능으로 출력물 안착 효과는 없음
㉢ Support(서포트, 지지대) : 출력물의 돌출부를 출력 시 필요한 출력 보조물로 보통 45° 미만 각도로 기울어진 부분은 서포트 설정을 하지 않아도 출력이 가능하지만 그 이상이 되면 서포트를 설정해야 원활한 출력이 된다. 오버행(Overhang), 브릿지(Bridge) 등이 모델에서 슬라이서 기본 설정값 이상의 각도를 가진 돌출부에 자동으로 서포트가 생성된다.

07
방진 마스크의 선정 기준으로 적합하지 않은 것은?

① 배기 저항이 낮을 것
② 흡기 저항이 낮을 것
③ 사용 면적이 클 것
④ 시야 확보가 넓을 것

해설 ■ 방진 마스크의 선정 기준
㉠ 분진 포집효율은 높고 흡기·배기 저항이 낮은 것
㉡ 중량이 가볍고 시야가 넓은 것
㉢ 안면 밀착성이 좋아 기밀이 잘 유지되는 것
㉣ 마스크 내부에 호흡에 의한 습기가 발생하지 않는 것
㉤ 안면 접촉 부위가 땀을 흡수할 수 있는 재질을 사용한 것
㉥ 작업의 내용에 적합한 방진 마스크 종류를 선정할 것

08
다음 G코드 중에 모달 그룹 01에 해당하지 않는 것은?

① G00　② G01
③ G02　④ G04

해설 준비기능인 G코드는 17개의 모달그룹(modal group)으로 분류되어 있으며, 이들 중 0번으로분류된 명령들은 한번만 유효한 원샷(one-shot)명령이며 이후의 코드에 전혀 영향을 미치지 않는 것으로 좌표계의 설정이나 기계원점으로의 복귀 등 주로 기계 장치의 초기 설정에 관한 것이다.
㉠ 그룹 01 : G00(위치 결정), G01(직선 보간), G02(원호 보간), G03(원호보간)
㉡ 그룹 00 : G04(드웰), G09(정위치 정지), G10(데이터 설정), G11(데이터 설정 취소)

09
개별 스캐닝 작업에서 얻어진 점 데이터들이 합쳐지는 과정을 무엇이라고 하는가?

① 정합(Registration)
② 병합(Merging)
③ 정렬(Alignment)
④ 노이즈 제거(Noise Removal)

해설 3D 스캔 데이터는 보통 여러 번의 측정에 따른 점군 데이터(포인트 크라우드)를 서로 합친 최종 데이터이다. 이렇게 개별 스캐닝 작업으로부터 얻어진 점군 데이터들이 합쳐지는 과정을 정합이라고 하며 정합은 정합용 고정구 및 마커 등을 사용하는 경우와 측정 데이터 자체로 정합을 하는 경우가 있다.

정답 5. ① 6. ① 7. ③ 8. ④ 9. ①

10 G-코드 명령어 중 좌표계 설정 용도로 사용하는 것은?

① G90   ② G91
③ G92   ④ G28

해설 G90 : 절대 좌표 설정
G91 : 상대 좌표 설정
G92 : 좌표계 설정
G28 : 원점 이송

11 다음 중 비접촉식 스캐너의 종류가 아닌 것은?

① CMM
② 핸드 헬드
③ T.O.F
④ 레이저 스캐너

해설 CMM(Coordinate Measuring Machine) 3차원 측정기는 피측정물과의 접촉을 감지하는 터치 프로브(Prove)가 장착되어 있어 피측정물의 치수와 기하학적 양을 감지 신호로 받은 시점에서 접촉점의 3차원 공간 좌표값(X, Y, Z)으로 변환하는 작업을 기본 기능으로 하는 측정기로 정의하며, 이는 측정물의 치수, 위치, 기하편차, 윤곽형상 등의 측정이 현재의 어느 측정기보다도 신속하고 정확하게 측정이 되는 만능형 측정기이다. 복잡한 형상이나 정밀한 측정이 가능하지만 측정 대상물의 크기에 제한이 따른다는 단점이 있다.

12 다음 좌표계 중 성격이 다른 하나는 무엇인가?

① 증분 좌표계   ② 로컬 좌표계
③ 기계 좌표계   ④ 공작물 좌표계

해설 G-코드를 이용하여 3D 프린터를 구동시킬 때 사용되는 좌표계의 종류로는 기계 좌표계, 공작물 좌표계, 로컬 좌표계가 있다. 증분 좌표 방식은 위치결정 방식 중의 하나로 헤드 또는 플랫폼의 현재 위치를 기준으로 지정된 값만큼 이송하는 좌표 방식이다.

13 다음의 M-코드 중에 '압출기 전원 ON'은 어느 것인가?

① M1   ② M101
③ M104   ④ M109

해설 M1 : 선택적 프로그램 정지(옵션 정지)
M101 : 압출기 전원 ON
M104 : 압출기 온도 설정
M109 : 압출기 온도 설정 후 설정 온도에 도달할 때까지 대기

14 출력 제품의 품질을 향상시키기 위해서 형상물을 분석하여 재배치하는 것을 무엇이라고 하는가?

① 형상 설계   ② 형상 분석
③ 슬라이싱   ④ 3D 설계

해설 3D 설계 프로그램을 이용하여 3차원 형상물을 설계하는 것을 형상 설계라 하며, 형상 분석은 출력할 제품의 품질 향상을 위해 슬라이서에서 형상물을 분석하여 최적의 출력 조건을 분석하여 재배치하는 것을 의미한다. 형상 분석에서는 형상을 확대, 축소, 회전, 이동 등을 통하여 지지대 설정 없이 성형되기 어려운 부분을 찾는 역할을 한다.

15 3D 프린터에서 모델을 출력하기 전에 슬라이서에서 적층되는 과정을 사전에 확인해 볼 수 있는데 이것을 무엇이라 하는가?

① 적층 두께   ② 적층 높이
③ 가상 적층   ④ 적층 가공

해설 3D 프린터로 출력하기 전 슬라이서 프로그램에서 모델을 가상 적층해보면 모델이 어떻게 출력되는지 시뮬레이션을 통해 적층 과정을 확인할 수 있다.

16 소재가 경화하면서 수축에 의해 뒤틀림이 발생하는 현상은?

① Sagging
② Warping
③ OverHang
④ Bridge

해설 지지대와 관련한 성형 결함으로는 제작 중 하중으로 인해 아래로 처지는 현상을 'Sagging'이라하며, 소재가 경화화면서 수축에 의해서 뒤틀림이 발생하게 되는데 이러한 현상을 'Warping'이라고 한다.

정답 10. ③ 11. ① 12. ① 13. ② 14. ② 15. ③ 16. ②

17 용기 안에 담긴 액체 상태의 포토폴리머에 빛을 주사하여 선택적으로 경화시키는 3D 프린팅 방식은?

① 수조 광경화
② 재료 분사
③ 재료 압출
④ 분말 융접

해설 재료 분사 : 광경화성 수지나 왁스 등의 액체 재료를 미세한 방울로 만들고 이를 선택적으로 도포하는 방식
재료 압출 : 출력물 및 지지대 재료가 노즐이나 오리피스 등을 통해서 압출되고, 이를 적층하여 3차원 형성의 출력물을 만드는 방식
분말 융접 : 평평하게 놓인 분말 위에 열에너지를 선택적으로 가해서 분말을 국부적으로 용융시켜 접합하는 방식

18 FDM 3D 프린터에서 ABS 소재의 적정 히팅베드 온도로 가장 적절한 것은?

① 히팅베드가 필요 없음
② 50℃ 이하 온도로 설정
③ 80℃ 이상 온도로 설정
④ 200℃ 이상 온도로 설정

해설 베드의 온도는 FDM 방식에서만 해당되는데 FDM 방식 중에서도 히팅베드가 없는 제품도 있으나 대부분은 히팅베드가 장착되어 있다. 노즐 온도와 마찬가지로 히팅베드의 온도도 소재별로 다르게 설정해야 한다.
그리고 소재별로 히팅베드가 굳이 필요없는 경우도 있는데 PLA 소재와 같은 경우는 히팅베드를 굳이 사용하지 않아도 출력이 가능하다. 이것은 PLA 소재는 온도 변화에 의해 출력물의 변형이 ABS 대비 작기 때문이다. 다만 ABS 소재와 같은 경우는 온도에 따른 출력물 변형이 있기 때문에 히팅베드가 필수적이다.

〈소재에 따른 히팅베드 필요 유무〉

소재 종류	히팅베드 사용 유무 혹은 사용 온도
PLA, PVA 소재	필요 없음 다만 사용시 히팅베드 온도 50℃ 이하로 설정
ABS, HIPS, PC 등	히팅베드 필수 80℃ 이상 온도로 설정

19 다음의 3D 프린팅 방식에서 출력물의 소재와 서포트의 소재가 서로 다른 공정은?

① 수조광경화(Vat Photo Polymerization)
② 접착제분사(Binder Jetting)
③ 분말융접(Powder Bed Fusion)
④ 재료분사(Material Jetting)

해설 재료분사 방식 중 MJP/MJM 방식은 모델용 빌드재료인 아크릴 포토폴리머(Acrylic Photopolymer)와 서포트(Support) 재료가 되는 왁스(Wax)를 동시에 분사하여 자외선(UV Light)으로 경화시켜가며 모델을 제작하는 방식으로 아크릴 계열의 광경화성 수지는 투명도를 조절하여 조형이 가능하므로 완성품의 내부를 육안으로 확인할 수 있는 조형물 제작에 적합하다고 한다. 재료압출 방식 중 산업용 FDM 방식은 모델용 재료로 ABS, PC 등을 사용하고 서포트 재료로 수용성 소재인 PVA(폴리비닐알코올) 필라멘트를 사용한다.

20 모델이 조형되는 플랫폼을 가열하는 기능의 M코드는?

① M135   ② M190
③ M109   ④ M104

해설 ㉠ M135 : 헤드의 온도 조작을 위한 PID 제어의 온도 측정 및 출력값 설정 시간 간격을 지정하는 명령
㉡ M190 : 모델이 적층되는 베드(플랫폼)을 가열하는 기능
㉢ M109 : 헤드에서 소재를 녹이는 열선의 온도를 지정하고 해당 설정 조건에 도달할 때까지 가열 혹은 냉각을 하면서 대기하는 명령
㉣ M104 : 압출기 온도 설정

21 KS 규격에서 가공 방법 기호 중 버핑에 해당하는 것은?

① SH   ② FF
③ SPBF   ④ SB

해설 ■ KS B 0107 가공방법의 약호
버핑(Buffing)은 버프(Buff)라고 하는 소가죽이나 연마재, 연마휠 등으로 공작물의 표면을 깨끗하게 연마하여 거울처럼 광택이 나게 만드는 작업을 말한다.
㉠ SH : 셰이퍼 가공
㉡ FF : 줄 다듬질
㉢ SPBF : 버핑
㉣ SB : 블라스팅

정답 17. ① 18. ③ 19. ④ 20. ② 21. ③

22 분말 융접 3차원 프린팅에서는 금속분만 아니라 다른 종류의 분말들도 이용한다. 분말 재료에 압력을 가해서 밀도를 높인 후 여기에 적절한 에너지를 가해서 분말의 표면을 녹여 결합시키는 공정을 통칭하여 무엇이라고 하는가?

① 소성가공
② 열가소성
③ 소결
④ 분말용융성

해설 소결(Sintering)은 성형 또는 충진된 분말을 융점(Melting Point)이하의 온도로 가열해 확산(Diffusion)이나 원자 단위의 현상을 매개로, 분말 입자 상호 간의 결합에 의해 강도·경도 등 원하는 물성을 나타내도록 하는 기술을 말한다.

23 FDM 방식 보급형 3D 프린터의 출력에 대한 설명으로 가장 거리가 먼 것은?

① 3차원 구조물이 출력이 되려면 모델의 벽 두께는 0.5mm보다 얇으면 출력이 되지 않는다.
② 3차원 모델의 면과 면 사이가 전부 막혀 있지 않은 상태라면 출력이 되지 않을뿐만 아니라 오류 메시지가 표시된다.
③ 여러 개의 출력물을 한 번에 출력하고자 할 때에는 모델 사이에 0.1mm 이상의 공간을 두어서는 안된다.
④ 출력물 설계시 사용하는 3D 프린터의 출력 범위에 맞게 설계하는 것이 좋다.

해설 3D 프린터를 이용하여 한 개 이상의 출력물을 한 번에 출력할 때에는 구조물 간의 간격 조정이 필수적이다.
출력물이 서로 붙어 접촉되어 있는 경우 하나의 구조물로 제작되므로 한 개 이상의 출력물을 출력하고자 할 때에는 모델과 모델 사이에 최소 0.1mm 이상의 공간을 확보해야 한다.

24 노즐에서 재료를 토출하면서 가로 100mm, 세로 200mm 위치로 이동하라는 G코드 명령어에 해당하는 것은?

① G1 X100 Y200
② G0 X100 Y200
③ G1 A100 B200
④ G2 X100 Y200

해설 G1은 직선보간으로 현재 위치에서 지정된 위치까지 헤드나 플랫폼을 직선 이송한다. 이 때 이송되는 속도나 압출되는 필라멘트의 길이를 지정할 수 있다. Enn은 압출되는 필라멘트의 길이(mm)를 의미한다.

25 3D 엔지니어링 소프트웨어에서 3차원 형상의 표면뿐만 아니라 내부에 질량, 체적, 부피 값 등 여러 가지 정보가 존재할 수 있으며 점, 선, 면의 집합체로 되어 있는 것은?

① 3차원 스케치
② 솔리드 모델링
③ 서피스 모델링
④ 하이브리드 모델링

해설 솔리드 모델은 입체 형상을 표현하는 모든 요소를 갖추고 있기 때문에 중량이나 무게 중심 등의 해석도 가능하고 전문 설계, 시뮬레이션, 동역학 등 연관된 설계, 공업제품 개발, 자동차, 가전제품 등의 제조업의 설계에서 유용하게 활용되고 있다. 모델 내부의 부피 정보를 가지고 있기 때문에 처리 시간이 소요되며 용량이 크다.

26 FDM 방식 3D 프린팅을 사용하여 한 변의 길이가 50mm인 정육면체 형상을 출력하기 위해 한 층의 높이 값을 0.25mm로 설정하여 슬라이싱하였다. 이때 생성된 전체 layer의 층수는?

① 40개
② 80개
③ 120개
④ 200개

해설 전체 레이어 층수는 Z축의 높이를 설정한 레이어 두께(높이)로 나눈 값이다. 50/0.25=200개

정답 22. ③ 23. ③ 24. ① 25. ② 26. ④

27 3D 모델링의 방식의 종류 중 넙스(NURBS) 방식에 대한 설명으로 옳은 것은?

① 삼각형을 기본 단위로 하여 모델링할 수 있는 방식이다.
② 폴리곤 방식에 비해 많은 계산이 필요하다.
③ 폴리곤 방식보다는 비교적 모델링 형상이 명확하지 않다.
④ 도형의 외곽선을 와이어프레임 만으로 나타낸 형상이다.

28 ABS 소재의 필라멘트를 사용하여 장시간 작업을 할 경우 주의해야할 사항은?

① 융점이 기타 재질에 비해 매우 높으므로 냉방기를 가동하여 작업을 한다.
② 옥수수 전분 기반 생분해성 재질이므로 특별히 주의해야할 사항은 없다.
③ 작업시 냄새가 심하므로 작업장 환기를 적절히 실시한다.
④ 물에 용해되는 재질이므로 수분이 닿지 않도록 주의해야 한다.

29 적정 온도를 지키지 않고 노즐 온도를 설정할 땐 노즐 막힘 현상, 필라멘트 끊김 현상이 일어날 수 있으니, 출력 시 노즐 온도설정을 소재에 맞게 적정 온도로 설정하여야 한다. PLA의 적정 온도는 얼마인가?

① 180~230℃   ② 220~250℃
③ 240~260℃   ④ 250~305℃

30 라프트(Raft) 값 설정과 관련이 없는 것은?

① Base line width는 라프트의 맨 아래층 라인의 폭을 설정하는 옵션이다.
② Line spacing은 라프트의 맨 아래층 라인의 간격을 설정하는 옵션이다.
③ Surface layer는 라프트의 맨 위층의 적층 횟수를 설정하는 옵션이다.
④ Infill speed 내부 채움 시 속도를 별도로 지정하는 옵션이다.

31 다음 설명에 해당되는 코드는?

· 기계를 제어 및 조정해주는 코드
· 보조기능의 코드
· 프로그램을 제어하거나 기계의 보조장치들을 ON/OFF 해주는 역할

① G코드   ② M코드
③ C코드   ④ QR코드

해설 아두이노 기반의 3D 프린터는 G 코드(General Code)와 M 코드(Niscellaneous Code)로 이루어진 툴패스(ToolPath)를 만들어서 작동한다. M 코드는 3D 프린터의 노즐, 베드, 냉각팬 등의 기계 동작부의 On/Off 제어명령을 하는 보조 기능이며 G 코드(이동 형태 : 직선, 원호 등)는 준비기능을 담당한다.

32 3D 프린터에서 사용하는 위치결정방식 중 프린트 헤드 또는 플랫폼의 현재 위치를 기준으로 지정된 값만큼 이송하는 방식은?

① 증분 좌표   ② 로컬 좌표
③ 공작물 좌표 ④ 절대 좌표

33 출력보조물인 지지대(Support)에 대한 효과로 볼 수 없는 것은?

① 출력 오차를 줄일 수 있다.
② 지지대를 많이 사용할 시 후가공 시간이 단축된다.
③ 지지대를 출력물의 수축에 의한 뒤틀림이나 변형을 방지할 수 있다.
④ 진동이나 충격이 가해졌을 때 출력물의 이동이나 붕괴를 방지할 수 있다.

해설 출력 모델에 지지대(서포트)가 많이 있을수록 출력 및 지지대를 분리하는 시간이나 사포질로 다듬질하는 후가공 시간이 늘어난다.

정답 27. ② 28. ③ 29. ① 30. ④ 31. ② 32. ① 33. ②

34. 광 패턴 방식 및 라인 레이저 방식의 스캐너에서 측정 대상물의 좌표를 구하는 방식은 어떤 원리를 응용한 것인가?

① 삼각 측량법 ② 백색광
③ 광 패턴 ④ 위상 간섭

해설 삼각 측량법은 광 패턴 방식 및 라인 레이저 방식에서 측정 대상물의 좌표를 구하는 방식이다. 아래 그림과 같이 대상물에 레이저 빔의 한 점이 형성될 때, 레이저 헤드, 측정부, 그리고 대상물 사이에 삼각형(ABC)이 형성되고 사인 법칙을 적용해서 거리를 구하는 방식이다. 측정 대상물에 형성된 라인 형태 혹은 면 형태의 수많은 레이저 점들에 대해서 개별적으로 삼각형을 형성하고 이에 대해서 좌표를 구하는 방식이다.

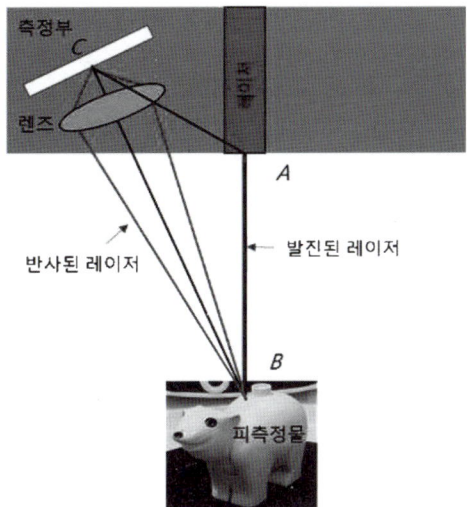

35. FDM 방식 3D 프린팅을 위한 설정값 중 레이어(layer) 두께에 대한 설명으로 틀린 것은?

① 레이어 두께는 프린팅 품질을 좌우하는 핵심적인 치수이다.
② 일반적으로 레이어 두께를 절반으로 줄이면 프린팅 시간은 2배로 늘어난다.
③ 레이어가 얇을수록 측면의 품질뿐만 아니라 사선부의 표면이나 둥근 부분의 품질도 좋아진다.
④ 맨 처음 적층되는 레이어는 베드에 잘 부착되도록 가능한 얇게 설정하는 것이 좋다.

36. 출력용 파일의 오류 종류 중 실제 존재할 수 없는 구조로 3D 프린팅, 부울 작업, 유체 분석 등에 오류가 생길 수 있는 것은?

① 반전 면
② 오픈 메쉬
③ 클로즈 메쉬
④ 비(非)매니폴드 형상

해설 비매니폴드 조건(non-manifold condition)에는 비다양체 모서리, 비다양체 점, 비다양체 표면이 있는데 모델링이 서로 연결되지 못하고 깨져 있는 형상으로 3D 프린팅, 부울 작업, 유체 분석 등에 오류가 발생할 수 있다.

37. 다음 중 3D 프린터 출력물의 외형강도에 가장 크게 영향을 미치는 설정 값은?

① Raft ② Brim
③ Speed ④ Number of shells

해설 0.4mm 노즐 사용시 쉘 두께를 1.2mm로 하면 두께가 0.4mm인 3개의 라인이 출력됨

38. 모델을 생성하는데 있어서 단면 곡선과 가이드 곡선이라는 2개의 스케치가 필요한 모델링은?

① 돌출(extrude)모델
② 필렛(fillet) 모델링
③ 쉘(shell) 모델링
④ 스윕(sweep) 모델링

정답 34. ① 35. ④ 36. ④ 37. ④ 38. ④

39 라인 타입 레이저 기반의 3차원 스캐닝 방식의 삼각 측량법은 어떤 법칙을 응용한 것인가?

① 탄젠트 법칙
② 코사인 법칙
③ 사인 법칙
④ 만유인력의 법칙

해설

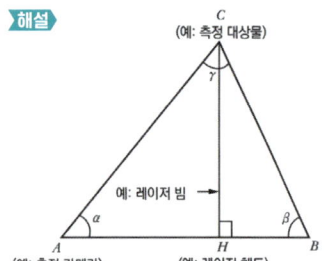

삼각함수의 사인 법칙:

$$\frac{\sin \alpha}{BC} = \frac{\sin \beta}{AC} = \frac{\sin \gamma}{AB}$$

$$AC = \frac{AB \cdot \sin \beta}{\sin \gamma}$$

$$BC = \frac{AB \cdot \sin \alpha}{\sin \gamma}$$

$$HC = AC \cdot \sin \alpha = BC \cdot \sin \beta$$

40 AMF(Additive Manufacturing File)파일의 특징이 아닌 것은?

① XML에 기반해 STL의 단점을 다소 보완한 파일포맷이다.
② 매 프레임에 하나의 파일이 필요하고 많은 용량이 필요하다.
③ STL 포맷은 표면 메시에 대한 정보만을 포함하지만, AMF 포맷은 색상, 질감과 표면 윤곽이 반영된 면을 포함해 STL 포맷에 비해 곡면을 잘 표현할 수 있다.
④ 색상 단계를 포함하여 각 재료 체적의 색과 메시의 각 삼각형의 색상을 지정할 수 있다.

41 작업자가 감전 되었을 때, 가장 좋은 응급처치법은?

① 빨리 감전자를 떼어 놓는다.
② 병원에 신속하게 연락한다.
③ 전원을 내린 다음 감전자를 응급 치료한다.
④ 물을 붓고 감전자를 응급 치료한다.

42 3D 프린팅은 3D 모델의 형상을 분석하여 모델의 이상유무와 형상을 고려하여 배치한다. 다음 그림과 같은 형태로 출력할 때 출력시간이 가장 긴 것은?(단, 아랫면이 베드에 부착되는 면이다.)

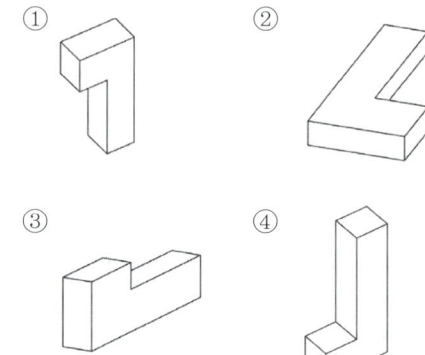

43 직선보간 명령으로 현재 위치에서 지정된 위치까지 헤드나 플랫폼을 직선 이송하는 지령은?

① G0
② G1
③ G4
④ G28

해설 ㉠ G0 : 빠른 이송, 헤드나 플랫폼을 목적지로 가장 빠르게 이송시키기 위해서 사용한다.
㉡ G1 : 직선 보간, 현재 위치에서 지정된 위치까지 헤드나 플랫폼을 직선 이송한다. 이 때 이송되는 속도나 압출되는 필라멘트의 길이를 지정할 수 있다.
㉢ G4 : 멈춤(dwell), 3D 프린터의 모든 동작을 Pnnn에 의해 지정된 시간만큼 멈춘다.
㉣ G28 : 원점 이송, 3D 프린터의 각 축을 원점으로 이송시킨다.

정답 39. ③ 40. ② 41. ③ 42. ① 43. ②

44 모든 좌표값을 현재 좌표계의 원점에 대한 좌표값으로 설정하는 것으로 절대 좌표 설정은?

① G21
② G90
③ G91
④ G92

해설
㉠ G21 : 단위를 밀리미터(mm)로 변환
㉡ G90 : 절대 좌표 설정, 모든 좌표값을 현재 좌표계의 원점에 대한 좌표값으로 설정한다.
㉢ G91 : 상대 좌표 설정, G91이 지정된 이후의 모든 좌표값은 현재 위치에 대한 상대값으로 설정된다.
㉣ G92 : 좌표계 설정, G92에 의해서 지정된 값이 현재 값이 된다. 3D 프린터가 동작하지는 않는다.

45 다음의 M코드 중에서 조형을 하는 플랫폼을 가열하는 온도를 설정하는 코드는?

① M106
② M117
③ M104
④ M140

해설
㉠ M106 : 냉각팬 전원 끄기
㉡ M117 : 메시지 표시
㉢ M104 : 압출기 온도 설정
㉣ M140 : 플랫폼(베드) 온도 설정

46 스캔 데이터는 일반적으로 여러 번의 측정에 따른 점군 데이터를 서로 합친 최종 데이터로 이렇게 개별 스캐닝 작업에서 획득한 점 데이터들이 합쳐지는 과정을 무엇이라고 하는가?

① 정합
② 병합
③ 스무딩
④ 페어링

해설
정합(Registration) : 전체 데이터를 회전 이송하면서 같은 좌표계로 통일하는 과정
병합(Merging) : 정합을 통해서 중복되는 부분을 서로 합치는 과정
스무딩(Smoothing) : 오류로 인해 불규칙하게 형성된 점을 매끄럽게 해주는 과정
페어링(Fairing) : 불필요한 점을 제거하고 다양한 오류를 바로잡아 최종적으로 삼각형 메쉬를 형성하고 3차원 프린팅을 할 수 있다.

47 작업지시서에 포함되어야 하는 항목이 아닌 것은?

① 제작 물품명
② 제작 방법
③ 제작 기간
④ 제작 비용

해설 ■ 작업지시서에 포함되어야 하는 항목
㉠ 제작 물품명 : 제작하고자 하는 제품의 명칭을 표기한다.
㉡ 제작 방법 : 사용 소재 및 3D 프린팅 방식을 표기한다.
㉢ 제작 기간 : 제작에 소요되는 기간(납기)를 표기한다.
㉣ 제작 수량 : 고객이 주문한 제작 수량을 표기 한다.

48 3D 프린터가 처음 구동되거나 초기화될때 헤드가 항상 일정한 위치로 복귀하게 되는 기준점이 된다. 이 기준점을 좌표축의 원점으로 사용하는 좌표계를 무엇이라고 하는가?

① 기계 좌표계
② 공작물 좌표계
③ 로컬 좌표계
④ 원점 좌표계

해설 3D 프린터를 구동하기 위해서는 좌표계에 대한 이해가 필요하다. 사용되는 좌표계는 기계 좌표계(Machine Coordinate System), 공작물 좌표계(Work Coordinate System), 로컬 좌표계(Local Coordinate System)가 있다.

㉠ **공작물 좌표계** : 공작물 좌표계는 3D 프린터의 제품이 만들어지는 공간 안에 임의의 점을 새로운 원점으로 설정하는 것이다. 공작물 좌표계를 설정하면 하나의 공간에 여러 개의 제품을 동시에 만들 때, 각 제품마다 공작물 좌표계를 각각 설정하여 사용할 수 있다.

㉡ **로컬 좌표계** : 필요에 의해서 공작물 좌표계 내부에 또 다른 국부적인 좌표계가 요구될 때 사용된다. 로컬 좌표계는 각 공작물 좌표계를 기준으로 설정된다.

정답 44. ② 45. ④ 46. ① 47. ④ 48. ①

49 파트를 모델링해 놓은 상태에서 조립품을 구성하는 방식을 무엇이라고 하는가?

① 상향식
② 하향식
③ 분할식
④ 조립식

해설 ㉠ 상향식 모델링
각각의 부품들을 일일이 개별적으로 모델링한 다음 새로운 조립품 파일을 열어 부품 요소들을 불러와 조립하는 방식으로 초보자들이 쉽게 접근할 수 있다. 상향식 조립품은 작성 순서가 아래에 있는(Bottom) 부품에서부터 가장 꼭대기(Top)에 있는 전체 조립품을 향해 위쪽으로 작성된다고 해서 Bottom-Up, 혹은 상향식 조립품이라고 불린다.
㉡ 하향식 모델링
상향식 모델링과 달리 전체 조립도 혹은 레이아웃에서부터 점차 세분화하는 식으로 내려오는 방향으로 작성하는 방식으로 레이아웃 방식, 매개변수 이용 방식, 솔리드 바디를 이용한 방식, 스케치 블록을 이용한 방식들이 탑다운 방식을 사용한다.

50 화학물질용 개인보호장구 중 보호(안전)장갑 사용 전 고려해야 할 사항으로 올바르지 못한 것은?

① 사용 전 반드시 마모되거나 구멍난 곳이 없는지 점검한다.
② 장갑에 물을 넣어 구멍의 유무 상태를 관찰한다.
③ 유해화학물질과 접촉된 보호 장갑은 2차 오염을 유발할 수 있으므로 처리에 주의한다.
④ 침투율을 고려하여 적합한 재질의 보호 장갑을 선택한다.

해설 안전보호장갑은 유해화학물질의 유출·폭발·화재 등으로 인해 오염된 공기 혹은 액상물질 등이 손에 접촉됨으로써 발생할 수 있는 건강영향을 예방하기 위하여 고안된 보호 장구를 말한다.

51 슬라이서에서 설정한 간격 및 라인 수만큼 압출하여 노즐 내부의 비정상 소재를 압출하는 기능으로 출력물 안착 효과는 없는 바닥보조물은?

① 라프트
② 서포트
③ 스커트
④ 브림

52 사람이 감전되어 갑자기 의식을 잃고 쓰러졌을 때 취해야 하는 응급처치로 가장 거리가 먼 것은?

① 119에 연락해 도움을 요청한다.
② 환자의 옷을 느슨하게 해주고 호흡을 확인한다.
③ 호흡이 정상이면 환자를 옆으로 눕히고 고개를 약간 뒤로 젖히면서 환자의 입이 지면을 향하도록 한다.
④ 신체를 흔들어 깨운다.

53 다음의 치수 보조 기호는 무엇을 의미하는가?

□10

① 지름 표시
② 정사각형 표시
③ 두께 표시
④ 구의 지름 표시

해설 지름 : ⌀10
두께 : t10
구의 지름 표시 : S⌀10

54 ME 방식에서 프린터 헤드 노즐에서 소재를 녹이는 열선의 온도를 지정하고 해당 조건에 도달할 때까지 가열 혹은 냉각을 하면서 대기하는 명령은?

① M104
② M135
③ M109
④ M190

해설 ㉠ M104 : 압출기 노즐의 온도를 지정하는 명령이며, 어드레스로 온도 S와 헤드 번호 T가 이용 가능
㉡ M135 : 노즐의 온도 조작을 위한 PID 제어의 온도 측정 및 출력 값 설정 시간 간격을 지정하는 명령
㉢ M109 : 노즐에서 소재를 녹이는 열선의 온도를 지정하고 해당 조건에 도달할 때까지 가열 혹은 냉각을 하면서 대기하는 명령으로 동일한 블록에 어드레스로 'S'는 열선의 최소온도, 'R'은 최대온도 설정 가능
㉣ M190 : 조형을 하는 플랫폼을 가열하는 기능

정답 49. ① 50. ② 51. ③ 52. ④ 53. ② 54. ③

55 헤드의 온도 조작을 위한 PID 제어의 온도 측정 및 출력 값 설정 시간 간격을 지정하는 명령은?

① M106
② M107
③ M117
④ M135

해설
㉠ M106 : 쿨링팬 전원 켜기
㉡ M107 : 쿨링팬 전원 끄기
㉢ M117 : 화면에 메시지 표시

56 다음의 M-코드의 명령어 중 챔버 온도 설정은?

① M1   ② M17
③ M141 ④ M300

해설
㉠ M1 : 휴면
㉡ M17 : 모든 스테핑 모터에 전원 공급
㉢ M141 : 제품이 출력되는 공간인 챔버의 온도를 Snnn으로 지정된 값으로 설정
㉣ M300 : 소리 재생

57 슬라이싱 프로그램에서 출력물의 내부(속)을 채움 정도로 채움 밀도 설정값이 클수록 출력물이 단단해지지만 출력하는데 많은 시간이 걸리고 반대로 너무 채우지 않으면 출력물이 약해서 쉽게 파손된다. 이 기능은 무엇인가?

① InFill
② Layer thickness
③ Enable retraction
④ Shell thickness

해설 Fill Density(%)는 내부 채우기 밀도를 말하며 출력물의 내부를 몇 %로 채울지를 설정하는 메뉴로 일반적으로 15~30% 정도로 설정하며 0으로 설정 시 내부가 완전히 빈 형태로, 100으로 설정 시 완전히 꽉 찬 형태로 출력된다. Infill도 내부 채움 정도를 % 단위로 구분하며 말 그대로 출력물의 내부를 얼마만큼 채울 것인지를 설정하는 기능이다.

58 출력 도중 압출되지 않아야 하는 구간을 이동 시에 순간적으로 스테핑 모터가 압출 기어를 반대 방향으로 역회전시켜 빠르게 뒤로 잡아당겨 불필요하게 흘러내리지 않도록 해주는 기능은 무엇인가?

① 오토 레벨링
② 스트링
③ 핫엔드
④ 리트랙션

59 ISO에서 규정하고 있는 적층제조(AM) 방식 중 석고나 수지, 세라믹 등 파우더 형태의 분말재료에 바인더(결합제)를 선택적으로 분사하여 경화시키는 기술 명칭은?

① 광중합 방식
② 재료 분사 방식
③ 분말적층 용융결합 방식
④ 접착제 분사 방식

해설 접착제 분사 방식(Binder Jetting)에는 3DP, CJP, Ink-Jetting 등의 기술방식이 있다.

60 CAD에서 객체나 선을 일정한 간격으로 띄워 복사할 수 있는 간격띄우기 명령은 무엇인가?

① Trim   ② Offset
③ Mirror ④ Scale

해설 ■ CAD 간격띄우기(OFFSET)

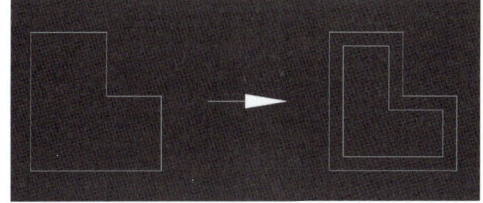

정답 55. ④ 56. ③ 57. ① 58. ④ 59. ④ 60. ②

2020년 CBT 기출문제(B) 복원

01 다음의 치수 보조 기호 중 45° 모따기 기호로 옳은 것은?

① ∅   ② ⊿
③ C   ④ R

[해설] 치수 보조 기호의 종류

기호	의미	특징
∅	지름	원통 형체 또는 지름으로 나타내는 원주 형체
S∅	구의 지름	지름으로 나타내는 구 형체
□	정육면체의 변	4개의 같은 변과 4개의 동일한 각도를 가진 사각 형체
R	반지름	반지름으로 나타내는 원통 형체 또는 원주 형체
SR	구의 반지름	반지름으로 나타내는 구 형체
CR	제어 반지름	직선부와 반지름의 곡선 부분이 매끄럽게 연결되는 반지름
⌒	원호의 길이	평평하지 않은 형체의 곡선 치수
C	45°모따기	45°모따기 치수 표기
t=	두께	t= 으로 표기
⊔	카운터 보어	평평한 바닥이 있는 원통형 구멍은 지름과 깊이로 표시
∨	카운터 싱크 (접시 자리파기)	지름과 각도로 표시하는 원형 모따기
↧	깊이	구멍 또는 내측 형체의 깊이

02 3D CAD에서 선택한 면과 면, 선과 선 사이에 일정한 거리를 주는 제약 조건은 무엇인가?

① 일치 제약 조건   ② 오프셋 제약 조건
③ 고정 컴포넌트   ④ 접촉 제약 조건

[해설]

제약 조건	설 명
일치 제약 조건	일치시키고자 하는 면과 면, 선과 선, 축과 축 등을 선택하면 일치시켜 주는 제약 조건
접촉 제약 조건	선택한 면과 면, 선과 선을 접촉하도록 하는 제약 조건
오프셋 제약 조건	선택한 면과 면, 선과 선 사이에 오프셋으로 거리를 주는 제약 조건
각도 제약 조건	면과 면, 선과 선을 선택해 각도로 제약을 주는 조건
컴포넌트	선택한 파트를 고정시켜 주는 기능

03 2D 라인 없이 3D 형상 모델링을 하는 방법 중 합집합, 교집합, 차집합의 집합연산을 적용하여 객체를 만드는 방법은?

① 폴리곤 방식   ② AMF 방식
③ IGES 방식   ④ CSG 방식

[해설] ■ CSG(Constructive Solid Geometry) 방식
기본 객체들에 집합 연산을 적용하여 새로운 객체를 만드는 방법이다. 집합 연산은 합집합, 교집합, 차집합 연산이 있다. 합집합은 두 객체를 합쳐서 하나의 객체로 만드는 것이고, 교집합은 두 객체의 겹치는 부분만 남기는 방식이다. 차집합은 한 객체에서 다른 한 객체의 부분을 빼는 것이다. 합집합과 교집합은 피연산자의 순서가 변경되어도 동일한 결과를 나타내지만, 차집합의 경우는 피연산자의 순서가 변경되면 다른 객체가 만들어진다.

04 3D 모델을 2차원 유한 요소인 삼각형들로 분할한 후 각 삼각형의 데이터를 기준으로 근사시키면 STL 파일을 쉽게 생성할 수 있다. 이때 모서리 수를 구하는 공식으로 알맞은 것은?

① 모서리 수 = (꼭짓점 수 × 2) − 6
② 모서리 수 = (꼭짓점 수 × 3) − 6
③ 모서리 수 = (꼭짓점 수 × 2) − 4
④ 모서리 수 = (꼭짓점 수 × 3) − 4

[해설]

꼭짓점 수=(총 삼각형의 수/2)+2
=(4/2)+2=4
모서리 수=(꼭짓점 수X3)-6
=(4X3)-6=6

삼각형이 가장 적게 사용되는 정사면체에서 삼각형으로 된 면이 4개이므로 STL포맷으로 변환하면 삼각형 4개에 대한 정보를 가지게 된다. 삼각형 각각의 꼭짓점과 모서리의 총합은 각각 12개이지만, 정사면체의 꼭짓점과 모서리는 삼각형 면들과 중복되므로 중복된 꼭짓점과 모서리를 각각 하나라고 생각하면 꼭짓점은 4개이고 모서리는 6개가 된다.

정답 1. ③ 2. ② 3. ④ 4. ②

05 3차원 CAD에서 원호와 선 또는 원호와 원호를 서로 접하게 만드는 구속 조건은?

① 동심 구속 조건
② 일치 구속 조건
③ 접선 구속 조건
④ 평행 구속 조건

해설 구속 조건의 종류에는 크게 두 가지로, 형상 구속과 치수 구속으로 나눌 수 있다. 형상 구속은 드로잉된 스케치 객체들 간의 자세를 맞추는 구속이며, 치수 구속은 스케치의 값을 정해서 크기를 맞추는 구속이다.

■ 형상 구속 조건

제약 조건	설 명
수평 구속	선택한 선분이 수평(가로선)이 되도록 구속한다.
수직 구속	선택한 선분이 수직(세로선)이 되도록 구속한다.
동일 구속	두 개 이상 선택된 스케치 크기를 똑같이 구속한다.
동일 선상 구속	두 개 이상 선택된 스케치 선을 동일한 위치로 선을 구속한다.
평행 구속	두 개 이상 선택된 스케치 선을 평행하게 구속한다.
직각 구속	선택된 두 개의 스케치 선을 직각으로 구속한다.
동심 구속	두 개 이상 선택된 원호의 중심을 정확하게 구속한다.
접선 구속	선택된 두 개의 원호 또는 원과 선을 접선이 되도록 구속한다.
일치 구속	떨어져 있는 점과 선을 정확하게 붙이거나, 떨어져 있는 두 끝점을 정확하게 연결시키는 구속이다.

06 다음 중 솔리드 모델링의 작업 순서로 옳은 것은?

① 스케치 작성 → 대략적인 2D 단면 그리기 → 치수 입력 → 베이스 피처 작성
② 스케치 작성 → 치수 입력 → 대략적인 2D 단면 그리기 → 구속조건 부여
③ 스케치 작성 → 구속조건 부여 → 대략적인 2D 단면 그리기 → 치수 입력
④ 스케치 작성 → 대략적인 2D 단면 그리기 → 베이스 피처 작성 → 구속조건 부여

07 두 점 사이의 거리를 실제로 측정한 치수를 무슨 치수라고 하는가?

① 실 치수
② 점 치수
③ 거리 치수
④ 측정 치수

해설 실 치수(actual size) : 가공이 완료된 후 실제로 측정했을 때의 치수

08 아래 설명 중 괄호 안에 들어갈 용어로 옳은 것은?

> 끼워맞춤에서 구멍의 치수가 축의 치수보다 클 때를 ( )라 하고, 구멍의 치수가 축의 치수보다 작을 때를 ( )라 한다.

① 허용 공차, 한계 공차
② 죔새, 틈새
③ 틈새, 죔새
④ 한계 공차, 허용 공차

해설 틈새 : 구멍의 치수가 축의 치수보다도 클 때의 구멍과 축과의 치수의 차
㉠ 최소 틈새 : 헐거운 끼워맞춤에서의 구멍의 최소 허용치수와 축의 최대 허용치수와의 차
㉡ 최대 틈새 : 헐거운 끼워맞춤 또는 중간 끼워맞춤에서 구멍의 최대 허용치수와 축의 최소 허용치수와의 차

죔새 : 구멍의 치수가 축의 치수보다도 작을 때의 조립 전의 구멍과 축과의 치수의 차
㉠ 최소 죔새 : 억지 끼워맞춤에서 조립 전의 구멍의 최대 허용치수와 축의 최소 허용치수와의 차
㉡ 최대 죔새 : 억지 끼워맞춤 또는 중간 끼워맞춤에서 조립 전의 구멍의 최소 허용치수와 축의 최대 허용치수와의 차

정답 5. ③ 6. ① 7. ① 8. ③

09 다음 보기의 기하 공차 기호 중 모양 공차로 진원도 공차를 나타내는 기호는?

① ● ② ⌒
③ ○ ④ ◎

해설 기하공차의 종류와 기호

적용하는 형체	공차의 종류		기호
단독 형체	모양 (형상) 공차	진직도 (Straightness)	—
		평면도 (Flatness)	▱
		진원도 (Roundness)	○
		원통도 (Cylindricity)	⌭
단독 형체 또는 관련 형체		선의 윤곽도 (Line profile)	⌒
		면의 윤곽도 (Surface profile)	⌓
관련 형체	자세 공차	평행도 (Parallelism)	∥
		직각도 (Squareness)	⊥
		경사도 (Angularity)	∠
	위치 공차	위치도 (Position)	⌖
		동축도 또는 동심도 (Concentricity)	◎
		대칭도 (Symmetry)	⩵
	흔들림 공차	원주 흔들림 (Circular runout)	↗
		온 흔들림 (Total runout)	↗↗

10 3D 모델링에서 스케치가 두 개 있어야 형상을 완성할 수 있는 3차원 형상화 명령은?

① 회전 명령 ② 스윕 명령
③ 돌출 명령 ④ 구멍 명령

해설 스윕은 돌출이나 회전으로 작성하기 힘든, 자유 곡선이나 하나 이상의 스케치 경로를 따라가는 형상을 모델링한다. 스윕은 경로 스케치와 별도로 단면 스케치를 각각 작성하여 형상을 완성한다.

11 다음 중 오류 검출 프로그램이 아닌 것은?

① 카티아(CATIA)
② 넷팹(NETFABB)
③ 메쉬믹서(MESHMIXER)
④ 메쉬랩(MESHLAB)

해설 3차원 설계 프로그램에는 CATIA, NX, CREO, SOLIDWORKS, INVENTOR, FUSION360 등의 다양한 소프트웨어가 있다.

12 다음 중 출력 공차에 대한 설명으로 틀린 것은?

① 3D 엔지니어링 프로그램에서의 모델링은 기본적으로 공차가 발생하지 않는다.
② 3D 프린터 같은 경우 가공자에 의한 출력 공차를 부여할 수 있다.
③ 조립 부품이 작은 축과 구멍으로 조립이 되는 경우 구멍을 조금 더 키워 출력한다.
④ 부품 중에서 하나에만 공차를 적용하는 것이 바람직하다.

해설 3D 엔지니어링 프로그램에서의 모델링은 기본적으로 공차가 발생하지 않는다. 이는 설계에서의 통상적인 모델링 형태이며, 작성된 모델링을 토대로 실제 가공에서는 가공 공차를 부여하여, 제품을 제작하는 사람이 부여된 공차를 토대로 가공하여 제품을 만드는 것이 일반적이다.
반면 3D 프린터 같은 경우, 모델링된 형상 데이터를 그대로 읽어 들여 출력함으로, 가공자에 의한 출력 공차를 부여할 수 없다.

정답 9. ③ 10. ② 11. ① 12. ②

13 다음 중 3D 프린팅 시 출력용 파일의 오류가 아닌 것은?

① 반전 면
② 매니폴드 형상
③ 오픈 메쉬
④ 메쉬가 떨어져 있는 경우

해설 ■ 출력용 파일의 오류 종류
㉠ 클로즈 메쉬와 오픈 메쉬
㉡ 비(非)매니폴드 형상
㉢ 메쉬가 떨어져 있는 경우
㉣ 반전면
㉤ 오류를 수정하지 않고 출력할 경우

14 3D 모델링 방식의 종류 중 넙스 방식의 설명으로 틀린 것은?

① 수학 함수를 이용하여 곡면 표현이 가능하다.
② 부드러운 곡선을 이용한 모델링에 많이 사용된다.
③ 재질의 비중을 계산하여 무게 등을 측정할 수 있다.
④ 자동차나 비행기의 표면과 같은 부드러운 곡면을 설계할 때 효과적이다.

해설 ■ 넙스 방식 3D 모델링
넙스 방식은 수학 함수를 이용하여 곡면의 형태를 만든다. 폴리곤 방식에 비해 많은 계산이 필요하지만 부드러운 곡선을 이용한 모델링에 많이 사용된다. 폴리곤 방식보다 정확한 모델링이 가능하다. 자동차나 비행기의 표면과 같은 부드러운 곡면을 설계할 때 효과적이다.

15 다음 중 슬라이서에서 형상을 분석할 때 사용하지 않는 기능은?

① 형상물의 분할
② 형상물의 확대 및 축소
③ 형상물의 이동
④ 형상물의 회전

해설 ■ 슬라이서에서 형상물(모델) 분할 기능은 지원하지 않는다.
3D 프린터는 기기마다 최대 출력 사이즈가 정해져 있다. 최대 출력 크기보다 큰 모델링 데이터는 분할 출력의 과정을 거쳐야 한다. 분할 출력이란 하나의 3D 형상 데이터를 나누어 출력하는 것이다. 출력물이 3D 프린터의 최대 출력 사이즈를 넘으면 분할 출력을 해야 하고, 이 경우에는 분할 출력 후 다시 하나의 형태로 만들어지는 것을 고려하여 분할해야 한다.

16 3D 모델링 방식에서 폴리곤 방식에 대한 설명으로 거리가 먼 것은?

① 삼각형을 기본 단위로 하여 모델링한다.
② 다각형의 수가 적은 경우에는 빠른 속도로 렌더링이 가능하지만 표면이 거칠게 표현된다.
③ 모델링 시 많은 계산이 필요하다.
④ 크기가 작은 다각형을 많이 사용하여 형상 구성 시 표면이 부드럽게 표현되지만 렌더링 속도는 떨어진다.

해설 ■ 폴리곤 3D 모델링
폴리곤 방식은 삼각형을 기본 단위로 하여 모델링을 할 수 있는 방식이다. 삼각형의 꼭짓점을 연결해 3D 객체를 생성한다. 기본 삼각형은 평면이며 삼각형의 개수가 많을수록 형상이 부드럽게 표현된다. 크기가 작은 다각형을 많이 사용하여 객체를 구성하면 부드러운 표면을 표현할 수 있으나 렌더링 속도는 떨어진다. 다각형의 수가 적으면 빠른 속도로 렌더링할 수 있으나 객체 표면이 거칠게 표현된다. 모델링 시 많은 계산이 필요한 것은 수학 함수를 이용해 곡면 등을 디자인하는 넙스 방식에 해당한다.

17 객체들 간의 자세를 흐트러짐 없이 잡아 두고, 차후 디자인 변경이나 수정 시 편리하고 직관적으로 업무를 수행하기 위해서 필요한 가장 중요한 기능을 무엇이라 하나?

① 형상 조건   ② 구속 조건
③ 편집 조건   ④ 구성 조건

해설 3D 엔지니어링 프로그램에서 구속 조건이란 객체들 간의 자세를 흐트러짐 없이 잡아 두고, 차후 디자인 변경이나 수정 시 편리하고 직관적으로 업무를 수행하기 위해서 필요한 가장 중요한 기능을 말한다. 구속 조건에는 크게 형상 구속과 치수 구속 두 가지가 있으며, 이 두 구속 조건을 모두 충족해야지만 정상적이고 안전한 형상을 모델링할 수 있다.
거의 모든 3D 엔지니어링 프로그램에서 이 구속 조건을 사용하고 있으며 동일한 조건과 내용으로 응용할 수 있다.

정답 13. ② 14. ③ 15. ① 16. ③ 17. ②

18 다음 중 도면 작성 시 사용하는 선의 종류와 설명으로 옳지 않은 것은?

① 가는 1점 쇄선 = 도형의 중심을 표시하는 데 사용한다.
② 은선, 파선 = 대상물의 보이지 않는 부분을 표시할 때 사용한다.
③ 가는 실선 = 치수 기입 또는 지시선에 사용한다.
④ 가는 2점 쇄선 = 단면도의 절단면을 표시하는데 사용한다.

해설 절단선은 가는 일점쇄선으로 끝부분 및 방향이 변하는 부분을 굵은 선으로 나타내어 절단위치를 도면에 표시한다.

■ 선의 종류 및 용도(KS B 0001)에서 가는 이점쇄선의 용도
㉠ 인접 부분을 참고로 표시하는데 사용한다.
㉡ 공구, 지그 등의 위치를 참고로 나타내는데 사용한다.
㉢ 가동 부분을 이동 중의 특정한 위치 또는 이동 한계의 위치로 표시하는데 사용한다.
㉣ 가공 전 또는 가공 후의 모양을 표시하는데 사용한다.
㉤ 되풀이하는 것을 나타내는데 사용한다.
㉥ 도시된 단면의 앞쪽에 있는 부분을 표시하는데 사용한다.

19 다음 그림에서 기하 공차와 그 기호가 틀린 것은?

① 선의 직진도 공차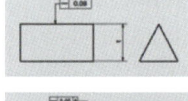

② 점의 위치도 공차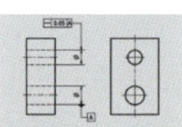

③ 평면도 공차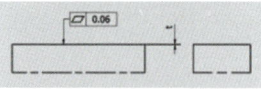

④ 진원도 공차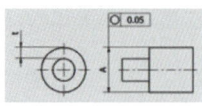

해설 위치도 공차 기호 : ⊕

20 다음 중 G1 X70 E95에 대한 설명으로 올바른 것은?

① 현재 위치에서 X70으로, 필라멘트를 현재 길이에서 95mm까지 압출하면서 이송한다.
② X70인 지점으로 속도는 95mm/min 이송한다.
③ 현재 위치에서 X70으로, 속도는 95mm/min 이송한다.
④ X70 지점으로 빠르게 이송, 필라멘트를 현재 길이에서 95mm까지 압출하면서 이송한다.

해설 G1 : 직선보간
X70 : X=70mm인 지점으로 이송
E95 : 필라멘트를 현재 길이에서 95mm까지 압출하면서 이동

21 3D 프린터에서 재료가 플랫폼에 제대로 안착되지 않는 원인으로 옳지 않은 것은?

① 첫 번째 층이 너무 빠르게 성형될 때
② 출력물과 플랫폼 사이의 부착 면적이 작을 때
③ 용융된 재료가 과다하게 압출될 경우
④ 온도 설정이 맞지 않는 경우

해설 ■ 재료가 플랫폼에 제대로 부착되지 않는 원인과 현상
㉠ 플랫폼의 수평이 맞지 않을 때
㉡ 노즐과 플랫폼 사이의 간격이 너무 클 때
㉢ 첫 번째 층이 너무 빠르게 성형될 때
㉣ 온도 설정이 맞지 않은 경우
㉤ 플랫폼 표면의 문제가 있는 경우
㉥ 출력물과 플랫폼 사이의 부착 면적이 작은 경우

정답 18. ④ 19. ② 20. ① 21. ③

22 3D 프린터 출력 시 분할하여 출력하고자 할 때 가장 적절한 방법은? (분할 선은 굵은 빨간선)

① 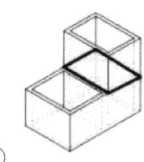 ②

③ 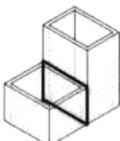 ④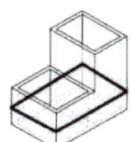

23 다음에서 설명하는 3D 프린터 소재에 해당하는 것은?

> · 유독가스를 제거한 석유 추출물을 이용해 만든 재료이다.
> · 충격에 강하고 오래 가면서 열에도 상대적으로 강한 편이다.
> · 출력 시 휨 형상이 있어 설계 시 유의해야 한다.
> · 출력 시 환기가 필요하다.

① PLA
② ABS
③ PVA
④ TPU

[해설] ■ ABS(Acrylonitrile Butadiene Styrene)는 산업용 FDM 3D 프린터에서 많이 사용하는 열가소성 플라스틱 소재이다.
㉠ 기계적 특성이 우수하며 가격이 저렴하고 구입이 용이하다.
㉡ PLA 소재보다 사포 작업, 도장, 도금 등 표면처리가 상대적으로 유리하다.
㉢ 출력 시 유해한 냄새가 발생하여 작업장 내 적절한 환기 시설이 필요하다.
㉣ 열수축 현상이 일어나 식을 때 휘는 현상이 발생하여 두께가 얇거나 큰 제품은 조형이 까다로우며 히팅베드가 필요하다.

■ ABS 레고 부품

24 다음 중 3D 프린터 조형 방식과 재료에 따른 지지대 제거 방식에 대한 설명으로 옳지 않은 것은?

① 액상 기반의 재료를 사용하는 SLA, DLP 방식의 경우 광경화성 수지를 사용하며 모델 재료와 지지대 재료가 같다.
② 지지대는 자동 생성되지만 소프트웨어를 이용해 지지대 생성을 하지 않게 설정할 수도 있다.
③ 분말 기반의 재료를 사용하는 SLS, 3DP 방식과 같은 적층 기술은 분말 속에서 조형되므로 지지대를 사용하지 않아도 때문에 출력 후 분말만 털어주면 결과물을 얻을 수 있다.
④ 액상 기반의 재료를 사용하는 SLA, DLP 방식의 경우 지지대가 출력물에서 쉽게 떨어지지 않는다.

[해설] SLA, DLP 방식보다 오히려 FDM 방식에서 PLA 소재로 출력한 경우 지지대를 출력물에서 제거시 쉽고 깨끗하게 제거되지 않는 경우가 많다.

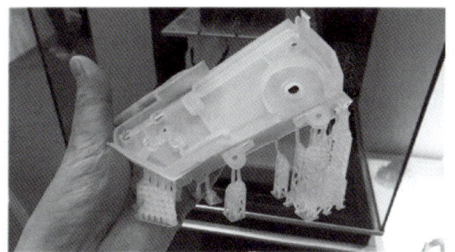

25 3D 프린터로 출력물을 출력할 때의 작업 순서로 가장 올바른 것은?

① 2D 스케치 → 도면 배치 → STL 파일 저장 → G CODE 생성 → 출력
② 2D 스케치 → 3D 모델링 → STL 파일 저장 → G CODE 생성 → 출력
③ 2D 스케치 → 3D 모델링 → G CODE 생성 → STL 파일 저장 → 출력
④ 2D 스케치 → 도면 배치 → G CODE 생성 → STL 파일 저장 → 출력

정답 22. ③ 23. ② 24. ④ 25. ②

26 압출기 노즐과 플랫폼 사이의 거리가 너무 가까울 때 발생하는 현상이 아닌 것은?

① 압출기 노즐 구멍이 플랫폼에 접촉해서 막힐 수 있다.
② 용융된 플라스틱 재료가 노즐을 통해 제대로 압출되지 않을 수 있다.
③ 출력물의 면을 구성하는 선과 선 사이에 빈 공간이 생긴다.
④ 처음에는 재료가 압출되지 않다가 3~4번째 층부터 제대로 압출되기도 한다.

해설 압출기 노즐의 끝과 플랫폼 사이의 거리가 가까울 때에는 G코드를 수정하여 Z축 방향 오프셋(offset) 값을 좀 더 크게 변경하면서 적절한 오프셋 값을 찾으면 된다.

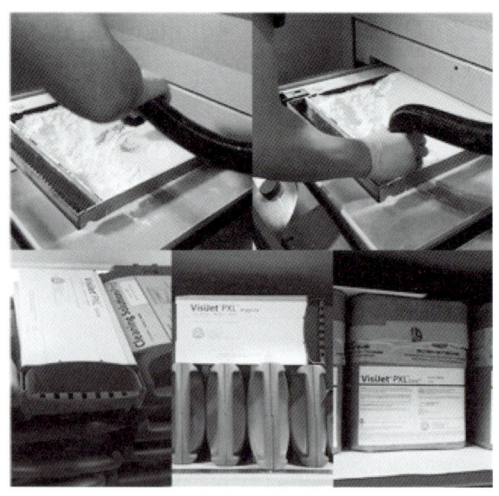

27 다음 보기는 SLS 방식의 3D 프린터 출력 과정이다. 출력물 회수 순서로 옳은 것은?

㉠ 3D 프린터 작동 중지
㉡ 플랫폼에서 출력물 분리
㉢ 보호 장구 착용
㉣ 3D 프린터 문 열기
㉤ 플랫폼에 남아 있는 분말 가루를 제거
㉥ 출력물에 묻어 있는 분말 가루 제거

① ㉠ → ㉢ → ㉣ → ㉡ → ㉥ → ㉤
② ㉢ → ㉠ → ㉣ → ㉡ → ㉥ → ㉤
③ ㉠ → ㉢ → ㉣ → ㉡ → ㉤ → ㉥
④ ㉢ → ㉠ → ㉣ → ㉡ → ㉤ → ㉥

해설 분말 방식 3D 프린터의 출력물을 회수하는 경우에는 반드시 안전 보호장구를 먼저 착용한 상태에서 3D 프린터 동작이 완전히 멈춘 것을 확인하고, 전면 커버를 개방하여 전용 진공흡입기를 이용하여 플랫폼에서 출력물을 안전하게 회수해야 한다.
이 때 플랫폼과 출력물에 묻어 있는 분말이 날려 실내를 오염시키거나 호흡기를 통해 체내에 흡입되지 않도록 각별히 주의하여 작업한다.

28 레이저 기반 삼각 측량 3차원 스캐너에서 계산하는 방식으로 옳은 것은?

① 한 변과 2개의 각으로부터 나머지 변의 길이 계산
② 두 변과 2개의 각으로부터 나머지 변의 길이 계산
③ 한 변과 1개의 각으로부터 나머지 변의 길이 계산
④ 두 변과 1개의 각으로부터 나머지 변의 길이 계산

해설 ■ 레이저 기반 삼각 측량 3차원 스캐너
일반적으로 가장 많이 사용되는 방식으로, 라인 형태의 레이저를 측정 대상물에 주사하여 반사된 광이 수광부(CCD(charage-coupled device) 혹은 CMOS(complementary metal-oxide semiconductor)의 특정 셀(cell)에서 측정이 된다. 레이저 발진부와 수광부 사이의 거리는 정해져 있으며, 레이저의 발진 각도도 정해져 있다.
또한 수광부의 측정 셀의 위치를 통해서 측정 대상물로부터 반사되어 오는 레이저의 각도 또한 알 수 있다. 이를 통해서 레이저 발진부, 수광부, 측정 대상물로 이루어진 삼각형에서 1변과 2개의 각으로부터 나머지 변의 길이를 구할 수 있다.
라인 타입의 레이저이기 때문에 한 번에 측정할 수 있는 점의 개수가 TOF보다는 많으나, 전 면적을 스캔하기 위해서는 턴 테이블(turntable)과 같이 피측정물을 올려놓고 회전을 시키면서 전면을 측정하게 된다.

정답 26. ③ 27. ② 28. ①

29 3D 프린터 방식 중 액상 소재를 사용하는 SLA 방식의 특징이 아닌 것은?

① 나일론 계열의 폴리아미드가 주로 사용된다.
② 빛을 이용하기 때문에 정밀도가 높다.
③ 폐기 시 별도의 절차가 필요하다.
④ 강도가 낮은 편이라 시제품을 생산하는 데 주로 사용된다.

해설 수조 광경화 기술인 SLA와 DLP 방식은 광경화성 수지를 재료로 사용하며, 이 재료의 특성은 특정 파장의 빛을 받으면 액체에서 고체로 상변화가 이루어진다는 것이다. 출력 후 UV 경화기에서 일정시간 경화 후 사용하는데 상당히 단단하다.
DLP와 SLA 방식의 출력물은 지지대를 이용해서 천장이나 바닥의 플랫폼에 부착하여 제품을 출력한다. 제작 방식의 특성상 지지대를 별도의 재료로 만들 수 없기 때문에 출력물과 동일한 재료가 사용된다. 지지대의 제거는 손 또는 공구를 이용하여 잘라 주어야 한다. DLP 방식의 3D 프린터는 광경화성 수지에 DLP를 이용하여 형상을 결정한 적절한 파장의 빛을 쪼여 경화하는 방식이다. 층 단위로 빛을 쏘아 조형작업이 이뤄지기 때문에 상대적으로 SLA 방식보다 출력 속도가 빠르다.

30 다음 중 PLA 소재의 노즐 온도로 가장 적합한 것은?

① 240~260℃   ② 180~230℃
③ 250~300℃   ④ 175~250℃

해설 ■ 소재에 따른 노즐 온도

소재의 종류	압출 노즐 온도
PLA	180~230℃
ABS	220~250℃
Nylon	240~260℃
PC (PolyCarbonate)	250~305℃
PVA (Polyvinyl Alcohol)	220~230℃
HIPS (High-Impact Polystyrene)	215~250℃
WOOD	175~250℃
TPU (Thermoplastic polyurethane)	210~230℃

31 다음 중 소결에 대한 설명으로 틀린 것은?

① 압축된 금속 분말에 열에너지를 가해 입자들의 표면을 녹인다.
② 금속 입자를 접합시켜 금속 구조물의 강도와 경도를 높이는 공정이다.
③ 압력이 가해지면 분말 사이의 간격이 좁아져 밀도가 높아진다.
④ 금속 용융점보다 높은 열을 가하면 금속 입자들의 표면이 달라붙어 소결이 이루어진다.

해설 소결(Sintering)은 성형 또는 충전된 분말을 융점(Melting point) 이하의 온도로 가열해 확산(Diffusion)이나 원자단위의 현상을 매개로 분말 입자 상호 간의 결합에 의해 강도·경도 등 원하는 물성을 나타내도록 하는 기술을 말한다. 압축된 금속 분말에 적절한 열에너지를 가해 입자들의 표면을 녹이고, 녹은 표면을 가진 금속 입자들을 서로 접합시켜 금속 구조물의 강도와 경도를 높이는 SLS 방식에서 사용하는 공정이 소결이다.

32 위치 결정 방식에서 헤드 또는 플랫폼의 현재 위치를 기준점으로 하여 임의로 지정한 값만큼 이송하는 방식은?

① 증분 좌표 방식
② 절대 좌표 방식
③ 기계 좌표 방식
④ 로컬 좌표 방식

해설 절대 좌표 방식 : 움직이고자 하는 좌표를 지정해 주면 현재 설정된 좌표계의 원점을 기준으로 해서 지정된 좌표로 헤드 혹은 플랫폼이 이송된다.

■ 절대 좌표 방식과 증분 좌표 방식의 차이

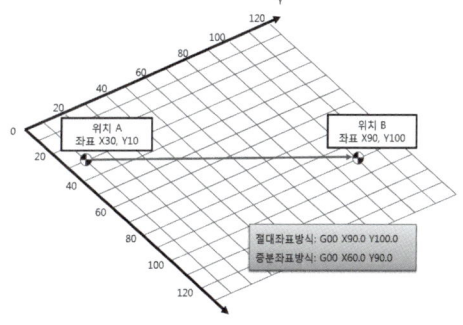

정답 29. ④ 30. ② 31. ③ 32. ①

33 다음 중 G코드 명령어 설명으로 바르지 않은 것은?

① G1 : 현재 위치에서 지정된 위치까지 헤드나 플랫폼을 직선으로 이송한다.
② G28 : 3D 프린터의 각 축을 원점으로 이송시킨다.
③ G90 : 지정된 값이 현재 값이 되며 3D 프린터가 동작하지 않는다.
④ G91 : 지정된 이후의 모든 좌표값은 현재 위치에 대한 상대 좌표 값으로 설정된다.

해설 G90 : 절대 좌표 설정

34 3D 프린터 기능에서 리트랙션(RETRACTION)에 대한 설명으로 옳은 것은?

① 스테핑모터의 축이 제대로 회전하지 않을 때 작동한다.
② 노즐과 플랫폼 사이의 간격을 조정한다.
③ 기어 이빨이 필라멘트 재료를 뒤로 빼주는 동작이다.
④ 출력 속도가 너무 빠를 때 동작한다.

해설 ■ 리트랙션(Retraction, 역회전)
슬라이싱 프로그램에서 설정할 수 있으며, 출력물에 스트링(String, 일명 거미줄)이 발생하는 경우가 있는데 필라멘트를 핫엔드(Hotend)로 밀어주는 익스트루더의 회전 방향을 순간적으로 역회전시켜 필라멘트의 압출을 일시적으로 멈추게 하는 것으로 주요 설정 항목은 리트랙션 거리(프린트 헤드 이동시 필라멘트를 몇 mm 뒤로 당길지 설정하는 항목)와 리트랙션 속도(어느 정도의 빠르기로 당길지 설정하는 항목)가 있다.

35 헤드나 플랫폼을 목적지로 빠르게 이송시키기 위해서 사용하는 G코드는?

① G1　　② G0
③ G20　　④ G21

해설 G0 : 급속 이송(빠른 이송), 프린터 헤드나 베드(플랫폼)를 목적지로 빠르게 이송
G20 : 단위 변환, 인치(inch)
G21 : 단위 변환, 밀리미터(mm)
G1 : 직선보간, 현재 위치에서 지정된 위치까지 프린터 헤드나 베드를 직선 이송

36 FDM 프린팅 방식의 장점 및 단점으로 맞는 것은?

① 작은 제품부터 큰 제품까지 제작할 수 있지만 정밀도가 떨어진다.
② 작은 제품부터 큰 제품까지 제작할 수 있고 표면처리가 뛰어나다.
③ 조형 속도가 빠르고 정밀도가 높아 미세한 형상 구현이 가능하다.
④ 조형 속도가 빠르고 작은 제품부터 큰 제품까지 제작할 수 있다.

해설 FDM(Fused Deposition Modeling) 기술 방식은 재료압출 방식(Meterial Extrusion)으로 '고온 가열한 소재를 노즐을 통해 연속적으로 압출시켜 가며 형상을 조형하는 기술'로 광중합방식인 SLA나 DLP 방식 등에 비해 출력물의 치수정밀도가 떨어지는 편이다.

37 3D 프린터 슬라이싱 프로그램 방식에서 불러올 수 있는 파일 형식으로 맞는 것은?

① STL, OBJ
② STL, EMF
③ STL, IGES
④ STL, STEP

해설 ■ STL(Standard Tessellation Language)
STL은 3D System사에서 개발한 파일 형식으로 STereoLithography 소프트웨어용 기본 확장자로 3D 프린팅 시스템의 파일 포맷으로 표준 데이터 전송 형식이 되어 널리 사용되고 있다. STL은 입체 물체의 표면 즉, 3차원 형상을 무수히 많은 삼각형 면으로 구성하여 표현해 주는 일종의 폴리곤 포맷이기 때문에 삼각형의 크기가 작을수록 고품질의 출력물 표면을 얻을 수가 있다.

■ OBJ(Wavefront file format specification)
Wavefront의 Visualizer 고유 파일 포맷으로 DXF나 IGES처럼 ASCII 형식(확장자 .obj)으로 저장할 수도 있고 Binary 형식(확장자 .mod)으로 저장할 수도 있다. OBJ 파일에는 사용된 재료와 색상을 나타내는 MTL(Material Library)파일이 수반될 수 있으며, 3차원 객체로 색상이나 재질에 대한 정보가 필요한 경우 STL 파일 대신에 여러 3D CAD 소프트웨어에서 교환 형식으로 사용된다.

정답 33. ③　34. ③　35. ②　36. ①　37. ①

38 다음 중 지지대의 형상과 명칭이 서로 다른 것은?

① Overhang  ② Ceiling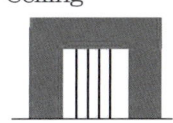

③ Base 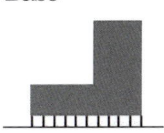 ④ Unstable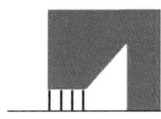

> **해설** ■ 지지대 구조물(support structures)의 종류 및 명칭
>
>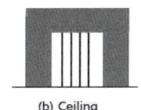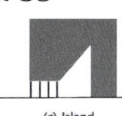
> (a) Overhang   (b) Ceiling   (c) Island
>
>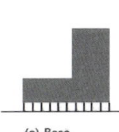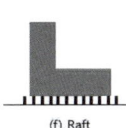
> (d) Unstable   (e) Base   (f) Raft

39 3D 프린터로 제품을 제작할 때 프린팅 방식에 따라 형상 설계 오류를 고려해야 하는데 다음 중 고려 사항과 거리가 먼 것은?

① FDM 방식 3D 프린터는 최대 정밀도가 0.05mm 정도로 정밀도가 좋지 않다.
② SLA, DLP 방식은 광경화 조형 방식으로 제품을 아주 디테일하게 만들 수 있다.
③ FDM 방식으로 설계 시 정밀도보다 작은 치수 표현은 불가능하다.
④ 광경화성 수지의 성질을 이해하지 못하여도 형상 설계 후 출력하면 제품의 뒤틀림이 발생하지 않는다.

> **해설** 광경화성 수지 출력물은 보통 자외선에 의해 후경화를 실시하는데 자외선에 의해서 굳어진 광경화성 수지 내부에는 미세하게 경화되지 않은 광경화성 수지가 존재한다. 그리고 경화되지 않은 상태의 광경화성 수지는 서서히 경화되면서 출력물의 변형을 일으키는 원인이 된다.

40 다음 중 슬라이싱 프로그램이 아닌 것은?

① 큐라(CURA)
② FUSION 360
③ 메이커 봇 데스크톱
④ SIMPLIFY 3D

41 다음 중 빈칸에 들어가야 하는 용어가 순서대로 바르게 연결된 것은?

> 좌표 지령의 방법은 절대(absolute)지령과 증분(incremental)지령으로 구분된다. 두 지령은 모두 모달 그룹3에 해당되며, 절대 지령은 (   )을 사용하고 증분 지령은 (   )을 사용한다.

① G91, G90 ② G00, G10
③ G90, G91 ④ G10, G00

> **해설** 절대 지령(G90)은 좌표를 지정된 원점으로부터의 거리로 나타내는 방식이다. 좌표 값으로 부터 현재 가공할 위치가 어디인지 직관적으로 알 수 있어 사람이 코드를 읽기 쉬운 장점이 있다. 반면, 증분지령(G91)은 현재 헤드가 있는 위치를 기준으로 해당 축 방향으로의 이동량으로 위치를 나타낸다.

42 STL 형식 파일을 G코드로 변환할 때 추가되는 내용이 아닌 것은?

① 적층 두께
② 내부 채움 비율
③ 필라멘트 색상
④ 플랫폼 적용 유무와 유형

> **해설** 출력용 재료인 필라멘트 색상이나 재질은 여러 종류가 있으며 사용자가 용도에 맞게 원하는 색상의 소재를 선택해서 미리 3D 프린터에 장착하고 사용하는 것이 일반적이다.

정답 38. ④ 39. ④ 40. ② 41. ③ 42. ③

43 3D 프린팅은 제작 방식에 따라 제작의 오차 및 오류가 존재하는데, 이러한 오류를 제거하기 위해 지지대(서포트)를 이용한다. 다음 중 지지대가 필요한 이유와 거리가 먼 것은?

① 지지대가 있으면 형상 제작에 들어가는 재료를 절약할 수 있다.
② 지지대를 이용하면 형상 제작의 오차를 줄일 수 있다.
③ 제품을 제작할 때 윗면이 크면 제품 형상의 뒤틀림이 존재하므로 지지대를 사용한다.
④ SLA 방식으로 제작할 때, 지지대 유무에 따라 형상의 오차 및 처짐 등이 발생할 수 있다.

해설 모델의 구조 상 반드시 지지대가 필요한 경우 이외에는 가급적 지지대 설정 없이도 원활한 출력이 가능하도록 디자인을 하는 것이 좋다. 지지대까지 출력을 해야 하므로 그만큼 소재 사용량도 늘고 출력 시간도 증가하게 된다.

44 다음에서 설명하는 3D 프린터 소재는?

- 금속과 비금속의 원소의 조합으로 이루어져 있다.
- 알루미나(Al_2O_3), 실리카(SiO_2) 등이 대표적이다.
- 플라스틱에 비해 강도가 높으며, 내열성이나 내화성이 탁월하다.
- 보통 산소와 금속이 결합된 산화물, 질소와 금속이 결합된 질화물, 탄화물 등이 있다.

① 금속 분말 소재   ② 세라믹 분말 소재
③ 나일론 분말 소재   ④ TPU 분말 소재

해설 분말적층 용융결합 방식(Powder Bed Fusion) 방식 중 DMLS(직접 금속 레이저 소결)의 경우 금속 분말을 주로 사용하고 레이저 및 전자빔 등의 고에너지원을 사용한다.

45 슬라이서 프로그램에서 베드 고정 타입 옵션과 거리가 먼 것은?

① None   ② Brim
③ Fill Density   ④ Raft

해설 Fill Density는 출력물의 내부 채움 밀도를 백분율로 지정하는 옵션으로 설정값이 높을수록 모델의 내부를 재료로 가득 채우게 된다. 내부 채움 정도에 따라 필라멘트 소모량도 많아지고 출력 시간 또한 길어지므로 용도에 따라 적정값(보통 15~30% 정도)으로 설정하는 것이 좋다.

46 입체 모델링 파일을 단면 별로 나누어 레이어 및 출력 환경을 설정하고 3D 프린터에서 동작할 수 있게 G코드를 생성하는 프로그램을 무엇이라 하는가?

① 형상 분석 프로그램
② 슬라이서 프로그램
③ 모델링 프로그램
④ 조립 분석 프로그램

해설 3D 프린팅은 CAD 프로그램으로 모델링한 3차원적 형상물을 2차원적 단면으로 분해한 후 적층하여 다시 3차원적 형상물을 얻는 방식을 말한다. 3D 프린터에서 출력하려면 전용 소프트웨어가 필요한데 일반적으로 슬라이서(Slicer) 또는 슬라이싱 프로그램, G코드 변환기, G코드 생성기 등으로 부른다.

47 다음 중 수조 광경화 3D 프린팅 공정별 출력 방향과 지지대에 대한 설명으로 거리가 먼 것은?

① 플랫폼의 이송 방향에 따라서 출력물이 성형되는 방향은 아래쪽이다.
② 지지대는 출력물과 동일한 재료이며, 제거가 용이하도록 가늘게 만들어진다.
③ 빛이 주사되는 방향으로 플랫폼이 이송되며 층이 성형된다.
④ 액체 상태의 광경화성 수지(photopolymer)에 빛을 주사하여 선택적으로 경화시킨다.

해설 ■ 수조 광경화(Vat Photopolymerization)방식에서 출력물이 성형되는 방향

빛은 위 또는 아래에서 주사될 수 있으며, 빛이 주사되는 방향으로 플랫폼이 이송되며 층이 성형된다. 플랫폼의 이송 방향에 따라서 출력물이 성형되는 방향은 위쪽 또는 아래쪽이 된다.

정답 43. ①   44. ②   45. ③   46. ②   47. ①

48. M코드 중에서 3D 프린터의 압출기 온도를 설정하는 것은?

① M102 ② M103
③ M104 ④ M109

해설
M102 : 압출기 전원 ON(역방향)
M103 : 압출기 전원 OFF, 후진
M109 : 압출기 온도 설정 후 대기(설정 온도에 도달할 때까지 대기)

49. FDM 방식에서 재료를 노즐로 이송하는 역할을 하는 장치는?

① 서보 모터 ② 기어드 모터
③ 스테핑 모터 ④ 유압 모터

해설 스테핑 모터는 시계의 초침처럼 일정 각도씩 스텝처럼 회전하는 모터이다. 오픈소스인 FFF 방식 3D 프린터의 X, Y, Z축의 제어와 압출기에 소재를 일정하게 공급해주는 역할을 하는 모터는 가격이 저렴하고 구하기 쉬운 소형 스테핑(스텝) 모터를 주로 사용한다.

50. SLS 방식에서 제품에 분말을 추가하거나 분말이 담긴 표면을 매끄럽게 해주는 장치는?

① 레벨링(회전)롤러
② 레이저 광원
③ 플랫폼
④ X, Y 구동축

해설 ■ SLS(선택적 레이저 소결)기술 방식의 개념도

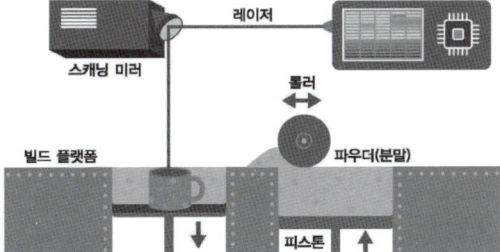

51. 3D 프린터에서 필요에 의해 공작물 좌표계 내부에 또다른 국부적인 좌표계가 필요할 때 사용하는 좌표계는?

① 직교 좌표계 ② 로컬 좌표계
③ 기계 좌표계 ④ 증분 좌표계

해설 G코드를 이용해서 3D 프린터를 구동하는데 사용되는 좌표계는 기계 좌표계(Machine Coordinate System), 공작물 좌표계(Work Coordinate System), 로컬 좌표계(Local Coordinate System)가 있다.

기계좌표계 : 기준점을 좌표축의 원점으로 사용하는 좌표계
공작물 좌표계 : 3D 프린터의 제품이 만들어지는 공간 안에 임의의 점을 새로운 원점으로 설정하는 것

52. 제품 출력 시 진동, 충격에 의한 출력품의 붕괴나 이동을 방지하기 위한 지지대는 무엇인가?

① Ceiling ② Island
③ Raft ④ Base

해설
㉠ Ceiling : 양단이 지지되는 경우도 이를 받치는 기둥의 간격이 크면 가운데 부분에서 처짐이 과도하게 발생하게 된다.

㉡ Island : 이전에 단면과는 연결되지 않는 단면이 새로이 등장하는 경우로, 지지대가 받쳐주지 않으면 허공에 떠 있는 상태가 되어 제대로 성형되지 않는다.

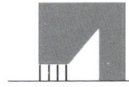

㉢ Raft : 성형 플랫폼에 처음으로 만들어지는 구조물로서 성형중에는 플랫폼에 대한 강한 접착력을 제공하고, 성형 후에는 부품의 손상 없이 플랫폼에 분리하기 위한 지지대의 일종이다.

㉣ Base : 기초 지지대로 성형 중 진동이나 충격이 가해졌을 경우 성형품의 이동이나 붕괴를 방지하기 위한 지지대이다.

정답 48. ③ 49. ③ 50. ① 51. ② 52. ④

53 3D 프린터로 모델을 출력하는 경우 실패하지 않도록 하기 위해 고려해야 할 사항으로 가장 거리가 먼 것은?

① 출력물이 완성되는 시간
② 지지대 생성 유무
③ 소재에 따른 노즐 온도 파악
④ 출력 시 적층 높이

해설 출력 실패를 줄이기 위해 고려해야 할 사항에는 여러 가지가 있을 수 있다.
㉠ 모델 파일 자체의 오류 확인
㉡ 모델의 형상이나 자세에 따른 지지대 사용 설정
㉢ 출력 중 모델이 쓰러지는 것을 방지하기 위한 Raft나 Brim의 사용 설정
㉣ 압출기 노즐의 막힘 여부를 확인할 수 있는 Skirt 사용 설정
㉤ 필라멘트 공급이 제대로 이루어지는지 확인
㉥ PLA나 ABS 등 사용 소재에 따른 적절한 압출기 노즐 온도 설정
㉦ 출력물이 안착되는 베드의 손상이나 이물질 여부 등

54 비접촉 3차원 스캐닝 방식 중 측정 거리가 먼 방식부터 바르게 나열한 것은?

① TOF 방식 레이저 스캐너 → 변조광 방식의 스캐너 → 레이저기반 삼각 측량 스캐너
② 변조광 방식의 스캐너 → TOF 방식 레이저 스캐너 → 레이저기반 삼각 측량 스캐너
③ TOF 방식 레이저 스캐너 → 레이저기반 삼각 측량 스캐너 → 변조광 방식의 스캐너
④ 변조광 방식의 스캐너 → 레이저기반 삼각 측량 스캐너 → TOF 방식 레이저 스캐너

해설 TOF(Time-Of-Flight) 방식 레이저 스캐너의 장점으로 먼 거리의 대형 구조물(교량, 건축물, 선박 등)을 측정하는 데 용이하다는 것이다. 하지만, 측정 정밀도가 비교적 낮아 소형이면서 정밀한 측정이 필요한 경우에는 적합하지 않다.

55 작업 현장에서 사람이 전기에 감전되어 쓰러졌을 때 해서는 안되는 행동은?

① 재해자 주변의 위험물을 제거한다.
② 감전 환자의 몸에 접촉되어 있는 전선은 절연체로 자신을 보호한 후 제거한다.
③ 재해자의 의식을 확인한다.
④ 재해자의 신체를 흔들어 깨운다.

해설 ■ 감전사고 발생 시 응급처치 방법
사고 현장을 조심스럽게 살피고 119에 최대한 신속하게 신고한다.
㉠ 회로차단기로 전원을 내려서 즉시 전원을 차단하기
㉡ 전류가 통하지 않는 장갑, 장화 등을 착용 후 감전된 사람 구출하기
㉢ 구출 후 환자를 편한 자세로 눕히고 의식이 있는지 확인하기
㉣ 의식이 없는 경우 즉시 심폐소생술을 실시하기

56 작업 안전수칙 중 작동 종료 후에 발생할 수 있는 상황이 아닌 것은?

① 용제 등은 중추신경계에 영향을 줄 수 있다.
② 플라스틱으로 만들어진 조형물은 연삭작업 이전에 완전히 경화된 상태여야 한다.
③ 조형물의 표면을 처리하는 작업을 수행한다면 다양한 화학물질에 노출될 수 있다.
④ 나노 물질에 노출되거나 호흡하면 폐 등에 염증성 반응을 유발할 수 있다.

57 다음 중 3D 프린팅 작업장에서 사용하는 안전 보호구로 가장 거리가 먼 것은?

① 차광 보안경
② 방음 보호구
③ 호흡 보호구
④ 작업용 면장갑

해설 방음보호구란 작업 시 발생되는 각종 소음으로부터 작업자의 청력을 보호하기 위해 착용하는 보호구이다.
산업용 3D 프린터나 여러 대의 장비를 갖춘 사업장의 경우 소음이 발생하여 방음 보호구를 착용해야 하는 경우도 있다.

정답 53. ① 54. ③ 55. ④ 56. ② 57. ②

58 다음 중 최적의 스캐닝 방식에 대한 설명으로 옳지 않은 것은?

① 표면 코팅이 불가한 경우에는 비접촉식 측정 방법을 사용한다.
② 측정 대상물이 쉽게 변형되는 경우에는 비접촉식 측정 방법을 사용한다.
③ 원거리에 있는 대상물을 측정할 경우에는 TOF 방식을 사용하는 것이 유리하다.
④ 큰 측정 대상물의 일부를 스캔하는 경우에는 이동식 스캐너를 사용하는 것이 좋으나 정밀도가 떨어질 수 있다.

> **해설** 측정 대상물이 투명하거나 유리와 같은 소재이며, 그 표면에 코팅을 수행할 수 없을 경우에는 접촉식을 선택하는 것이 유리하다.

59 다음 중 KS규격에 의한 안전색과 사용 용도를 잘못 연결한 것은?

① 녹색 → 구호, 구급, 피난
② 청색 → 진행, 안전
③ 적색 → 방화 금지, 위험, 정지
④ 노랑 → 주의, 조심

> **해설** 청색 : 의무적 행동 지시

60 접촉식 스캔의 대표적인 방법으로 탐촉자로 불리는 터치 프로브(touch probe)가 직접 측정 대상물과의 접촉을 통해 좌표를 정확하게 읽어내는 방식은?

① TOF 방식
② WCL 방식
③ CMM 방식
④ MCT 방식

> **해설** CMM(Coordinate Measuring Machine) 3차원 측정기는 피측정물과의 접촉을 감지하는 터치 프로브(Prove)가 장착되어 있어 피측정물의 치수와 기하학적 양을 감지 신호로 받은 시점에서 접촉점의 3차원 공간 좌표값(X, Y, Z)으로 변환하는 작업을 기본

기능으로 하는 측정기로 정의하며, 이는 측정물의 치수, 위치, 기하편차, 윤곽형상 등의 측정이 현재의 어느 측정기보다도 신속하고 정확하게 측정이 되는 만능형 측정기이다. 복잡한 형상이나 정밀한 측정이 가능하지만 측정 대상물의 크기에 제한이 따른다는 단점이 있다.

■ CMM

■ CMM 탐촉자(터치 프로브)

정답 58. ① 59. ② 60. ③

05 2021년 CBT 기출문제(A) 복원

01 3D 스캐닝 기술의 활용 분야로 가장 거리가 먼 것은?

① 역설계 ② 문화재 복원
③ 의료 분야 ④ 도금

해설 3D 스캐닝 기술은 설계데이터와 스캔 데이터를 겹쳐서 비교해 보는 검사분야에서 문제점 확인 등의 용도로 많이 사용하며, 스캔을 완료한 데이터를 가지고 역설계 소프트웨어를 이용하여 점데이터를 면데이터로 만든다. 3차원 스캐너로부터 얻어진 형상 정보는 다양한 산업 군에 필요한 역설계(Reverse Engineering)나 품질 관리(Quality inspection)분야에 적극적으로 활용되고 있으며, 3D 영상 컨텐츠 제작, 자동차, 플랜트 산업, 문화재 복원, 의료(치과, 보철, 의족 등) 분야 등에서 폭넓게 활용되고 있다.

02 슬라이서 프로그램이 인식할 수 있는 파일 종류로 바르게 묶은 것은?

① STL, OBJ, AMF
② DWG, STL, AMF
③ STL, OBJ, IGES
④ DWG, IGES, STL

해설 STL(STereoLithography)파일 형식이 3D 프린터 출력용 파일로 대표적이지만 이외에도 AMF(Additive Manufacturing File), OBJ, PLY(Polygon File Format), VRML, 3MF(3D Manufacturing Format) 등의 파일 형식이 있다.

DWG : AutoCAD에서 2D 도면 기반 파일 형식

IGES : 최초의 표준 포맷이며, 형상 데이터를 나타내는 엔터티(entity)로 이루어져 있다. IGES 파일은 점뿐만 아니라 선, 원, 자유 곡선, 자유 곡면, 트림 곡면, 색상, 글자 등 CAD/CAM 소프트웨어에서 3차원 모델의 거의 모든 정보를 포함할 수 있다.

03 3D 프린터와 같이 전기를 이용하는 장비를 사용 시 안전관리 사항으로 적절하지 못한 것은?

① 장비의 결함 여부를 수시로 체크한다.
② 사전 점검을 실시한다.
③ 스위치 부근에 인화성, 가연성 물질인 에탄올, 아세톤 등의 취급을 금지한다.
④ 접지형 플러그와 콘센트를 사용하고 콘센트는 바닥에 방치하는 것을 지향한다.

해설 3D 프린터의 전기코드를 뽑을 때는 반드시 전선이 아닌 플러그를 잡고 뽑아야 하며 콘센트는 물이 닿지 않도록 안전한 위치에 설치하고 콘센트 주변에서 음료수를 먹지 말아야 한다.

04 노즐(nozzle)이 토출없이 가로 30mm, 세로 25mm로 이동할 때의 G 코드로 옳은 것은?

① G0 A30, B25
② G0 X30, Y25
③ G1 A30, B25
④ G1 X30, Y25

해설 G0 : 프린터 헤드(압출기 노즐)나 베드(플랫폼)을 목적지로 빠르게 이송
G1 : 현재 위치에서 지정된 위치까지 프린트 헤드나 베드를 직선 이송, 이 때 이송 속도나 압출되는 필라멘트 길이 지정 가능 (G1 X30 Y25 E12.5)

05 기하공차의 종류에서 자세공차가 아닌 것은?

① 경사도 ② 대칭도
③ 평행도 ④ 직각도

해설 기하공차에서 자세공차는 평행도, 직각도, 경사도이며 대칭도, 동심도, 위치도는 위치공차에 해당한다.

정답 1. ④ 2. ① 3. ④ 4. ② 5. ②

06 AMF 포맷에 대한 설명으로 옳지 않은 것은?

① 같은 모델일 때 STL에 비해 용량이 매우 크다.
② STL 포맷의 단점을 보완하여 STL에 비해 곡면을 잘 표현한다.
③ 메시마다 각각의 색상 지정이 가능하다.
④ Additive Manufacturing File의 약자이다.

해설 AMF(Additive Manufacturing File) 포맷은 XML에 기반해 STL의 단점을 다소 보완한 파일 포맷이다. STL 포맷은 표면 메시에 대한 정보만을 포함하지만, AMF 포맷은 색상, 질감과 표면 윤곽이 반영된 면을 포함해 STL 포맷에 비해 곡면을 잘 표현할 수 있다. 색상 단계를 포함하여 각 재료 체적의 색과 메시의 각 삼각형의 색상을 지정할 수 있다. 3D CAD 모델링을 할 때 모델의 단위를 계산 할 필요가 없고 같은 모델을 STL과 AMF로 변환했을 때 AMF의 용량이 매우 작다.

07 출력용 STL 파일의 오류 종류가 아닌 것은?

① 메시가 붙어 있는 경우
② 반전 면
③ 오픈 메시
④ 비(非)매니폴드 형상

해설 STL 파일은 3D 프린팅 출력용으로 가장 보편적인 파일 포맷으로 일반적인 CAD 파일 형식과 달리 STL은 모델의 표면 형상에 대한 정보만 갖고 있고 질감이나 색상과 같은 정보는 포함하고 있지 않다.
표면은 삼각형 메쉬 형태로 구성되어 있고 구체적으로 삼각형 면의 방향(Normal Vector)과 세 꼭지점의 X, Y, Z 위치 좌표로 되어 있다. STL 포맷에는 두가지 종류가 있는데 ASCII와 Binary이며, 보통 Binary가 많이 쓰이는데 그 이유는 ASCII에 비해 용량이 작고 처리속도가 빠르기 때문이다.

■ 출력용 파일의 오류 종류
㉠ 오픈 메쉬
㉡ 비(非)매니폴드 형상
㉢ 메쉬가 떨어져 있는 경우
㉣ 반전 면

08 공작물 좌표계 설정을 나타내는 G코드는?

① G28
② G90
③ G91
④ G92

해설 ㉠ G28 : 3D 프린터의 각 축을 원점으로 이송
㉡ G90 : 절대좌표 설정
㉢ G91 : 상대 좌표 설정
㉣ G92 : 좌표계 설정
G92 Y15 E120(3D 프린터의 현재 Y값을 Y = 15mm로 압출 필라멘트의 현재 길이를 120mm로 설정한다.)

09 CAD 프로그램의 어떤 기능을 이용하여 아래 그림과 같이 변경 전의 도형을 변경 후의 모양으로 바꿀 수 있는가?

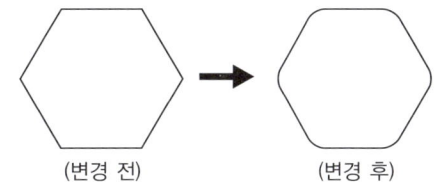

(변경 전)   (변경 후)

① Trim
② Offset
③ Chamfer
④ Fillet

해설 Trim : 자르기(교차된 선의 일부를 잘라내는 기능)
Offset : 간격 띄우기(선이나 원 등의 객체를 일정 간격으로 복사하며 띄우는 기능)
Chamfer : 모따기(45°의 각도로 모서리를 깎아낸다.)

10 분말방식 3D 프린터 출력물 회수 순서는?

ㄱ. 보호장구 착용
ㄴ. 플랫폼에서 출력물 회수
ㄷ. 3D 프린터의 작동이 멈춘 것을 확인
ㄹ. 출력물 및 플랫폼에 남아있는 분말가루 제거

① ㄱ → ㄷ → ㄹ → ㄴ
② ㄱ → ㄴ → ㄷ → ㄹ
③ ㄱ → ㄷ → ㄴ → ㄹ
④ ㄷ → ㄱ → ㄹ → ㄴ

해설 보호장구 착용 → 3D 프린터 작동 중지 → 3D 프린터 문 열기 → 플랫폼에서 출력물 분리 → 플랫폼에 남아 있는 분말가루 제거 → 출력물에 묻어 있는 분말 가루 제거

정답 6. ① 7. ① 8. ④ 9. ④ 10. ③

11 3D 모델링에서 구멍 기능의 설명으로 옳은 것은?

① 형상을 관통하는 경우만 사용
② 평면에만 사용 가능
③ 두께가 10mm 이상인 형상에만 사용
④ 2D 스케치 작업없이 생성된 3차원 형상에 직접 수행가능하다.

12 FDM 방식 3D 프린터의 품질 개선 방법이 아닌 것은?

① 출력 전 노즐 막힘 방지를 위해 온도를 높여 노즐 내부에 굳어 있는 필라멘트를 제거 후 출력한다.
② 노즐 높이 조절을 위해 틈새 게이지를 사용하여 세팅한다.
③ 스테핑 모터 고정이 느슨해지는 것을 방지하기 위해 고정 나사로 조여진다.
④ 노즐 토출 구멍의 직경과 관계없이 레이어 두께를 가능한 얇게 설정한다.

13 FDM 방식 3D 프린터에서 압출기 전원 On 기능 M 코드는?

① M106   ② M101
③ M0   ④ M1

해설
㉠ M106 : 쿨링팬(냉각팬) 전원 켜기(ON)
㉡ M101 : 압출기 전원 켜기(ON)
㉢ M0 : 프로그램 정지(3D 프린터 동작 정지)
㉣ M1 : 휴면, 3D 프린터의 버퍼에 남아 있는 모든 움직임을 마치고 시스템 종료

14 FDM 방식 3D 프린터로 제품을 출력하는 경우 확인해야 할 사항으로 거리가 먼 것은?

① 출력 속도   ② 소재 종류
③ 설정 온도   ④ 레이저 광원

해설 레이저 광원은 분말적층 용융결합(Powder Bed Fusion) 방식인 SLS, DMLS 기술이나 광중합(Photo Polymerization) 방식인 SLA 기술 등에서 사용한다.

15 3D 프린터가 특정 시간 동안 아무 변화없이 대기할 경우 사용하는 G코드는?

① G00   ② G28
③ G04   ④ G92

해설
㉠ G00 : G0는 '급속 이송'으로 프린트 헤드나 플랫폼을 목적지로 빠르게 이송시키기 위해서 사용한다.
㉡ G28 : '원점 이송'으로 3D 프린터의 각 축을 원점으로 이송시킨다.
㉢ G04 : 멈춤(dwell) G4는 3D 프린터의 모든 동작을 Pnnn에 의해 지정된 시간만큼 멈춘다. 이 때 nnn은 밀리초(msec)이다.
㉣ G92 : 좌표계 설정, G92에 의해서 지정된 값이 현재값이 되며 3D 프린터는 동작하지 않는다.

16 3D 모델링 방법 중 축을 기준으로 2D 라인을 회전시켜 모델링하는 방식을 무엇이라 하는가?

① 회전   ② 스윕
③ 돌출   ④ 로프트

해설
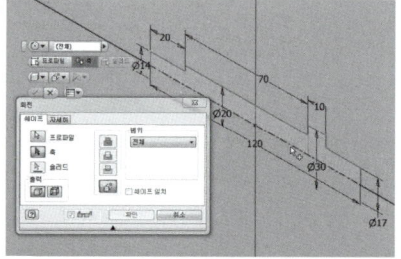
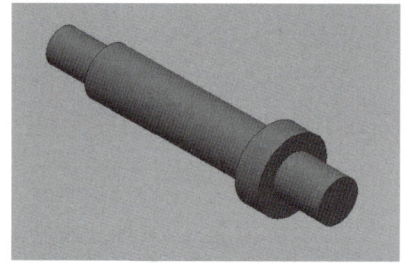

정답 11. ④ 12. ④ 13. ② 14. ④ 15. ③ 16. ①

17 3D 프린팅을 하기 위한 데이터로 대표적인 파일 형식은?

① DXF ② GIF
③ PDF ④ STL

해설 STL 파일은 CAD 프로그램에 의해 생성되며 3D 모델에 대한 정보를 저장하는 STL 파일 형식의 파일 확장자명으로 이 형식은 색상, 질감 또는 모델 특성을 제외한 3차원 객체의 표면 형상만을 나타내는 것으로 3D 프린팅에 가장 일반적으로 사용되는 파일 형식이다.

18 내경 30mm의 구멍과 결합하는 축을 3D 프린터를 이용하여 제작할 때 축지름 치수를 얼마로 설정해야 하는 것이 가장 좋은가? (단, 출력물의 공차는 +0.2mm이다.)

① 31.2mm
② 30.2mm
③ 30mm
④ 29.8mm

해설 출력물의 공차가 +0.2mm이므로 구멍의 허용치수는 30~30.2mm가 된다. 따라서 구멍의 최소 허용치수인 30mm 보다 축이 작아야 구멍에 조립이 되므로 보기에서 29.8mm가 가장 적절한 축지름의 치수이다.

19 증분 명령에 해당하는 것은?

① G0   ② G28
③ G90   ④ G91

해설
㉠ G0 : '급속 이송'으로 프린트 헤드나 플랫폼을 목적지로 빠르게 이송시키기 위해서 사용한다.
㉡ G28 : '원점 이송'으로 3D 프린터의 각 축을 원점으로 이송시킨다.
㉢ G90 : 절대(absolute)지령, 절대좌표 설정으로 모든 좌표값을 현재 좌표계의 원점에 대한 좌표값으로 설정한다. 절대지령은 좌표를 지정된 원점으로부터의 거리로 나타내는 방식
㉣ G91 : 증분(incremental)지령, 상대좌표 설정으로 G91이 지정된 이후의 모든 좌표값은 현재 위치에 대한 상대값으로 설정된다. 증분지령은 프린터 헤드가 있는 위치를 기준으로 해당 축 방향으로의 이동량으로 위치를 나타낸다.

20 도면 양식의 표제란에 척도가 [2:1]로 기입되어 있는데 다음 중 무슨 척도에 해당하는가?

① 축척
② 배척
③ NS
④ 실척

해설 ■ 척도의 종류

종류	설 명
현척 실척	척도의 비가 1:1인 척도 도형을 실물과 같은 크기(1:1)로 그리는 경우로 가장 보편적으로 사용된다.
축척	척도의 비가 1:1보다 작은 척도(1:2, 1:5 등)로, 비가 작으면 척도가 작다고 함. 도형을 실물보다 작게 그리는 경우로 치수 기입은 실물의 실제 치수를 기입한다.
배척	척도의 비가 1:1보다 큰 척도(2:1, 5:1 등)로 비가 크면 척도가 크다고 함. 도형을 실물보다 크게 그리는 경우(확대도, 상세도 등)로 실물의 실제 치수를 기입한다.
NS	Not to scale 비례척이 아닌 임의의 척도를 말한다.

21 2D 단면을 지정된 경로를 따라 입체화하여 3D 모델링하는 방식은?

① 스윕
② 로프트
③ 돌출
④ 회전

해설
㉠ 스윕(Sweep) : 경로 스케치와 별도로 단면 스케치를 각각 작성하여 형상을 완성하며 두 개 이상의 곡선에서 안내 곡선을 따라 이동 곡선이 생성되는 곡면이다.
㉡ 로프트(Loft) : 두 개 이상의 라인을 사용하여 3D 객체를 만드는 방식
㉢ 돌출(Extrude) : 2D 스케치를 작성한 후 돌출 기능을 이용하여 2D 단면에 돌출 높이값을 주면 입체화된 솔리드 도형이 생성된다.
㉣ 회전(Revolve) : 축을 기준으로 2D 라인을 회전하여 3D 객체를 만드는 방식

정답 17. ④ 18. ④ 19. ④ 20. ② 21. ①

22 G코드 명령어에서 이동거리를 밀리미터(㎜)로 변환하는 것은?

① G91
② G90
③ G20
④ G21

해설
㉠ G91 : 증분(incremental)지령, 상대좌표 설정으로 G91이 지정된 이후의 모든 좌표값은 현재 위치에 대한 상대값으로 설정된다. 증분지령은 프린터 헤드가 있는 위치를 기준으로 해당 축 방향으로의 이동량으로 위치를 나타낸다.
㉡ G90 : 절대(absolute)지령, 절대좌표 설정으로 모든 좌표값을 현재 좌표계의 원점에 대한 좌표값으로 설정한다. 절대지령은 좌표를 지정된 원점으로부터의 거리로 나타내는 방식
㉢ G20 : 단위를 인치(inch)로 변환
㉣ G21 : 단위를 mm로 변환

23 옥수수 전분을 이용하여 만든 재료는?

① PLA
② ABS
③ HIPS
④ PVA

해설 오픈소스 기술 기반의 FFF 방식 3D 프린터에서 가장 많이 사용하고 있는 PLA(PolyLactic Acid) 필라멘트는 옥수수, 사탕수수나 당분을 함유한 농작물에서 추출한 중합 젖산으로 제조하며 색상을 내는 색소 등을 제외하면 친환경 소재로 알려져 널리 사용하고 있는 소재이다.

24 다음 그림과 같이 검은 점의 중심을 기준으로 시계방향으로 회전하면서 정확한 간격으로 배열하는 CAD의 명령어는 무엇인가?

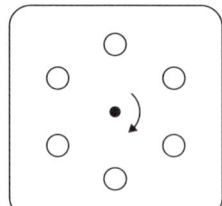

① Array
② Copy
③ Mirror
④ Move

해설 2D CAD에서 Array(배열)명령은 규칙적인 매트릭스(열과 행) 패턴으로 선택된 객체들의 다중 복사를 만들어주며 직사각형(Rectangle), 경로(Path), 원형(Circular)의 세가지 유형의 배열 기능이 있다.

25 FDM 방식 3D 프린터에서 레이어 출력 후 이동 시 필라멘트를 공급하는 익스트루더 스텝 모터의 역회전을 통해 필라멘트의 불필요한 토출을 방지하는 기능은?

① Attraction
② Retraction
③ Infill
④ Chamfer

해설 간혹 출력물에 마치 거미줄이 생긴 것과 비슷한 현상(Stringing and oozing)을 경험하게 되는데 이는 익스트루더가 새로운 출력을 위해 다음 위치로 이동하는 동안에 노즐에서 필라멘트가 새어 나가면서 발생하는 현상으로 리트랙션(Retraction) 설정과 익스트루더 온도 설정 등을 통해 거미줄 현상을 방지할 수 있다.
리트랙션 거리, 리트랙션 속도, 익스트루더 온도, 출력 속도 등이 주요 원인이다.

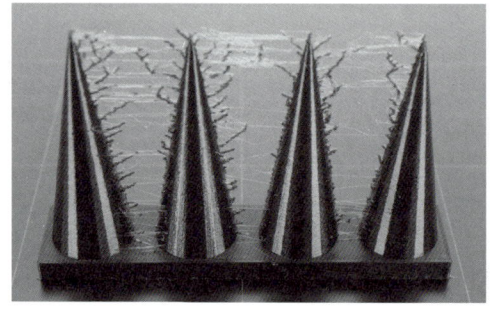

26 3D 모델링에서 작업 내용을 순서 또는 항목별로 정렬하여 나타낼 수 있는 것은?

① 모델링
② 이력
③ 메뉴
④ 선택

해설 3D CAD 프로그램은 설계 작업 순서를 순차적으로 기록하고 저장하여 보여주는 모델링 이력 즉, 히스토리(History)를 갖고 있어 작업 순서에 대한 이력이 남기 때문에 설계 의도를 이해하고 수정이 용이하다는 이점이 있다.

정답 22. ④ 23. ① 24. ① 25. ② 26. ②

27 출력물의 성형 시 처음부터 재료가 압출되지 않는 원인으로 옳지 않은 것은 무엇인가?

① 노즐이 막혔을 경우
② 필라멘트 재료가 얇아졌을 경우
③ 노즐의 온도가 너무 낮은 경우
④ 노즐과 플랫폼 사이의 거리가 너무 멀 경우

해설 ■ 처음부터 재료가 압출되지 않는 출력 오류의 원인
㉠ 압출기 내부에 재료가 채워져 있지 않을 때
㉡ 압출기 노즐과 플랫폼 사이의 거리가 너무 가까울 때
㉢ 필라멘트 재료가 얇아졌을 때
㉣ 압출 노즐이 막혀 있을 때

28 STL 포맷의 정사면체 꼭짓점을 구하는 공식은?

① (총 삼각형의 수 / 2) − 2
② (총 삼각형의 수 / 2) + 2
③ (총 삼각형의 수 − 2) / 2
④ (총 삼각형의 수 + 2) / 2

해설 ■ STL 포맷의 꼭짓점 수와 모서리 수를 구하는 방법

꼭짓점 수=(총 삼각형의 수/2)+2
=(4/2)+2=4
모서리 수=(꼭짓점 수×3)−6
=(4×3)−6=6

29 연속 유효 G 코드가 아닌 것은?

① G01   ② G02
③ G03   ④ G04

해설 G04는 3D 프린터가 특정 시간 동안 아무런 변화 없이 대기해야 하는 경우 사용하는 대기(Dwell)지령이다.

30 비(非)매니폴드에 대한 설명으로 옳은 것은?

① 실제 존재할 수 없는 구조이다.
② 하나의 모서리를 2개의 면이 공유한다.
③ 오픈 메시가 없는 클로즈 메시로 구성되어 있다.
④ 불 작업, 유체 분석 등을 했을 때 오류가 생기지 않는다.

해설 비(非)매니폴드 형상은 실제 존재할 수 없는 구조로 3D 프린팅, 부울 작업, 유체 분석 등의 오류가 발생할 수 있다. 올바른 구조인 매니폴드 형상은 하나의 모서리를 2개의 면이 공유하고 있지만, 올바르지 못한 비매니폴드 형상은 하나의 모서리를 3개 이상의 면이 공유하고 있는 경우와 모서리를 공유하고 있지 않은 서로 다른 면에 의해 공유되는 정점을 나타낸다.

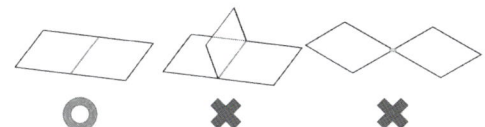

매니폴드 형상과 비매니폴드 형상

31 노즐 내부가 막혀 원활한 출력이 되지 않을 때 해결 방안으로 옳지 않은 것은?

① 노즐의 온도를 올려 청소 바늘로 구멍을 찔러 뚫는다.
② 노즐을 새로운 노즐로 교체한다.
③ 노즐의 온도를 사용 온도보다 높게 하여 막힌 물질을 녹인다.
④ 노즐을 분해하여 토치를 노즐을 가열하여 물에 담가둔다.

해설 FDM 방식은 스테핑 모터를 이용하여 필라멘트를 노즐 내부로 밀어 넣으면서 고온의 열을 이용하여 녹여 압출하는 방식이다. 따라서 노즐 안에는 출력작업 후 필라멘트 재료가 굳은 채로 있는 경우가 많다. 그러므로 보통 제품 출력 전에 노즐 온도를 올려 안에 있는 필라멘트 찌꺼기를 강제로 빼내고 나서(스커트 기능 이용) 출력을 하거나 새로운 필라멘트 교체를 진행한다. 노즐을 분해하여 내부를 청소하는 것은 번거롭고 쉬운 작업이 아니기 때문에 주기적으로 노즐의 막힘 여부를 점검해 주는 것이 좋다. 노즐 외부에 고착되어 있는 찌꺼기들은 노즐 온도를 올려 핀셋 등으로 안전하게 제거하고 닦아 주면 노즐을 청결한 상태로 오래 사용할 수 있다. 하지만 노즐 핀이 막혔을 경우에 노즐을 해체하여 토치로 강하게 달궈 노즐 내부에 남아 있는 찌꺼기를 완전 연소시킨다. 그리고 공업용 아세톤에 일정 시간(약 2시간) 동안 담가두면 내부에 눌어붙은 필라멘트 찌꺼기가 녹아 없어진다.

정답 27. ④ 28. ② 29. ④ 30. ① 31. ④

32 제품의 출력 도중 플랫폼에 부착되지 않는 원인으로 옳지 않은 것은 무엇인가?

① 플랫폼의 수평이 맞지 않을 경우
② 첫 번째 층이 너무 빠르게 성형될 경우
③ 온도 설정이 맞지 않을 경우
④ 출력물과 플랫폼 사이의 부착 면적이 큰 경우

해설 ■ 재료가 플랫폼에 제대로 부착되지 않는 경우
3D 프린터로 제품을 출력할 때 첫 번째 층이 플랫폼에 견고히 부착되는 것은 매우 중요하다. 첫 번째 층이 플랫폼에 견고하게 부착되어야만 그 이후에 적층되는 레이어(Layer)들이 첫 번째 층 위로 계속 적층되어 최종적으로 원하는 모델의 3차원 형상이 출력되게 된다.
㉠ 플랫폼의 수평이 맞지 않을 때
㉡ 노즐과 플랫폼 사이의 간격이 너무 클 때
㉢ 첫 번째 층이 너무 빠르게 성형될 때
㉣ 온도 설정이 맞지 않은 경우
㉤ 플랫폼 표면의 문제가 있는 경우
㉥ 출력물과 플랫폼 사이의 부착 면적이 작은 경우

33 접촉식과 비교하여 비접촉식 스캐너 특징으로 옳은 것은?

① 거울과 같이 전반사가 일어나는 경우에 적합하다.
② 측정물이 투명한 경우에 적합하다.
③ 터치 프로브를 이용하여 좌표를 읽어낸다.
④ 먼 거리의 대형 구조물을 측정하는 데 용이하다.

해설 접촉식 스캐닝의 대표적인 방법은 CMM(Coordinate Measuring Machine)이며, 터치 프로브(touch probe)가 직접 측정 대상물과의 접촉을 통해서 좌표를 읽어 내는 방식이다. 이는 측정 대상물의 외관이 복잡하거나, 접촉 시 피측정물이 쉽게 변형될 경우에는 사용이 불가하다. 하지만, 측정 대상물이 투명하거나 거울과 같이 전반사 혹은 표면 재질로 인해서 난반사가 일어나는 단단한 피측정물에 대해서 측정이 가능하다는 장점이 있다. 비접촉식 스캐닝 중 TOF(Time of Flight) 방식 레이저 스캐너는 먼 거리의 대형 구조물을 측정하는 데 용이하다는 것이다. 하지만, 측정 정밀도가 비교적 낮아 작은 형상이면서 정밀한 측정이 필요한 경우에는 적합하지 않다.

34 분말 재료를 소재로 사용하는 기술로 별도의 서포트가 필요 없는 방식은?

① CJP, SLA
② CJP, SLS
③ SLA, SLS
④ FDM, SLS

해설 3D 프린팅 기술 방식 중 분말 형태의 소재를 사용하는 기술은 PBF와 BJ 기술이 있는데 출력시 모델의 형상조건에 따라 서포트 설정이 필요한 FDM이나 SLA 방식과 달리 출력물이 소재인 분말 속에서 생성되어 분말들이 서포트 역할을 대신 해주므로 별도의 서포트 설정이 필요없는 3D 프린팅 방식이지만 장비가 고가이고 후처리 과정이 번거롭고 소재 가격이 비싼 편이다.
분말적층용융결합 방식(PBF, Powder Bed Fusion) : SLS, DMLS, EBM
접착제분사 방식(Binder Jetting) : 3DP, CJP

35 3D 모델링에 대한 설명으로 옳지 않은 것은?

① 스케치를 끝내고 형상치수를 수정할 수 없다.
② 곡면 모델링에서 평면이 없을 경우 가상 평면을 형성하여 스케치면을 설정한다.
③ 내부구조를 확인하기 위하여 특정부분의 3D 단면 확인이 가능하다.
④ 3D 형상 간의 치수를 확인하여 설계의 점검이 가능하다.

36 다음 명령어 중 압출재료의 사용량이 가장 큰 것은 무엇인가?

① infill 0%
② infill 25%
③ infill 50%
④ infill 100%

해설 Infill은 내부채우기의 정도를 뜻하는 것으로 0~100%까지 채우기가 가능하며 출력 모델의 내부 채움 정도가 100%에 가까워질수록 그만큼 출력시간이 오래 걸리고 사용재료의 소모량이 많아진다.

■ Infill 패턴과 내부 채우기 정도(%)

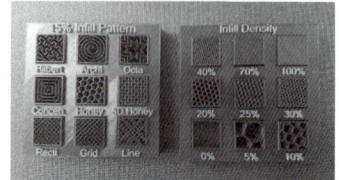

정답 32. ④ 33. ④ 34. ② 35. ① 36. ④

37 제3각법에 대한 설명으로 옳지 않은 것은?

① 평면도는 정면도의 위쪽에 위치한다.
② 우측면도는 정면도의 좌측에 위치한다.
③ 저면도는 정면도의 아래쪽에 위치한다.
④ 배면도는 우측면도의 오른쪽에 위치한다.

해설 ■ 제3각법의 투상도 배치

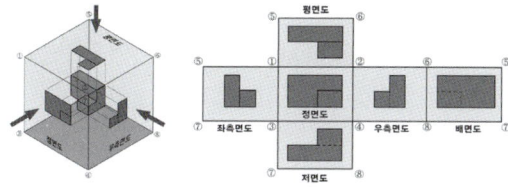

38 FDM 방식 3D 프린터에서 수축을 고려한 공차값으로 가장 적절한 것은?

① 0.2~0.5   ② 0.001~0.005
③ 2~3   ④ 1~1.5

해설 3D 엔지니어링 프로그램에서의 모델링은 기본적으로 공차가 발생하지 않는다. 이는 설계에서의 통상적인 모델링 형태이며, 작성된 모델링을 토대로 실제 가공에서는 가공 공차를 부여하여, 제품을 제작하는 사람이 부여된 공차를 토대로 가공하여 제품을 만드는 것이 일반적이다.
반면 3D 프린터 같은 적층제조 방식인 경우 모델링된 형상 데이터를 변환한 G코드 값을 그대로 읽어 들여 출력함으로, 가공자에 의한 출력 공차를 별도로 부여할 수 없기 때문에 3D 형상을 모델링하는 학습자가 직접 3D 프린터의 출력공차를 이해하고, 사용 중인 3D 프린터의 최소, 최대 출력 공차를 분석 후 그 값에 맞게 부품을 수정해야 한다.
참고로 3D 프린터 출력 공차는 3D 프린터 장비들마다 다르게 적용되지만, 보통 0.05~0.4mm 사이에서 공차가 발생하고, 평균적으로, 0.2~0.3mm 정도의 출력 공차를 부여하는 것이 바람직하다.
출력물이 상호 결합 및 조립되는 경우에는 부품 간의 공차를 고려해야 한다. 특히 재료압출(ME) 방식인 FDM의 경우 모델의 치수대로 적층되는 과정에서 압출소재의 수축과 팽창으로 인해 치수가 달라질 수 있다. 따라서 끼워맞춤이 필요한 출력물의 경우 적절한 공차값을 주어 출력해야 조립이 원활해진다.
예를 들어 구멍과 축의 치수를 동일하게 10mm로 하여 출력한다면 나중에 조립이 되지 않는 경우가 생길 수 있으므로 축의 치수를 구멍보다 작게 공차값(예 : 9.5~9.8mm)을 적용하여 출력하는 것이 일반적이다.

39 슬라이서 프로그램에서 최적의 적층값을 얻기 위해 고려할 사항이 아닌 것은?

① Retraction의 Speed
② 모델의 재료 및 스케일
③ 모델면 Open 및 Close
④ Surface 출력 두께

해설 ■ 리트렉션(retraction)
출력물에 머리카락같이 얇은 선이 생기는 것은 압출 노즐 내부의 용융된 재료가 흘러나오기 때문으로 이런 현상을 방지하기 위해서는 압출 노즐 내부의 재료를 뒤로 이동시키는 리트렉션(retraction) 설정을 조정하는 것이다.
리트렉션 속도는 얼마나 빨리 필라멘트를 용융 압출 노즐 내부에서 뒤로 이송시키는지를 결정한다. 리트렉션 속도가 너무 느리면 노즐 내부에 남아 있는 녹은 상태의 필라멘트가 천천히 흘러내릴 수 있다.
반면에 리트렉션 속도가 너무 빠르면 고체 상태의 필라멘트와 용융된 상태의 플라스틱 사이에 빈 공간이 생기게 되고 어떤 경우에는 필라멘트 표면이 리트렉션 톱니에 의해서 손상되게 된다. 따라서 리트렉션 속도를 조금씩 변경하면서 얇은 선들이 계속 만들어지지 않는 값을 찾는 것이 중요하다.

40 3D 모델링의 어셈블리 기능이 아닌 것은?

① 단면보기를 하여 설계 검증을 할 수 있다.
② 각 부품의 조립 상태를 검증할 수 있다.
③ 파트를 수정할 수 없다.
④ 부품 간의 간섭을 확인할 수 있다.

해설 조립품 작성 기능은 파트 작성을 통해 생성된 부품을 조립하는 기능으로, 3D 엔지니어링 CAD 소프트웨어를 통해 부품 상호 간 간섭여부 체크와 조립 유효성 검사 및 시뮬레이션 등 의도한 디자인대로 동작하는지 체크할 수 있는 요소이다.

정답 37. ② 38. ① 39. ① 40. ③

41 3D 프린팅 방식에 따른 서포트에 대한 설명으로 잘못된 것은?

① 소결 방식 : 별도의 지지대가 필요없다.
② 압출 방식 : 서포트와 출력물의 재료가 다를 수 있다.
③ 광경화 방식 : 서포트 소재와 동일하며 서포트를 얇게 설정할 수 있다.
④ 재료분사 방식 : 출력소재와 서포트 소재가 동일하다.

[해설] 재료분사(MJ, Material Jetting) 방식은 액상의 광경화성수지, 왁스 등 용액 형태의 소재를 미세한 노즐구멍을 통해 분사시켜 자외선(UV) 등으로 경화시키는 방식으로 상용화된 대표적인 기술로 MJM, MJP, PolyJet 등이 있다. 재료분사 방식인 MJM의 빌드 재료는 아크릴 포토폴리머와 서포트 재료가 되는 왁스(Wax)를 동시에 분사하여 자외선으로 경화시켜 모델을 조형하는 기술이다.

42 FDM 3D 프린터가 인식할 수 있는 G코드로 변환할 때 포함되지 않는 정보는?

① 내부채움 비율
② 서포트 형상
③ 분말재료의 종류
④ 적층 두께

[해설] FDM 방식 3D 프린터로 출력 전 슬라이싱 프로그램에서 사용하는 필라멘트 소재의 종류(PLA, ABS 등)나 압출기 온도, 적층값, 서포트 및 출력보조물의 사용 설정 여부, 모델의 X, Y, Z 치수 등의 정보가 G코드에 포함된다.

43 다음 설명과 같은 특징을 가지는 3D 프린팅 소재는?

> · 열가소성 수지재료로써 생분해성 고분자인 폴리락토산이고 최종적으로 H_2O, CO_2로 분해된다.
> · 3D 프린팅 시 이산화탄소 발생량이 적고 출력물의 휨과 수축현상이 적고 점착성이 우수하고 기포발생이 적다.

① PLA
② HDPE
③ PP
④ ABS

[해설] ■ PLA 필라멘트 소재
옥수수 전분을 이용해 만든 재료로써 무독성 친환경적 재료로 알려져 있으며, ABS 대비 열 변형에 의한 수축이 적은 편으로 히팅베드가 없이도 출력이 가능한 소재이다. 강도가 다른 플라스틱 소재에 비해 강한 편이며 쉽게 부서지지 않는다. 표면에 광택이 있고 히팅베드 없이 출력이 가능하며 출력 시 유해 물질 발생이 적은 편이다. 하지만 출력물에 생성된 서포터 제거가 어렵고 표면이 거친 편이다.

44 FDM 방식의 3D 프린터에서 출력물이 한쪽으로 밀려서 성형되는 경우에 대한 설명이 틀린 것은?

① 한 쪽으로 밀려서 성형되는 경우 자동으로 감지가 가능하다.
② 헤드가 너무 빨리 움직이는 경우 헤드 정렬이 틀어져 발생한다.
③ 타이밍 벨트의 높은 장력이 모터의 원활한 회전을 방해하여 발생한다.
④ 타이밍 풀리가 스테핑 모터의 회전축에 느슨하게 고정되는 경우 발생한다.

[해설] 제품의 출력 도중에 단면이 밀려서 성형되는 데는 다음과 같은 몇 가지 경우와 이에 따른 대책이 있을 수 있다.

㉠ 헤드가 너무 빨리 움직일 때 해결방법을 제시한다. 3D 프린터의 구동 속도가 너무 빠르다고 느껴지면 구동 속도를 줄여주어야 한다. 3D 프린터용 슬라이스 프로그램에서는 구동 속도(프린팅 속도)를 조절 설정할 수 있는 메뉴가 있다.

㉡ 3D 프린터의 기계 혹은 전자 시스템에 문제가 발생할 때 해결방법을 제시한다. 타이밍풀리의 장력이 너무 높거나 낮은 것을 발견하면 가급적 직접 손보지 않고 3D 프린터 제작 업체에 수리를 의뢰해야 한다. 타이밍풀리가 스테핑모터에 느슨하게 고정되었으면 고정부를 확인하여 다시 고정시켜 준다. 대부분의 타이밍풀리는 스테핑모터와 나사로 고정된다.

45 플라스틱 수지를 얇게 뽑거나 압출하여 사용하는 FDM 방식 3D 프린터의 재료를 통칭하는 명칭은?

① 필라멘트
② 파우더
③ 왁스
④ 폴리머

[해설] 보급형 FDM(FFF) 방식 3D 프린터 필라멘트

정답 41. ④ 42. ③ 43. ① 44. ① 45. ①

46 FDM 방식에서 내부 채우기 정도를 나타내는 것은?

① Quality
② Fill
③ Support
④ Machine

해설 ■ Fill Density(채움 정도)
출력물의 내부 채움 밀도를 백분율로 지정하는 옵션으로 설정 값이 높아질수록 모델의 내부를 소재로 가득 채우게 된다. 또한 내부 채움 정도가 100%에 가까워질수록 재료의 수축률이 심해져 출력물이 갈라져 터지는 현상이 발생할 수도 있다.

47 다음의 3D 프린터 소재 중 다른 소재에 비해 유해한 요소를 가장 적게 가지고 있는 것은?

① PLA
② ABS
③ TPU
④ HIPS

해설 PLA는 옥수수나 사탕수수, 카사바와 같은 식물에서 전분을 추출하여 원재료로 사용하는 친환경수지로 환경호르몬, 중금속 등 유해 물질이 검출되지 않는 소재로 알려져 있으며, 일반 플라스틱과 유사하지만 PLA의 가장 큰 특징은 일정 시간 경과 후 미생물에 의해 100% 생분해된다는 사실이다. 따라서 생분해성 PLA는 스트롱, 식기, 포장재 등으로 활용되고 있다.

48 FDM 필라멘트 선별 조건으로 가장 거리가 먼 것은?

① 재질 종류
② 표면거칠기
③ 녹는 점
④ 소재 직경

해설 일반적으로 FDM 방식에서 사용하는 필라멘트는 재질의 종류 (PLA, ABS, TPU 등)와 압출 용융온도와 필라멘트의 균일한 직경 등이 중요한 사항인데 직결식에서는 직경 1.75mm가 자장 많이 사용되고 있으며 보우덴 방식에서는 직경 2.85mm가 사용되는 것이 일반적이다.

49 다음 보기 중 ( ) 안에 들어갈 내용으로 옳은 것은?

> 개별 스캐닝 작업에서 얻어진 점 데이터들이 합쳐지는 과정을 (㉠)이라고 한다.
> (㉠)의 과정을 통해 중첩되거나 불필요한 점의 갯수를 줄여 데이터 사이즈를 줄이는 것을 (㉡)이라고 한다.

① ㉠ 정합, ㉡ 클리닝
② ㉠ 병합, ㉡ 정합
③ ㉠ 정합, ㉡ 병합
④ ㉠ 클리닝, ㉡ 병합

해설 정합(Registration)
스캔 데이터는 보통 여러 번의 측정에 따른 점군 데이터를 서로 합친 최종 데이터다. 이렇게 개별 스캐닝 작업에서 얻어진 점 데이터들이 합쳐지는 과정을 정합이라고 한다.

병합(Merging)
병합은 정합을 통해서 중복되는 부분을 서로 합치는 과정이다. 정합은 전체 데이터를 회전 이송하면서 같은 좌표계로 통일하는 과정이며, 병합은 이러한 데이터를 하나의 파일로 통합하는 과정이다.

50 FDM 방식 3D 프린팅에 대한 설명으로 가장 거리가 먼 것은?

① FDM 방식 3D 프린터의 압출기 노즐 구멍은 통상 0.2mm 또는 0.4mm 노즐을 사용한다.
② 모델 형상의 외벽 두께가 노즐 구멍 크기보다 작은 벽면 두께의 모델인 경우 제대로 출력이 되지 않을 수도 있다.
③ FDM 방식은 아주 작은 구멍이나 간격이 좁은 형상들일수록 출력이 잘 된다.
④ 상호 조립되는 부분에 대해서 출력 공차를 부여하는 것이 바람직하다.

해설 FDM 방식의 3D 프린터 특성상 아주 작은 구멍이나 간격이 좁은 부품 요소들의 경우 제대로 출력이 되지 않는 경우가 발생한다.

정답 46. ② 47. ① 48. ② 49. ③ 50. ③

51 3D 프린터에서 모델을 분할하여 출력하는 경우에 대한 설명으로 옳지 않은 것은?

① 지지대를 최소한 줄일 수 있는 경우 분할한다.
② 모델의 분할은 모든 부품에 적용이 가능하다.
③ 지지대의 제거를 손쉽게 할 수 있는 경우 분할한다.
④ 모델링 내부 공간에 조립이나 동작이 이루어지는 경우 분할하여 출력한다.

해설 ■ 파트 분할
적층방식으로 출력이 되는 모든 3D 프린터는 형상을 제대로 출력하기 위해서 지지대를 생성하는데, 이 지지대를 제대로 제거할 수 없는 형상의 경우에 파트를 분할하여 출력한다. 즉, 파트를 분할하여 조각으로 출력하는 경우, 하나의 파트를 그대로 출력했을 때 생성되는 지지대를 최소 줄일 수 있으며, 지지대의 제거 또한 손쉽게 이루어질 수 있다.
그리고 출력된 형상의 표면을 최대한 깨끗하게 유지한 상태로 출력할 수 있는 장점이 있기 때문에 파트를 분할하여 출력한다. 파트 분할은 출력될 모든 부품에 적용되는 것이 아니고, 모델링 내부에 공간이 발생되어 있고, 그 모델링 공간에서 조립이나, 동작 등이 이루어져야 하는 경우에 많이 사용한다.

52 서포트(지지대) 설정 효과로 옳지 않은 것은?

① 형상의 처짐 등을 줄일 수 있다.
② 서포트가 많으면 제품의 오차가 커진다.
③ 서포트가 많으면 제품 출력시간이 단축된다.
④ 제품에 뒤틀림이 존재할 때 뒤틀림을 줄일 수 있다.

53 방진 마스크 선정 기준으로 옳지 않은 것은?

① 흡기저항이 낮아야 한다.
② 배기저항이 높아야 한다.
③ 여과재 포집효율이 높아야 한다.
④ 안면에서의 밀착성이 커야 한다.

해설 ■ 방진마스크 선정기준
㉠ 분진포집효율은 높고 흡기 · 배기저항이 낮은 것
㉡ 중량이 가볍고 시야가 넓은 것
㉢ 안면 밀착성이 좋아 기밀이 잘 유지되는 것
㉣ 마스크 내부에 호흡에 의한 습기가 발생하지 않는 것
㉤ 안면 접촉부위가 땀을 흡수할 수 있는 재질을 사용한 것

54 2개 이상의 모델을 동시에 출력할 경우 고려사항으로 거리가 먼 것은?

① 각 제품마다 각각의 좌표계를 설정한다.
② 기계좌표계를 기준으로 공작물 좌표계를 설정한다.
③ 모델 사이에 0.1mm 이상의 공간을 두어야 한다.
④ 플레이트에 Brim을 크게 깔아 주어야 한다.

해설 공작물 좌표계는 3D 프린터의 제품이 만들어지는 공간 안에 임의의 점을 새로운 원점으로 설정하는 것이다. 공작물 좌표계를 설정하면 하나의 공간에 여러 개의 제품을 동시에 만들 때, 각 제품마다 공작물 좌표계를 각각 설정하여 사용할 수 있다. 이렇게하면 하나의 플랫폼 위에서 각 제품 단면의 성형 시 제품이 바뀔 때마다 해당되는 제품의 공작물 좌표계를 호출하여 사용할 수 있고, 공작물 좌표계는 기계 좌표계를 기준으로 설정된다.

55 FDM 방식 3D 프린터 출력 시 필라멘트가 제대로 용융되지 않을 경우 해결 방식으로 옳지 않은 것은?

① 사용하는 재료에 알맞은 온도를 설정하여 사용한다.
② 외부의 온도는 출력물이 잘 냉각되도록 낮은 온도를 유지한다.
③ 노즐 장치의 온도를 고온으로 유지시킬 수 있는 히터 및 제어기를 확인한다.
④ 노즐 헤드(핫 엔드)의 고장 유무를 확인한다.

해설 FDM 방식 3D 프린터의 특성 상 챔버 기능이 있는 밀폐형 구조가 아닌 오픈 방식인 경우 겨울철 추위에 실내기온이 내려가면 출력에 많은 영향을 준다.

정답   51. ②   52. ③   53. ②   54. ④   55. ②

56 3D 프린터가 의류 산업에서 사용되는 경우로 옳지 않은 것은?

① 장신구 제작   ② 의류샘플 제작
③ 보청기 제작   ④ 액세사리 제작

해설 3D 스캐닝 기술을 이용하여 사람의 귀 모양을 정확하게 인식하여 수작업으로 구현하기 힘든 디테일한 작업까지도 구현이 가능하고 이를 3D 프린터로 출력하면 기존의 수공으로 제작된 보청기보다 고객 만족도를 훨씬 높일 수 있다.

57 3D CAD에서 스케치 편집 도구가 아닌 것은?

① 이동   ② 회전
③ 돌출   ④ 복사

해설 돌출(Extrude) 기능은 3D 엔지니어링 프로그램에서 가장 많이 사용되는 형상 모델링 명령으로, 이 기능은 2D로 제작된 스케치를 단순히 그 모양 그대로 입체화시키는 기능이다. 2D 스케치를 한 다음에 돌출 기능을 이용하면 입체화된 도형이 나타나며, 돌출 높이를 지정하여 형상을 완성한다.

58 레이저 빔을 투사했을 때 스폿 표시가 안되는 것은?

① 가죽의자
② 희색 자동차
③ 썬팅하지 않은 유리창
④ 원목가구

해설 3D 스캐닝 시 측정 대상물이 거울과 같이 전반사가 일어나는 경우 정확한 레이저 스팟의 측정이 이루어지기 힘들다.

59 FDM 방식 3D 프린팅 작업을 위해 3D 형상 데이터를 분할하는 경우 고려해야 할 항목으로 가장 거리가 먼 것은?

① 3D 프린팅 출력 범위
② 서포터 생성 유무
③ 출력물의 품질
④ 익스트루더의 크기

해설 익스트루더(Extruder)는 압출기라고도 하며 압출기의 노즐 구멍(보통 0.4mm)을 통해 용융된 재료가 압출되는 중요한 파트로 3D 데이터의 형상 분할과는 큰 관계가 없다.

60 전기 제품의 통전 시 인체의 생리적 반응 전류 범위는?

· 전류를 감지하는 상태에서 자발적으로 이탈이 불가능하게 된 상태
· 심장박동 리듬과 신경계통에는 영향이 없음

① Ⅰ (약 25mA 이하)
② Ⅱ (25~80mA)
③ Ⅲ (80~3,000mA)
④ Ⅳ (3,000mA 이상)

해설 ■ 전류 범위에 있어서의 생리적 반응

전류 범위	설 명	전류[mA]
Ⅰ	전류를 감지하는 상태에서 자발적으로 이탈이 불가능하게 된 상태, 심장박동 리듬과 신경계통에는 영향이 없다.	약 25 이하
Ⅱ	아직 참을 수 있는 전류로서 혈압상승, 심장맥동의 불규칙, 회복성 심장정지, 50mA 이상에서는 실신한다.	25~80
Ⅲ	실신, 심실세동	80~3,000
Ⅳ	혈압상승, 회복성 심장정지, 부정맥 폐기종	약 3,000이상

정답   56. ③   57. ③   58. ③   59. ④   60. ①

2021년 CBT 기출문제(B) 복원

01 기하 공차를 기입하는 틀 안에 표시하는 내용 중 기하공차의 종류로 거리가 먼 것은?

① 위치
② 치수
③ 모양
④ 흔들림

해설 공차의 종류 기호, 공차값, 데이텀을 지시하는 기호 등을 틀 안에 기입한다. 기하공차의 종류에는 모양, 자세, 위치, 흔들림의 4가지가 있다.

02 도면에 표시하는 치수 기입의 원칙에 대한 설명 중 틀린 것은?

① 치수는 계산해서 구할 수 있어야 한다.
② 치수는 주 투상도에 집중한다.
③ 치수는 필요에 따라 기준으로 하는 점, 선 또는 면을 기준으로 하여 기입한다.
④ 치수는 대상물의 크기, 자세 및 위치를 가장 명확하게 표시할 수 있도록 기입한다.

해설 도면에 치수를 기입하는 경우 관련 치수는 되도록 한 곳에 모아서 기입하고 치수는 계산해서 구할 필요가 없도록 기입한다.

03 아래에서 설명하는 방식은?

- 기본 객체들에 집합 연산을 적용하여 새로운 객체를 만드는 방법이다.
- 집합 연산은 합집합, 교집합, 차집합이 있다.
- 피연산자의 순서가 바뀌면서 합집합과 교집합은 동일한 결과를 나타내지만, 차집합의 경우는 다른 객체가 만들어진다.

① 폴리곤 방식
② CSG 방식
③ 로프트 방식
④ 스윕 방식

해설 ■ CSG(Constructive Solid Geometry) 방식
기본 객체들에 집합 연산을 적용하여 새로운 객체를 만드는 방법으로 집합 연산은 합집합, 교집합, 차집합 연산이 있다. 합집합은 두 객체를 합쳐서 하나의 객체로 만드는 것이고, 교집합은 두 객체의 겹치는 부분만 남기는 방식이고, 차집합은 한 객체에서 다른 한 객체의 부분을 빼는 것이다.
합집합과 교집합은 피연산자의 순서가 변경되어도 동일한 결과를 나타내지만, 차집합의 경우는 피연산자의 순서가 변경되면 다른 객체가 만들어진다.

04 형상의 완성도를 결정하는 가장 중요한 부분으로 제작할 형상의 가장 기본적인 단면을 생성하기 위해 형상의 레이아웃을 작성하는 단계는?

① 모델링
② 스케치
③ 슬라이싱
④ 형상분석

해설 대부분의 3D CAD 프로그램에서 스케치가 기본이다.
평면 선택 → 스케치 → 구속조건 → 치수 → 3차원 명령어 → 형상분석 → 슬라이싱 → 3D 프린팅

05 일반적으로 CAD 시스템에서 사용하는 좌표계로 거리와 각도로 표현하는 좌표계는?

① 직교 좌표계
② 극 좌표계
③ 구면 좌표계
④ 원통 좌표계

해설 CAD 시스템의 2차원 좌표계 중 극 좌표계는 가장 마지막에 입력된 좌표를 원점(0, 0)으로 인식하게 하고, 그 원점으로부터 X축(거리값), Y축(각도값)을 입력하며 절대 극좌표와 상대 극좌표가 있다.

정답 1. ② 2. ① 3. ② 4. ② 5. ②

06 3차원 형상화 기능 명령에서 모델 면에 일정한 두께를 부여하여 속을 만드는 기능은?

① 구멍(Hole) 명령
② 스윕(Sweep) 명령
③ 돌출(Extrude) 명령
④ 쉘(Shell) 명령

해설 ■ 쉘(Shell)
쉘은 생성된 3차원 객체의 면 일부분을 제거한 후, 남아 있는 면에 일정한 두께를 부여하여 속을 만드는 기능으로, 주로 플라스틱 케이스 등 3D 프린터를 이용하여 제품 목업을 목적으로 하는 경우 많이 사용될 수 있다.

07 모델에 치명적인 오류가 있을 경우 자동 오류 수정을 하게 되면 메쉬가 전부 사라져 버리기 때문에 이런 경우에는 모델링 소프트웨어를 사용해서 수정해야 한다. 이때 필요한 파일은?

① 수정 모델링 파일
② 사본 모델링 파일
③ 원본 모델링 파일
④ 곡면 모델링 파일

해설 **수정 모델링 파일** : 편집한 후의 파일
사본 모델링 파일 : 편집을 하기 전에 사본을 만들어서 작업하는 것이 좋다.
곡면 모델링 파일 : 외형이나 평면이 아닌 곡률이 많은 모델은 솔리드 모델링보다는 곡면 모델링으로 만드는 것이 좋다.

08 다음 보기 중에서 모델링 방식이 다른 것은?

① 기본 도형을 이용한 모델링
② 로프트 모델링
③ CSG 방식
④ 폴리곤 모델링

해설 폴리곤 모델링은 삼각형을 기본 면으로 3D 객체를 모델링하는 방법이다. 3차원 객체를 구성하는 점과 선, 면을 편집하여 객체를 만든다. 폴리곤의 서브 오브젝트인 점(Vertex), 선(Edge), 면(Polygon)에 대한 편집 명령으로는 삭제, 분할, 연결, 높이 변경, 모서리 깎기 등이 있다.
로프트(Loft) 모델링은 솔리드 모델링 방식에서 지원하는 기능 중의 하나이다.

09 삼각형 메쉬 생성 법칙은 점과 점 사이의 법칙(vertex-to-vertex rule)으로 삼각형들은 꼭짓점을 항상 공유해야 한다. 이 법칙을 위배하는 경우로 틀린 것은?

① 삼각형이 있는 부분, 즉 구멍이 생길 수 없는 부분
② 삼각형들끼리 서로 겹치는 경우
③ 꼭짓점 연결이 안되는 경우
④ 공간 상에서 삼각형이 서로 교차를 하는 경우

해설 ■ 점과 점 사이의 법칙(vertex-to-vertex rule) 위배 예
서로 교차하는 삼각형, 서로 중첩이 되는 삼각형, 구멍이 포함된 메쉬

삼각형 메쉬를 생성할 때 몇 가지 법칙이 있는데, 이 법칙을 벗어난 삼각형들은 페어링 과정을 통해서 바로잡을 수 있다. 첫째는 점과 점 사이의 법칙(vertex-to-vertex rule)으로 삼각형들은 꼭짓점을 항상 공유해야 한다.
공간 상에서 삼각형이 서로 교차하고 있는 경우 법칙에 위배되며 이런 오류는 점과 점 사이를 연결하면서 쉽게 생길 수 있다. 삼각형끼리 서로 겹칠 수도 있으며, 삼각형이 없는 부분, 즉 구멍이 생길 수도 있는데 이런 오류들은 자동 및 수동으로 모두 제거할 수 있다.

10 스케치 요소 구속 조건에서 서로 크기가 다른 두 개의 원에 적용할 수 없는 구속조건은?

① 동심
② 접선
③ 동일
④ 평행

해설 ㉠ **동심구속** : 두 개 이상 선택된 원호의 중심을 정확하게 구속한다.
㉡ **접선구속** : 선택된 두 개의 원호 또는 원과 선을 접선이 되도록 구속한다.
㉢ **동일구속** : 두 개 이상 선택된 스케치 크기를 똑같이 구속한다.
㉣ **평행구속** : 두 개 이상 선택된 스케치 선을 평행하게 구속한다.

정답 6. ④ 7. ③ 8. ② 9. ① 10. ④

11 형상을 구성하는 요소들을 매개 변수화하여 3D 모델링하는 방법은?

① 폴리곤 모델링
② 하이브리드 모델링
③ 서피스 모델링
④ 파라메트릭 모델링

해설 ■ 솔리드 모델링
3D 엔지니어링 소프트웨어에서 3차원 형상의 표면뿐만 아니라 내부에 질량, 체적, 부피 값 등 여러 가지 정보가 존재할 수 있으며, 점, 선, 면의 집합체로 되어 있다. 솔리드 모델링은 앞서 스케치에서 생성된 프로파일에 각종 모델링 명령(돌출, 회전, 구멍 작성, 스윕, 로프트) 등을 이용하여 형상을 표현하는 것으로, 모든 3D 엔지니어링 소프트웨어에서 동일한 조건으로 모델링할 수 있다.

■ 곡면(서피스) 모델링
3D 엔지니어링 소프트웨어에서 3차원 형상을 표현하는 데 있어서 솔리드 모델링으로 표현하기 힘든 기하 곡면을 처리하는 기법으로 솔리드 모델링과는 다르게 형상의 표면 데이터만 존재하는 모델링 기법이다.
주로 산업 디자인 분야에 많이 사용되고 있으며, 곡면 모델링 기법으로 3차원 형상을 표현하고, 3D 엔지니어링 소프트웨어에서 제공하는 기능으로 차후, 솔리드 형상으로 변경하여 완성한다.

■ 파라메트릭 모델링
형상을 구성하는 요소들을 매개 변수(Parameter)화하여 3D 모델링하는 방법으로 매개변수의 값이 변경되면 3D 모델링이 자동으로 변경될 수 있는 모델링 방법을 일컬어 파라메트릭 모델링이라 한다. 파라메트릭 모델링 기술은 정확한 요구사항과 제조 기준이 있는 설계 작업에 적합하다.
– 설계가 변경되면 모델이 자동으로 업데이트된다.
– 설계 의도를 쉽게 파악할 수 있어 설계가 변경이 되었을 때 모델이 어떻게 동작해야 하는지를 쉽게 정의할 수 있다.
– 부품군을 간편하게 정의하고 자동으로 생성할 수 있다.
– 제조 공정과의 통합성이 뛰어나 생산 시간이 단축된다.

12 다음 도면의 설명으로 가장 정확한 것은?

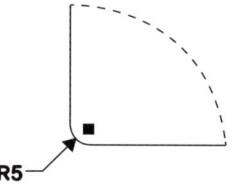

① 객체의 모서리 부분에 반지름 5mm만큼 모깎기가 된다.
② 객체의 모서리 부분에 지름 5mm만큼 모깎기가 된다.
③ 객체의 모서리 부분에 반지름 5mm만큼 모따기가 된다.
④ 객체의 모서리 부분에 지름 5mm만큼 모따기가 된다.

해설 치수 보조기호 중 R은 반지름을 의미하며, 반지름으로 나타내는 원통형체 또는 원주형체에 적용하고 문자 기호 R은 반지름 치수 값 앞에 쓴다.

13 폴리곤 모델링에서 면(POLYGON)에 대한 편집 명령 설명 중 옳지 않은 것은?

① 면에 높이를 주는 기능
② 면을 따라 면을 돌출시키는 기능
③ 선택한 면의 넓이를 늘리거나 줄이는 기능
④ 면과 면을 연결하는 기능

해설 폴리곤 모델링은 삼각형을 기본 면으로 3D 객체를 모델링하는 방법이다. 3차원 객체를 구성하는 점과 선, 면을 편집하여 객체를 만든다. 폴리곤의 서브 오브젝트인 점(Vertex), 선(Edge), 면(Polygon)에 대한 편집 명령으로는 삭제, 분할, 연결, 높이 변경, 모서리 깎기 등이 있다.

■ 면
면에 높이를 주는 기능, 선택한 면의 넓이를 늘리거나 줄이는 기능, 면과 면을 연결하는 기능, 선을 따라 선택한 면을 돌출시키는 기능 등이 있다.

정답 11. ④ 12. ① 13. ②

14 3D 엔지니어링 프로그램에서 제약 조건에 대한 내용으로 가장 거리가 먼 것은?

① 디자인 변경 및 수정 시 발생하는 문제를 최소화할 수 있다.
② 매개 변수를 사용하여 제약 조건을 부여할 수 있다.
③ 부품과 부품의 위치 구속을 필요로 할 때 사용한다.
④ 면과 면, 점과 점, 선(축)과 선(축) 등 조건에 맞는 제약 조건을 부여할 수 있다.

> 해설) 제약 조건은 부품과 부품 간 위치 구속을 목적으로 적용하는 기능으로, 부품 간 정확한 조립과 동작 분석을 위해서 사용한다. 제약 조건 적용은 부품의 면과 면, 선(축)과 선(축), 점과 점, 면과 선(축), 면과 점, 선(축)과 점 등 부품의 다양한 요소를 선택하여 조건에 맞는 제약 조건을 부여할 수 있다.
> 일반적으로 가장 많이 사용되는 제약 조건은 일치 제약 조건, 접촉 제약 조건, 오프셋 제약 조건이다. 부품의 조립과 동작의 조건에 따라 제약 조건이 두 개 이상 적용될 수 있으며, 과도하게 부품과 부품 사이에 제약 조건을 걸면 오류가 나는 원인이 된다. 3D 엔지니어링 프로그램에서 제약 조건은 디자인 변경 및 수정 시 발생하는 문제를 최소화시킬 수 있으며, 부품 간 동작을 확인해 볼 수 있도록 해 준다.

15 출력 중에 지지대가 특별히 필요한 곳이 없으나 출력 도중 자중에 의해 붕괴되는 형상은?

① Ceiling   ② Overhang
③ Unstable   ④ Island

> 해설) ㉠ Overhang : 외팔보와 같이 새로 생성되는 층이 받쳐지지 않아 아래로 휘게 되는 경우
> ㉡ Ceiling : 양단이 지지되는 경우도 이를 받치는 기둥의 간격이 크면 가운데 부분에서 처짐이 과도하게 발생
> ㉢ Island : 이전에 단면과는 연결되지 않는 단면이 새로이 등장하는 경우로, 지지대가 받쳐주지 않으면 허공에 떠 있는 상태가 되어 제대로 성형되지 않는다.
> ㉣ Unstable : 특별히 지지대가 필요한 면은 없지만 성형 도중에 자중에 의하여 스스로 붕괴하게 되는 경우
> ㉤ Base : 기초 지지대로 성형 중 진동이나 충격이 가해졌을 경우 성형품의 이동이나 붕괴를 방지하기 위한 지지대
> ㉥ Raft : 성형 플랫폼에 처음으로 만들어 지는 구조물로써 성형 중에는 플랫폼에 대한 강한 접착력을 제공하고, 성형 후에는 부품의 손상 없이 플랫폼에 분리하기 위한 지지대

16 다음 형상을 파트 분할하여 출력하는 경우 가장 적합한 분할 방법은?

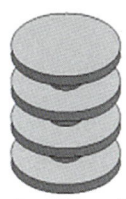

파트 분할 모델

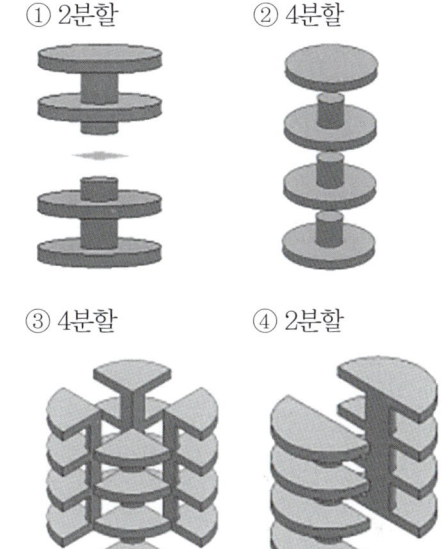

① 2분할   ② 4분할
③ 4분할   ④ 2분할

> 해설) ■ 파트 분할의 이해
> 적층 방식으로 출력이 되는 FDM 3D 프린터는 형상을 제대로 출력하기 위해서 지지대를 생성하는데, 이 지지대를 제대로 제거할 수 없는 형상의 경우에 파트를 분할하여 출력한다. 즉, 파트를 분할하여 조각으로 출력하는 경우, 하나의 파트를 그대로 출력했을 때 생성되는 지지대를 최소 줄일 수 있으며, 지지대의 제거 또한 손쉽게 이루어질 수 있다.
> 그리고 출력된 형상의 표면을 최대한 깨끗하게 유지한 상태로 출력할 수 있는 장점이 있기 때문에 파트를 분할하여 출력한다. 파트 분할은 출력될 모든 부품에 적용되는 것이 아니고, 모델링 내부에 공간이 발생되어 있고, 그 모델링 공간에서 조립이나, 동작 등이 이루어져야 하는 경우에 많이 사용한다.

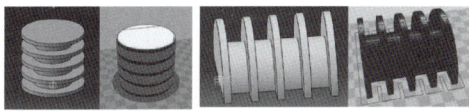

정답 14. ② 15. ③ 16. ④

17. 다음에서 설명하는 소재는 무엇인가?

> 작은 분자에서 유도된 단위체가 반복되어 있는 긴 사슬로 이루어진 거대분자(중합체)로 이루어진 합성물질을 말한다. 용융과 고체화를 반복적으로 할 수 있으며, 셀룰로오스 유도체, 첨가중합체(폴리에틸렌, 폴리프로필렌, 비닐, 아크릴, 플루오르카본수지, 폴리스티렌), 축합중합체(나일론, 테레프탈산폴리에틸렌, 폴리카르보네이트, 폴리아미드) 등이 있다.

① 세라믹 ② 열가소성수지
③ 알루미늄 ④ 실리카

해설 실리카(Silica)는 이산화규소의 다른 말로 화학식 SiO_2를 가지는 물질을 뜻한다. 지구 상에서 가장 풍부한 원소인 실리콘(규소)과 산소가 결합하여 형성된 물질로, 모래와 여러 가지 광물의 주요 성분으로 존재하고 지각을 이루는 화합물 중 가장 많은 비율을 차지한다. 상업적인 실리카의 생산량 대부분은 모래 또는 콘크리트와 같은 건축재료로 사용되며 유리의 주요 성분으로도 널리 사용된다. 실리카는 겔 형태로 가공되어 의약품이나 식품의 습도를 제어하는 흡습제로도 널리 사용된다.

18. 3D 프린터 출력 시 한 층의 높이를 0.2에서 0.1로 변경하여 출력하면 일어나는 현상으로 맞는 것은?(단, 소재는 ABS를 사용한다.)

① 노즐 온도는 190℃이며 품질이 좋아진다.
② 노즐 온도는 240℃이며 품질이 떨어진다.
③ 노즐 온도는 190℃이며 출력시간이 빨라진다.
④ 노즐 온도는 240℃이며 출력시간이 느려진다.

해설 소재별 용융온도가 다르기 때문에 노즐의 온도도 소재별로 적정 온도값을 설정해야 한다. ABS의 경우 일반적으로 220~250℃ 정도이며 적층 높이(레이어 두께)는 0.05~0.4mm 범위 내에서 설정하는데 적층 높이를 0.2에서 0.1로 설정시 출력 시간은 두배로 늘어난다.

19. 3D 프린터 사용 소재 선정 시 고려하여야 할 사항이 아닌 것은?

① 소재의 무게 ② 소재의 녹는 점
③ 소재의 직경 ④ 소재의 유해성

해설 보급형 3D 프린터에서 사용하는 소재인 필라멘트는 보통 스풀에 감아 700g~1kg 정도로 진공포장하여 판매한다.

20. 다음 중 지지대(서포트)에 대한 내용으로 옳은 것은?

① 제품을 제작할 때 아래의 면이 작으면 제품 형상의 뒤틀림이 존재하기 때문에 필요하다.
② 지지대를 과도하게 형성할 경우 제품 품질이 좋아진다.
③ 3D 프린터는 적층 성형 방식으로 표면에 레이어가 남게 되고 출력 후에 생긴 지지대를 제거하는 후가공이 필요하다.
④ 디자인에 따라 아래쪽이 넓고 위쪽이 좁은 출력물이라면, 서포트 설정을 통한 지지대가 필요하다.

21. 레이어 해상도, 레이어 두께라고도 표현하며 3D 프린터가 형상물을 출력하는데 필요한 기본 설정 값을 무엇이라 하는가?

① 공차 값 ② 출력 값
③ 기본 값 ④ 적층 값

해설 FDM 방식의 경우 적층 두께는 0.05, 0.1, 0.2, 0.3, 0.4mm 사이에서 설정할 수 있는데 한 층을 쌓아 올리는 적층 두께 설정값을 적층 두께, 적층 레이어, 레이어 해상도, 레이어 두께, 레이어 높이 등으로 부른다.

22. 기계를 제어, 조정하는 보조기능인 M 코드에서 압출기 온도를 지정된 온도로 설정하는 M 코드는?

① M104 ② M103
③ M109 ④ M18

해설 M104 : 프린트 헤드 즉 압출기 노즐의 온도를 지정하는 명령이며, 어드레스로 온도 'S'와 헤드번호 'T'가 이용 가능하다.
M103 : 압출기 전원 OFF
M109 : 압출기 온도 설정 후 대기(설정 온도에 도달할 때까지 대기), 재료압출(ME) 방식의 헤드에서 소재를 녹이는 열선의 온도를 지정하고 해당 조건에 도달할 때까지 가열 혹은 냉각을 하면서 대기하는 명령
M18 : 모든 스테핑 모터에 전원 차단

정답 17. ④ 18. ④ 19. ① 20. ③ 21. ④ 22. ①

23 3D 프린터 출력 전 장비 외부 주변 온도에 대한 설명으로 옳지 않은 것은?

① MJ 방식은 20~25℃ 사이의 온도를 권장하며 냉방시설은 불필요하다.
② 외부의 온도가 너무 낮거나 높으면 정상적인 출력이 어려울 수 있다.
③ 사용하는 3D 프린터에 따라 외부 공기 흐름을 차단시켜 챔버 내부 온도를 올려 출력에 맞는 적정 온도를 유지시켜 주기도 한다.
④ 장비 외부의 온도도 출력실 내부 온도 못지 않게 중요한 사항이다.

해설 재료분사 방식인 MJ(Material Jetting) 기술은 액상의 광경화성수지나 열가소성수지, 왁스(서포트 재료) 등 용액 형태의 소재를 수백 개의 미세한 노즐 구멍을 통해 분사시키고 자외선 등으로 경화시키는 방식으로 대표적인 상용화 기술 방식으로 MJM, MJP, PolyJet을 들 수 있다.
온도와 습도에 민감하기 때문에 3D 프린터가 위치한 장소에는 에어컨 시설이 필요하며 보통 20℃~25℃의 온도에서 사용한다. 실내 습도는 약 50% 이하가 권장된다.

24 3D 프린팅할 때의 문제점 중에서 공차에 대한 설명으로 옳지 않은 것은?

① 결합 부분의 치수대로 만들어도 출력과정에서 수축과 팽창으로 치수가 달라질 수 있다.
② 출력물이 다른 부품이나 다른 출력물과 결합 또는 조립을 필요로 할 때는 공차를 고려해야 한다.
③ 다른 3D 프린터로 출력할 경우, 수치가 달라지는 값이 일정하므로 평소 출력물의 수치를 측정해서 달라지는 값을 확인할 수 있다.
④ 출력 전에 미리 늘어나는 값을 확인하고 수정해서 출력함으로써 재수정하고 출력하는 일이 없도록 해야 한다.

해설 사용하는 3D 프린터마다 정밀도가 다르기 때문에 출력물에도 공차가 발생할 수 있다.

25 다음 중 공작물 좌표계를 설정하는 G코드 명령은 무엇인가?

① G01　② G04
③ G28　④ G92

해설 G01 : 직선보간, 'F' 어드레스로 설정된 이송속도에 따라 'X', 'Y', 'Z', 'E' 등의 좌표로 주어지는 위치까지 소재를 압출하면서 직선으로 이동한다.
G04 : 3D 프린터가 특정 시간 동안 아무 변화 없이 대기해야 할 경우 사용할 수 있는 대기(Dwell) 지령
G28 : 원점 복귀, 3D 프린터의 각 축을 원점으로 이송
G92 : 공작물좌표계(workpiece coordinate)를 설정하는 명령

26 3D 프린터 출력물의 한 층 높이를 설정하는 옵션 기능은?

① BRIM
② LAYER HEIGHT
③ SKIRT
④ THICKNESS

해설 Layer height(mm)는 3D 프린터가 출력할 때 한 층의 높이를 설정하는 옵션이다. 사용할 3D 프린터의 최대 높이와 최저 높이 사이의 값으로 설정하면 되고, 높이가 낮을수록 출력물의 품질이 좋아진다. 다른 용어로 적층 두께, 적층 높이, 레이어 두께, 레이어 높이, 레이어 해상도라고도 부른다.

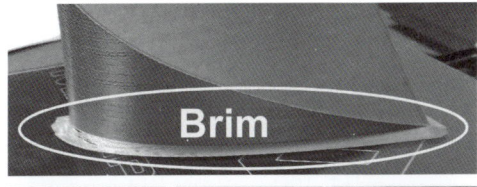

정답 23. ① 24. ③ 25. ④ 26. ②

27 출력용 파일의 오류 종류 중 실제 존재할 수 없는 구조로 3D 프린팅, 부울 작업, 유체 분석 등에 오류가 발생할 수 있는 것은?

① 비(非)매니폴드 형상
② 클로즈 메쉬 형상
③ 오픈 메쉬 형상
④ 반전 면 형상

해설 올바른 구조인 매니폴드 형상은 하나의 모서리를 2개의 면이 공유하고 있지만, 올바르지 못한 비매니폴드 형상은 하나의 모서리를 3개 이상의 면이 공유하고 있는 경우와 모서리를 공유하고 있지 않은 서로 다른 면에 의해 공유되는 정점을 나타낸다.

■ 매니폴드 형상과 비매니폴드 형상

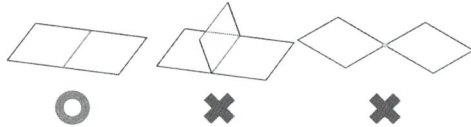

28 현재 위치에서 가로 88mm, 세로 33mm로 필라멘트를 현재 길이에서 15.5mm까지 압출하면서 이송할 때 해당하는 G코드는?

① G0 X88 Y33 E15.5
② G1 X88 Y33 F15.5
③ G1 X88 Y33 E15.5
④ G0 X88 Y33 F15.5

해설 ■ G1 : 직선 보간
G1은 현재 위치에서 지정된 위치까지 프린트 헤드나 플랫폼(베드)을 직선 이송한다.
이때 이송되는 속도나 압출되는 필라멘트의 길이를 지정할 수 있다. 이송 속도는 Fnnn에 의해서 다음 이송 속도가 지정되기 전까지는 현재의 이송 속도(mm/min)를 따른다.
Ennn : 압출 필라멘트 길이, Ennn은 압출되는 필라멘트의 길이를 의미한다. 이때 nnn은 압출되는 길이(mm)이다.

29 FDM 방식 3D 프린터 출력에서 출력 오류를 최소화하기 위해 점검해야 할 내용과 거리가 먼 것은?

① 노즐과 히팅베드의 수평 확인
② 빛샘 현상(Light Bleeding) 확인
③ 스테핑 모터 압력 부족 확인
④ 노즐 출력 두께 확인

해설 ■ 빛샘 현상(Light Bleeding)
SLA방식은 광경화성 수지에 빛을 주사하는 방식이기 때문에 빛이 새어 나가게 되면 경화를 원하지 않는 부분까지 경화되는 현상이 발생할 수도 있다.
보통 빛샘 현상이 일어나게 되면 경화를 시키고자 하는 레이어면 뒤의 광경화성 수지가 이 새어나온 빛에 함께 경화되어 출력물이 지저분해지게 된다.
빛샘 현상은 광경화성 수지가 어느 정도의 투명도를 가지고 있으면 발생하게 된다. 액상 형태의 수지가 완전히 불투명하다면 빛샘 현상이 거의 없겠지만 0.05mm 정도 두께의 플라스틱은 뒤에서 빛을 비추면 대개 빛이 새어 나온다.
빛샘 현상을 줄이기 위해선 레진의 구성 요소와 경화 시간을 적절히 맞추어 줘야 한다.

30 FDM 방식 3D 프린터에서 출력 오류의 형태로 볼 수 없는 것은?

① 빛이 새어 나가면 경화를 원하지 않는 부분까지 경화되는 현상이 발생할 수 있다.
② 3D 프린터를 동작시켰으나, 처음부터 재료가 압출되지 않는다.
③ 스풀에 더 이상 필라멘트가 없으면 재료가 압출되지 않는다.
④ 모터 드라이버가 과열되어 다시 냉각될 때까지 모터의 회전이 멈추기도 한다.

해설 빛샘 현상은 액상의 광경화성수지에 레이저나 자외선같은 광원을 활용하는 기술방식인 광중합 방식, 재료분사 방식 등에 해당하는 내용이다.

정답 27. ① 28. ③ 29. ② 30. ①

31 3D 프린터 출력 시 온도 조건은 매우 중요한 요소이다. 온도 조건에 대한 설명으로 틀린 것은?

① 노즐 온도는 사용되는 필라멘트 재질에 따라 달라진다.
② PLA 소재는 히팅베드를 사용하지 않고도 출력이 가능하다.
③ 히팅베드 온도는 소재별로 다르게 설정하지 않아도 된다.
④ 레이저 열원(CO_2 레이저)이 많이 사용된다.

해설 FDM 방식의 3D 프린터 중에서도 히팅베드가 없는 제품도 있으나 대부분은 히팅베드가 장착되어 있다. 노즐 온도와 마찬가지로 히팅베드의 온도도 소재별로 다르게 설정해야 한다. 그리고 소재별로 히팅베드가 굳이 필요없는 경우도 있다. PLA 소재 같은 경우는 히팅베드를 굳이 사용하지 않아도 출력이 가능한데 PLA 소재는 온도 변화에 따른 출력물의 변형이 작기 때문이다. 하지만 ABS 소재 같은 경우는 온도에 따른 출력물의 변형이 심하기 때문에 히팅베드 사용은 필수적이다.

■ 소재에 따른 히팅베드 필요 유무

소재의 종류	히팅베드 사용 유무 혹은 사용 온도
PLA, PVA 소재 등	히팅베드 사용 필수 아님 다만 사용 시 히팅베드 온도는 보통 50~60℃ 이하로 설정
ABS, HIPS, PC 소재 등	히팅베드 사용 필수 80℃ 이상의 온도로 설정

32 3D 프린터 출력물 회수 방법으로 옳지 않은 것은?

① 3D 프린터에서 출력물을 제거할 때는 마스크, 장갑 및 보안경을 착용한다.
② 분말 방식 3D 프린터는 작업이 마무리되면 출력물을 바로 꺼내어 건조해야 한다.
③ 프린터가 출력을 종료한 것을 확인한 후 3D 프린터의 문을 연다.
④ 전용 공구를 사용하여 플랫폼에서 출력물을 분리한다.

해설 ■ 분말방식 3D 프린터 출력물 회수
㉠ 보호 장구 착용
㉡ 3D 프린터 작동 멈춘 것 확인
㉢ 3D 프린터 문 개방
㉣ 플랫폼에서 출력물 회수
㉤ 플랫폼에 남아 있는 분말 진공흡입기 이용 제거
㉥ 회수된 출력물 표면에 남아 있는 분말 가루 제거

분말 방식 3D 프린터로 제품을 출력한 후 일정 시간 출력물을 건조하지 않고 제품을 꺼내게 되면 출력물이 부서질 위험이 있다.

33 SLA(Stereolithography Apparatus) 방식에서 일정한 빛을 한 점에 집광시켜 구동기구가 움직이며 구조물을 제작하는 방식은?

① 전사방식
② 반사방식
③ 주사방식
④ 집사방식

해설 주사 방식 : 일정한 빛을 한 점에 집광시켜 구동기가 움직이며 구조물을 제작하는 방식으로 한 점이 움직이면서 구조물이 제작되기 때문에 가공성이 용이한 장점이 있고 가공 속도가 느린 단점이 있다.

전사 방식 : 한 점으로 구조물을 제작하는 것이 아니라, 한 면을 광경화성 레진에 전사하여 구조물을 제작하는 방식으로 가공 속도가 빠른 장점이 있다.

34 3D 프린터에서 제품을 출력할 때 지지대의 안정적인 설정을 위해 가장 중요한 항목은?

① 지지대의 모양
② 지지대의 적용 각도
③ 지지대의 크기
④ 지지대의 적용 소재

해설 FDM 방식 3D 프린터로 출력시 모델의 오버행이 수직에서 45° 미만의 각도인 경우 출력보조물인 지지대(서포트)를 사용하지 않고도 출력이 가능하다.

정답 31. ③ 32. ② 33. ③ 34. ②

35. FDM 방식 3D 프린터에서 출력 도중에 재료가 압출되지 않는 경우와 거리가 먼 것은?

① 플랫폼의 수평이 맞지 않을 때
② 스풀에 더 이상 필라멘트가 없을 때
③ 압출 헤드의 모터가 충분히 냉각되지 못하고 과열되었을 경우
④ 필라멘트 재료가 얇아졌을 때

해설 출력 도중에 재료가 압출되지 않을 때 오류를 해결할 수 있다.
제품의 출력 도중에 재료가 압출되지 않는 데는 다음과 같은 몇 가지 경우와 이에 따른 대책이 있을 수 있다.
㉠ 스풀에 더 이상 필라멘트가 없을 때 해결방법을 제시한다.
   필라멘트가 감겨져 있는 새로운 스풀로 교체한다.
㉡ 필라멘트 재료가 얇아졌을 때 해결방법을 제시한다.
   앞서 설명한 내용과 동일한 대책이 있다.
㉢ 압출 노즐이 막혔을 경우 해결한다.
   앞서 설명한 내용과 동일한 대책이 있다.
㉣ 압출 헤드의 모터가 과열되었을 때 해결방법을 제시한다.
   이 경우는 3D 프린터를 끄고 냉각될 때까지 기다려야 한다. 문제가 계속 발생하면 추가적인 냉각 장치의 설치를 고려해야 한다.

36. 출력물 윗부분에 구멍이 생기는 현상이 나타날 때 적절한 방법은?

① 프린터 출력 속도를 줄인다.
② 서포트 설정을 다시 한다.
③ 내부 채움을 100%로 한다.
④ 노즐 온도를 올린다.

해설 출력된 제품의 윗부분에 구멍이 생길 때는 다음과 같은 몇 가지 대책이 있을 수 있다.
㉠ 출력물 두께를 조절해 준다.
   출력물의 표면에 구멍이 만들어지면 우선 출력되는 제품의 두께를 두껍게 해 주는 것이 좋다. 즉, 3D 프린터 프로그램의 설정에서 출력물의 기본적인 두께를 설정해 줄 수 있는데, 이 두께를 좀 더 두껍게 설정해 준다.
   또 다른 방법으로는 층 두께를 조절하는 것이다. 층 두께를 얇게 하면 출력물의 윗 부분을 성형하는 데 보다 많은 층을 이용해서 성형하게 된다. 일부 3D 프린터는 밑면과 윗면을 구성하는 층의 수를 좀 더 두껍게 해 주기 위해서 층수를 설정해 줄 수 있는 경우도 있다.
㉡ 내부 채움 설정을 변경해 준다.
   내부 채움 즉, 단면에 얼마나 빈 공간을 줄 것인가는 3D 프린터 프로그램에서 설정할 수 있다. 이때 빈 공간이 너무 많으면 윗부분을 출력할 때 제대로 지지해 줄 수 없기 때문에 적절한 성형이 이루어지지 않아 구멍이 생기게 되는 것이다. 따라서 내부 채움량을 증가시키면서 구멍이 만들어지지 않는 값을 찾는다.

37. 3D 프린팅 G코드로 'G1 F250'을 바르게 설명한 것은?

① 쿨링팬의 회전 속도를 250rpm을 설정
② 이송 속도를 250mm/min으로 설정
③ 압출기의 온도를 250℃로 설정
④ F 지점으로 빠르게 250mm 이동 설정

해설 'G1'은 현재 위치에서 지정된 위치까지 헤드나 플랫폼을 직선 이송한다. 이때 이송되는 속도나 압출되는 필라멘트의 길이를 지정할 수 있다. 이송 속도는 Fnnn(mm/min)에 의해서 다음 이송 속도가 지정되기 전까지는 현재의 이송 속도를 따른다.

38. 3D 프린터 출력을 위한 사전 준비에서 매우 중요한 요소로 출력 전에 필수로 확인해봐야 하는 조건은?

① 내·외부의 청결 상태
② 소재별 온도 조건 확인
③ 소재의 단가
④ 출력물의 형상

해설 FDM 방식 3D 프린팅에서 필라멘트의 종류별로 용융온도가 상이하기 때문에 슬라이서에서 사용하는 소재와 노즐 온도가 적절하게 설정되었는지 확인 후 출력하는 것이 좋다.

39. 금속 원소에 소량의 비금속 원소가 첨가되거나, 두 개 이상의 금속 원소에 의해 구성된 금속 물질을 무엇이라 하는가?

① 합금   ② 비철금속
③ 실리카   ④ 폴리아미드

해설 DMLS(직접 금속 레이저 소결), DMP(다이렉트 메탈 프린팅) 방식 등 금속 3D 프린팅에 활용하는 합금에는 티타늄 합금, 스테인리스 스틸 합금, 알루미늄 합금, 코발트 크롬 합금, 니켈 초합금 등이 있다.

정답 35. ① 36. ③ 37. ② 38. ② 39. ①

40 Support Type 설정 중 전체 서포트에 대한 설명으로 틀린 것은?

① 서포트를 제거하는 데 어려움이 있어 출력물의 품질이 떨어진다.
② 형상물 전체에 지지대가 필요한 부분에 슬라이서 프로그램으로 서포트를 설정하는 방식
③ 지지대가 필요하지 않은 형상물을 출력 시에 설정해 주는 방식
④ 출력 시간이 오래 소모되지만 형상물의 모양을 최대한 유지하여 출력함

해설 Support Type은 보통 전체 서포터, 부분 서포터, 서포터 없음 세 가지로 나뉜다.

전체 서포터 : 형상물 전체에 서포터를 설정해주는 방식으로 출력 시간이 오래 소모되지만 형상물의 모양을 최대한 유지시켜 출력시키지만 서포터를 제거하는데 있어 어려움이 있어 출력물의 품질을 기대하기는 어렵다.

부분 서포터 : 지지대를 필요로 하는 부분을 슬라이서 프로그램이 자동으로 설정해 주는 방식으로 효율적이라고 할 수 있다.

지지대 없음 : 지지대 없음으로 설정하고 출력하는 경우는 지지대를 필요로 하지 않는 형상물을 출력할 때 사용한다.

41 FDM 방식의 3D 프린터 특성상 제대로 출력되지 않는 경우가 있는데 다음 보기 중에서 정상적인 출력이 되지 않는 원인으로 가장 거리가 먼 것은?

① 부품간 간격이 너무 좁은 경우
② 모델링 형상 외벽 두께가 노즐 직경보다 작을 경우
③ 구멍이나 축의 지름이 1mm 이하인 경우
④ 부품 중에서 하나에만 공차를 적용한 경우

해설 단순히 출력과 공차는 큰 상관이 없으며, 공차는 출력 후 두 부품 간에 조립시 관계가 있다.

42 지지대와 관련된 성형 결함으로 소재가 경화되면서 수축에 의해 뒤틀림이 발생하는 현상을 무엇이라 하는가?

① Island
② Warping
③ Ceiling
④ Base

해설 ■ 지지대 구조물의 종류

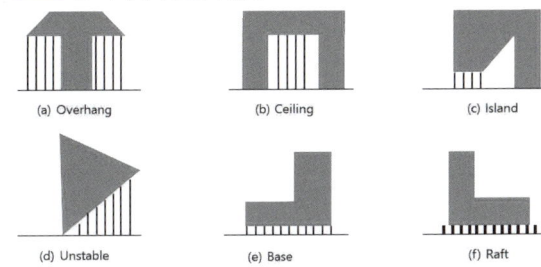

■ 3D 프린팅 Warping 현상

43 다음 설명에 해당되는 좌표지령은?

· G90을 사용한다.
· 좌표를 지정된 원점으로부터의 거리로 나타내는 방식이다.
· 좌표값으로부터 현재 가공할 위치가 어디인지 직관적으로 알 수 있다.
· 사람이 코드를 읽기 쉬운 장점이 있다.

① 절대지령
② 상대지령
③ 증분지령
④ 대기지령

해설 좌표어에서 좌표를 지령의 방법에는 절대(absolute) 지령과 증분(incremental) 지령이 있다. 절대 지령은 "G90"을 사용하며, 증분 지령은 "G91"을 사용하며 모두 모달그룹3에 해당한다.

정답 40. ③ 41. ④ 42. ② 43. ①

44 SLS 방식의 3D 프린터에서 세라믹 분말에 대한 특징으로 가장 거리가 먼 것은?

① 금속과 비금속 원소의 조합으로 이루어져 있다.
② 점토, 시멘트, 유리 등도 세라믹이다.
③ 알루미나, 실리카 등이 대표적이다.
④ SLS 방식에서 가장 흔히 사용되는 소재이다.

해설 SLS 방식에서 가장 흔히 사용되는 소재는 플라스틱 분말로 가격적인 측면에서 세라믹 분말이나 금속 분말에 비해 저렴하기 때문이다.

■ 세라믹 분말
세라믹은 금속과 비금속 원소의 조합으로 이루어져 있다. 보통 산소와 금속이 결합된 산화물, 질소와 금속이 결합된 질화물 그리고 탄화물 등이 있다. 알루미나(Al_2O_3), 실리카(SiO_2) 등이 대표적인 세라믹이고 점토, 시멘트, 유리 등도 세라믹에 속한다. 플라스틱에 비해 강도가 강하며, 내열성이나 내화성이 우수하지만 세라믹을 용융시키기 위해선 고온의 열이 필요하다는 단점이 있다.

45 SLA 방식 3D 프린터에서 빛샘 현상(Light Bleeding)에 대한 설명으로 옳지 않은 것은?

① 광경화성 수지가 어느 정도의 투명도를 가지면 발생함
② 경화 부분이 타거나 열을 받아 열 변형을 일으켜 출력물에 뒤틀림 현상이 발생함
③ 빛샘 현상을 줄이기 위해서는 레진 구성 요소와 경화 시간을 적절히 맞춰야 함
④ 빛이 새면 경화를 원하지 않는 부분까지 경화되는 현상이 발생할 수 있음

해설 ■ 빛샘 현상(Light Bleeding)
SLA방식은 광경화성 수지에 빛을 주사하는 방식이기 때문에 빛이 새어 나가게 되면 경화를 원하지 않는 부분까지 경화되는 현상이 발생할 수도 있다. 보통 빛샘현상이 일어나게 되면 경화를 시키고자 하는 레이어 면 뒤의 광경화성 수지가 이 새어 나온 빛에 함께 경화되어 출력물이 지저분해지게 된다.
빛샘 현상은 광경화성 수지가 어느 정도의 투명도를 가지고 있으면 발생하게 된다. 액상 형태의 수지가 완전히 불투명하다면 빛샘 현상이 거의 없겠지만 0.05mm 정도 두께의 플라스틱은 뒤에서 빛을 비추면 대개 빛이 새어 나온다.
빛샘 현상을 줄이기 위해선 레진의 구성 요소와 경화 시간을 적절히 맞추어 줘야 한다.

46 다음 중 FDM 방식의 3D 프린터 소재로 가장 거리가 먼 것은?

① 시멘트   ② Soft-PLA 소재
③ 플라스틱 분말   ④ PVC 소재

해설 플라스틱 분말은 분말 융접 3D 프린팅 공정인 SLS 방식에서 가장 흔히 사용되는 소재이다. 가격 면에서 세라믹 분말과 금속 분말에 비해 저렴하기 때문이다. 주로 나일론 계열의 폴리아미드가 SLS 방식 플라스틱 분말로 사용된다. 의류, 패션, 액세서리, 핸드폰 케이스 등 직접 만들어서 착용이나 사용이 가능한 제품을 프린트할 수 있다. 또한 플라스틱 분말은 염색성이 좋아서 다양한 색깔을 낼 수가 있다.

47 FDM 방식 3D 프린터의 G코드에서 평면 설정 코드가 아닌 것은?

① G17   ② G18
③ G19   ④ G90

해설 G17 : 작업평면 지정 X-Y 평면
G18 : 작업평면 지정 Z-X 평면
G19 : 작업평면 지정 Y-Z 평면
G90 : 절대 지령 선택

48 3D 프린터가 구동될 때 헤드가 항상 일정한 위치로 복귀하게 되는 기준점이 있는데, 이 기준점을 좌표축의 원점으로 사용하는 좌표계를 무엇이라 하는가?

① 공작물 좌표계   ② 기계 좌표계
③ 로컬 좌표계   ④ 증분 좌표계

해설 3D 프린터에 사용되는 좌표계는 기계 좌표계(Machine Coordinate System), 공작물 좌표계(Work Coordinate System) 그리고 로컬 좌표계(Local Coordinate System)가 있다.

■ 기계좌표계
3D 프린터는 고유의 기준점을 가지고 있는데 이 기준점은 많은 경우 3D 프린터가 처음 구동되거나 초기화될 때 헤드가 항상 일정한 위치로 복귀하게 되는 기준점이 된다. 이 기준점을 좌표축의 원점으로 사용하는 좌표계를 기계 좌표계라고 한다. 즉 기계 좌표 원점에서는 각 축의 기계 좌표계 좌표값이 각각 X 0.0, Y 0.0 및 Z 0.0이 된다.

정답 44. ④   45. ①   46. ③   47. ④   48. ②

49 현재의 좌표 값이(X100, Y130)이고 이동한 좌표 값이 (X180, Y200)이다. 이동할 좌표로 지정한 값이(X180, Y200)이면 다음 중 어떤 좌표 방식인가?

① 증분 좌표 방식
② X, Y 좌표 방식
③ 평면 좌표 방식
④ 절대 좌표 방식

해설 현재 위치 A에서 다음 위치인 B로 이동할 때 절대 좌표 방식과 증분 좌표 방식에 따른 명령어의 차이를 알 수 있다. 즉, 절대 좌표 방식에서는 현재의 좌표(X30.0 Y10.0)와 무관하게 다음 이동할 좌표 값인 X90.0 Y100.0을 지정해 준다. 하지만 증분 좌표 방식에서는 현재의 좌표값과 이동할 좌표 값의 차인 X60.0 Y90.0을 지정하게 된다.

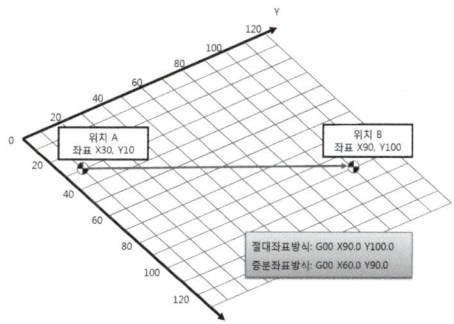

50 압출기 노즐과 플랫폼 사이의 거리가 너무 가까울 때 발생하는 현상과 거리가 가장 먼 것은?

① 노즐의 구멍이 막히게 된다.
② 녹은 플라스틱 재료가 제대로 압출되기 어렵다.
③ 처음에는 제대로 압출되지 않다가 3, 4번째 층부터 압출이 되기도 한다.
④ 재료의 일부가 흘러내리는 현상이 생긴다.

해설 압출기 노즐의 끝이 플랫폼과 너무 가까우면 압출기 노즐의 구멍이 플랫폼에 의해서 막히게 되어 녹은 플라스틱 재료가 제대로 압출되기 어렵다. 이 경우는 처음 1, 2번째 층에서는 재료가 압출되지 않다가 3, 4번째 층부터 제대로 압출되기도 한다. 대부분의 압출기는 고온에서 대기 상태일 때 재료의 일부가 흘러내리는 현상이 발생한다. 따라서 압출 노즐 내부에서 가열된 고온의 재료가 압출기 출구를 통해서 흘러내리면 압출 노즐 내부에는 빈 공간이 생기게 된다. 따라서 출력 초기에 재료가 압출되지 않게 되는 경우가 있다.

51 출력물 출력 중에 단면이 밀려서 성형되는 원인으로 거리가 가장 먼 것은?

① 적절한 전류가 모터로 전달되지 않는 경우
② 프린터 헤드의 속도가 너무 느리게 움직일 때
③ 타이밍 벨트의 장력이 낮게 설정되어 있는 경우
④ 모터가 과열되어 회전이 멈춘 경우

해설 ㉠ 프린터 헤드가 너무 빨리 움직일 때
매우 고속으로 출력을 진행하면 3D 프린터의 모터가 이를 따라가지 못하는 경우가 생길 수 있다. 모터가 견디는 속도 이상으로 3D 프린터를 동작시키면 모터가 오동작을 일으키는 소리가 발생하게 된다. 그리고 3D 프린터 헤드의 정렬이 틀어지게 된다.

㉡ 3D 프린터의 기구부 또는 전자 시스템에 문제 발생 시
오픈소스형 재료압출 방식의 3D 프린터는 타이밍 벨트와 타이밍 풀리를 프린트 헤드 구동에 사용한다. 특히 타이밍 벨트의 대부분은 고무 재질로 되어 있으며, 오랜 기간 사용하면 벨트가 늘어나게 된다. 벨트가 늘어나면 타이밍 풀리 사이에 감겨진 타이밍 풀리의 장력이 낮아지게 되어 타이밍 벨트의 톱니 부분이 타이밍 풀리의 톱니 부분을 타고 넘어 가는 현상이 발생하고 따라서 헤드의 정렬에 영향을 주게 된다. 반면에 초기부터 타이밍 벨트의 장력이 너무 높게 설정되어 있는 경우에도 문제를 일으킬 수 있다. 즉 타이밍 벨트의 지나치게 높은 장력은 베어링에 과도한 마찰을 발생시켜 모터의 원활한 회전을 방해하는 요인이 된다.

52 고체 기반(FDM 방식) 3D 프린터의 작동원리 (구조)와 관계가 없는 것은?

① 롤러 구동부
② 압출기
③ 필라멘트
④ XY축 구동부

해설 대표적인 분말 융접 기술인 SLS 방식의 구성 요소 중 회전 롤러는 분말을 추가하거나 분말이 담긴 표면을 매끄럽게 해 주는 장치로 회전하는 롤러는 베드 위에 분말을 고르게 펼쳐 주면서 일정한 높이를 갖도록 해 준다.

정답 49. ④ 50. ④ 51. ② 52. ①

53. 다음 중 M코드의 용도에 대한 설명으로 잘못된 것은?

① 스테핑 모터 비활성화
② 압출기 온도를 지정된 온도로 설정
③ 지정된 좌표로 직선 이동하며 지정된 길이만큼 압출 이동
④ 압출기 온도를 설정하고 해당 온도에 도달하기를 기다림

해설 준비기능은 프린터 헤드의 움직임과 관계된 지령들이지만, 보조기능은 헤드 이외의 장치(압출기, 베드, 냉각팬 등) 제어에 관련한 기능들로 구성되어 있다. 아래는 지정된 좌표로 직선 이동하며 지정된 길이만큼 압출하면서 이동하라는 G코드의 한 예이다.

G1 X80 Y20 E12.5 F3000
현재 위치에서 X=80, Y=20으로, 필라멘트를 현재 길이에서 12.5mm까지 압출하면 이송. 이때 이송속도는 3000mm/min

54. 스캐닝 데이터를 저장할 때 모든 스캔 소프트웨어 또는 데이터 처리 소프트웨어에서 사용 가능한 포맷이 아닌 것은?

① XYZ   ② IGES
③ STL   ④ STEP

해설 스캔 데이터 저장 표준 포맷은 모든 스캔 소프트웨어 혹은 데이터 처리 소프트웨어에서 사용이 가능한 포맷으로 가장 많이 사용되는 포맷은 XYZ, IGES, STEP가 있다.

㉠ XYZ 데이터
가장 단순하며, 각 점에 대한 좌표 값인 XYZ값을 포함하고 있다.

㉡ IGES(Initial Graphics Exchanges Specification)
최초의 표준 포맷이며, 형상 데이터를 나타내는 엔터티(entity)로 이루어져 있다. IGES 파일은 점뿐만 아니라 선, 원, 자유 곡선, 자유 곡면, 트림 곡면, 색상, 글자 등 CAD/CAM 소프트웨어에서 3차원 모델의 거의 모든 정보를 포함할 수 있다. 3D 스캐너에서는 선택적으로 지원할 수 있다.

㉢ STEP(Standard for Exchange of Product Data)
IGES의 단점을 극복하고 제품 설계부터 생산에 이르는 모든 데이터를 포함하기 위해서 가장 최근에 개발된 표준이다. 거의 대부분의 상용 CAD/CAM 소프트웨어에서 STEP 표준 파일을 지원하며, 3D 스캐너에서는 선택적으로 지원할 수 있다.

55. 전기용 안전 장갑에 대한 설명으로 틀린 것은?

① 내전압용 절연장갑은 00등급부터 4등급까지 있으며 숫자가 작을수록 절연성이 높다.
② 이음매가 없고 균질해야 한다.
③ 고무는 열, 빛 등에 의해 쉽게 노화되므로 열 및 직사광선을 피하여 보관해야 한다.
④ 6개월마다 1회씩 규정된 방법으로 절연 성능을 점검하고 그 결과를 기록해야 한다.

해설 내전압용 절연장갑은 00등급에서 4등급까지이며 숫자가 클수록 두꺼워 절연성이 높다.

56. 전기 작업에 사용하는 절연장갑의 등급과 색상이 맞지 않는 것은?

① 0등급(빨간색)   ② 1등급(흰색)
③ 2등급(노란색)   ④ 3등급(갈색)

해설 00등급 : 500V(갈색)
0등급 : 1,000V(빨간색)
1등급 : 7,500V(흰색)
2등급 : 17,000V(노란색)
3등급 : 26,500V(녹색)
4등급 : 36,000V(등색, 오렌지색)

57. 비접촉 3차원 스캐닝 중에서 측정 속도가 가장 빠른 스캐너는 다음 중 어느 것 인가?

① 백색광(White light)방식의 스캐너
② 핸드헬드(Handheld) 스캐너
③ 패턴 이미지 기반의 삼각 측량 3차원 스캐너
④ TOF(Time-Of-Flight) 방식 레이저 3D 스캐너

해설 백색광 방식 스캐너는 특정 패턴을 물체에 투영하고 그 패턴의 변형 형태를 파악해 3차원 정보를 얻어낸다. 이 백색광 방식의 최대 장점은 빠른 측정속도에 있다. 한번에 한 점씩 스캔하는 게 아니라, 전체 촬상영역(Fied of View, FOV) 전반에 걸쳐 있는 모든 피사체의 3차원 좌표를 한번에 얻어 낼 수 있다. 이점 때문에 모션장치에 의한 진동으로 부터 오는 측정 정확도의 손실을 획기적으로 줄일 수 있으며 어떤 시스템들은 움직이는 물체를 거의 실시간으로 스캔해 낼 수도 있다.

정답 53. ③   54. ③   55. ①   56. ④   57. ①

58. 다음에서 설명하는 응급처치 시행자의 행동수칙은?

> 현장 응급 처치 시행자에 의한 1차 처치가 4분 이내에 이루어지고 전문가에 의한 처치가 8분 이내에 이루어질 수 있도록 의료기관이나 119구조대에 연락하고 신속하게 처치해야 한다.

① 신속한 판단과 처치
② 신속한 예방과 처치
③ 신속한 연락과 상황 파악
④ 신속한 연락과 처치

해설 ■ 응급처치자의 행동수칙

(1) 신속한 연락과 처치
현장 응급처치 시행자에 의한 1차 처치가 4분 이내에 이루어지고 전문가에 의한 처치가 8분 이내에 이루어질 수 있도록 의료기관이나 119 구조대에 연락하고 신속하게 처치한다.

(2) 응급처치에 대한 허락
산업재해 피해자가 의식이 있으면 산업재해 피해자에게 자기소개를 하고 응급처치를 시행해도 좋다는 허락을 받아야 한다. 다만, 의식이 없는 경우에는 동행인에게 허락을 받고 동행인이 없으면 허락을 받은 것으로 간주한다.

(3) 추가 손상의 방지
더 이상의 손상을 방지하기 위하여 의식이 없는 산업재해 피해자와 경추(목뼈)와 척추 손상이 의심되는 산업재해 피해자의 이송과 처치 시에 경추보호대와 전신부목으로 고정하여 보호한다.

(4) 응급처치기구가 없으면 주변의 물건을 이용하여 응급처치를 시행한다.

(5) 응급처치방법을 정확히 모르면 산업재해 피해자에게 처치를 시행하지 말고 상태를 관찰하며 전문가의 도착을 기다린다.

59. 아래에서 설명하는 후가공 공구는?

> · 출력물의 표면을 다듬기 위해 사용한다.
> · 거칠기마다 번호가 있으며 번호가 낮을수록 표면이 거칠고 높을수록 표면이 곱다.
> · 사용 시에는 번호가 낮은 거친 것으로 시작해서 번호가 높고 고운 것으로 넘어간다.

① 아트 나이프
② 조각도
③ 니퍼
④ 사포

해설 사포의 거칠기는 입도(Grit)라고 표기하며 입도는 일정한 단위 면적 당 입자의 수를 말하는데 번호가 높을수록 입자가 곱고 낮을수록 거칠다.

방	사포 재질	용도
60~120	천 사포	사포의 표면이 거칠다. 거친 표면이나 단단한 표면을 연마할 때 사용하며 금속이나 강도 높은 플라스틱, 시멘트 표면의 이물질을 제거할 때 사용한다.
180~280	천 사포	사포의 표면이 적당히 거칠다. 높은 연마도로 다양한 재료의 표면을 평평하게 만들어 준다. 가장 많이 사용되는 사포이다.
320~600	천, 종이 사포	사포의 표면이 위의 사포보다 부드럽다. 평평하게 표면을 다듬어 부드럽게 만들어 주는데 사용한다. 도색을 살짝 벗겨내는 용도로 사용한다.
800~2000	종이 사포	사포의 표면이 가장 부드럽다. 귀금속의 광택이나 도색 표면을 연마할 때 사용한다. 사용 빈도가 가장 떨어진다.

60. 스캐닝 준비 단계에서 적용 분야별 스캐너의 설명으로 잘못된 것은?

① 산업용은 매우 높은 수준의 정밀도를 요한다.
② 산업용은 피측정물의 표면 코팅을 통해 난반사를 미리 제거할 수 있다.
③ 일반용은 3차원 프린팅용으로 높은 수준의 정밀도가 요구된다.
④ 일반용 난반사를 위한 코팅이 필요하지 않을 수 있다.

해설 일반적인 적용 분야로 보면 산업용으로 쓰이는 3D 스캐너는 고가이며 정밀도가 매우 우수하며 측정 범위도 비교적 크다. 이러한 스캐너는 머시닝을 통해서 얻어진 가공품의 검사 용도로도 많이 사용이 된다.
보통 3차원 프린팅에서 사용할 3D 데이터 생성용 스캐너는 그 정밀도가 그리 높을 필요가 없다. 이는 3차원 프린팅의 가공 정밀도가 스캐너의 정밀도 보다 좋으면 되기 때문이다.
또한 프로토 타입용으로 사용할 경우에는 저가형이 유리하며, 최종 제품 개발용으로 사용할 경우에는 고가형을 선택하도록 한다. 또한 여러 번 측정을 해야 하며 측정 시간이 중요할 경우에는 광 패턴 방식의 고속 스캐너가 유리하다.

정답 58. ④ 59. ④ 60. ③

PART 03

2022년 CBT 기출문제 복원

2022년 CBT 기출문제(A) 복원

01 3D 모델을 생성하는데 있어서 단면 곡선과 가이드 곡선이라는 2개의 스케치가 필요한 모델링은?

① 돌출(extrude)모델링
② 필렛(fillet) 모델링
③ 쉘(shell) 모델링
④ 스윕(sweep) 모델링

해설 경로를 따라 2D 단면을 돌출시키는 방식으로 스윕 모델링을 하기 위해서 경로와 2D 단면이 있어야 한다. 아래 예는 사각형 경로에 2D 단면을 적용시켜 2D 단면을 가지는 사각형 테두리를 작성한 예이다.

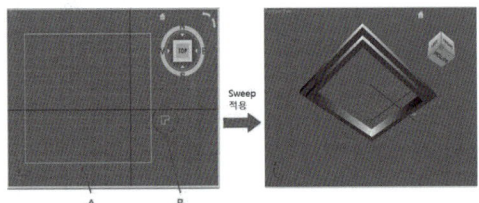

02 3D 프린터의 출력 방식에 대한 설명으로 옳지 않은 것은?

① DLP 방식은 선택적 레이어 소결 방식으로 소재에 레이저를 주사하여 가공하는 방식이다.
② SLS 방식은 재료 위에 레이저를 스캐닝하여 융접하는 방식이다.
③ FDM 방식은 가열된 노즐에 필라멘트를 투입하여 가압 토출하는 방식이다.
④ SLA 방식은 용기 안에 담긴 재료에 적절한 파장의 빛을 주사하여 선택적으로 경화시키는 방식이다.

해설 선택적 레이저 소결(SLS, Selective Laser Sintering) 방식은 고체 입자의 파우더 재료를 사용하며 레벨링 롤러에 의해 편평하게 정리된 재료위에 레이저 광원을 선택적으로 조사함으로써 재료가 부분적으로 용융이 일어나 접합되게 되는 PBF(Powder Bed Fusion) 방식의 대표적인 기술이다.

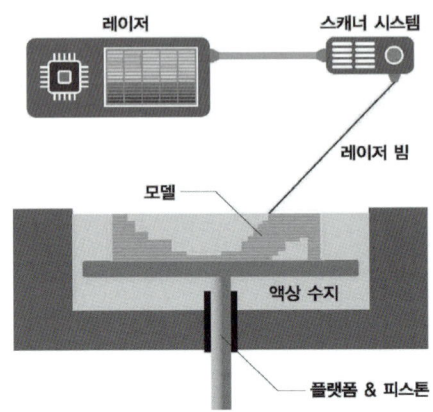

03 3D 프린팅을 하기 위해 3D 모델링 데이터를 Mesh 형태의 파일 포맷으로 저장한 표준 포맷이다. 형상의 외곽만을 표현하기 때문에 데이터의 크기가 작으며 제한적인 편집이 가능하고 파일의 직접 수정도 가능한 파일 포맷은 무엇인가?

① stp
② stl
③ dwg
④ iges

해설 STL(STereoLithography)은 3D System사가 Albert Consulting Group에 의뢰하여 만든 파일 형식으로 CAD 프로그램에서 쉽게 생성되도록 매우 단순하게 설계하였다. 초기 3D 프린팅 시스템 제조사들이 채택하여 현재 3D 프린팅의 표준 입력 파일 포맷으로 널리 사용되고 있다. STL 포맷은 3차원 데이터의 surface 모델을 삼각형 면에 근사시키는 방식이므로 CAD 프로그램에서 쉽게 생성되지만 생성된 STL 파일로 제품을 제작하기 힘들 정도의 오류를 가진 경우도 있다. CAD 프로그램에서 생성된 형상의 데이터는 surface를 포함하는 경우가 많고 이러한 surface 형상 데이터를 오차없이 삼각형으로 나타내는 것은 불가능하다. 따라서 오차가 없도록 surface를 가능한 한 많은 삼각형으로 최대한 근사시켰기 때문에 그 과정에서 오류가 발생할 수 있다.

정답 1. ④ 2. ① 3. ②

04 그림의 구속조건 중 도형의 접선(Tangent) 조건을 부여하는 것은?

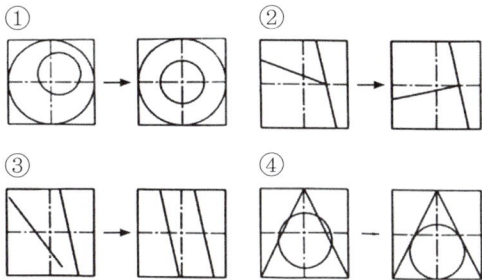

해설 ① 동심 ② 직각 ③ 평행 ④ 접선

05 비매니폴드 현상에 대해 맞는 것은?

① 메쉬 사이에 한 면이 비어 있는 형상으로 변환되어 오픈 메쉬가 생기는 경우이다.
② 실제 존재할 수 없는 구조로 3D 프린팅, 부울 작업, 유체 분석 등에 오류가 생길수 있다.
③ 메쉬와 메쉬 사이의 거리가 멀지만 실제로는 눈으로 구분하기 힘들 정도로 작게 떨어져 있다.
④ 오른손 법칙에 의해 생긴 normal vector가 반시계 방향으로 입력되어 인접된 면과 같은 방향으로 되어야 하지만, 반대로 시계 방향으로 입력되어 인접된 면과 normal vector의 방향이 반대 방향일 경우 반전 면이 생기게 된다.

해설 ■ 비(非)매니폴드 형상
실제 존재할 수 없는 구조로 3D 프린팅, 부울 작업, 유체 분석 등에 오류가 생길 수 있다.

06 3D 모델링의 종류가 아닌 것은?

① 폴리곤 모델링
② 넙스 모델링
③ 솔리드 모델링
④ 안티앨러싱 모델링

해설 안티앨리어싱 모델링은 CG 작업에서 이미지의 가장자리가 톱니 모양으로 표현되는 계단 현상을 없애기 위하여 경계선을 부드럽게 해주는 기법이다.

07 3D 스캐닝에 대한 설명이 올바른 것은?

① 표면이 투명하거나 반사되는 경우는 스캐닝이 어렵다.
② 비접촉식의 대표적인 방법은 CMM (Coordinate Measuring Machine)이다.
③ 비접촉식은 측정 대상물의 외관이 복잡하거나, 접촉 시 피측정물이 쉽게 변형될 경우에 사용이 가능하다.
④ 비접촉식은 측정 대상물이 투명하거나 거울과 같이 전반사 혹은 표면 재질로 인해서 난반사가 일어나는 단단한 피측정물에 대해서 측정이 가능하다는 장점이 있다.

해설 측정 대상물의 표면이 투명할 경우에는 레이저 빔이 투과를 해서 표면에 레이저 스팟이 생성이 되지 않기 때문에 표면 측정이 제대로 이루어지지 않는다. 또한 측정 대상물이 거울과 같이 전반사가 일어날 경우에도 정확한 레이저 스팟의 측정이 이루어지기 힘들다.
②, ③, ④번은 접촉식 스캐너인 CMM에 대한 설명이다.

08 스캔 데이터는 측정 환경, 측정 오차, 측정 대상물의 표면 상태 및 스캐너 종류에 따라 노이즈를 포함하는 경우가 많은데 이러한 불필요한 노이즈를 제거하는 과정을 의미하는 용어로 가장 적합한 것은?

① 머징
② 리터칭
③ 역설계
④ 데이터 클리닝

해설 ■ 데이터 클리닝 전후 데이터

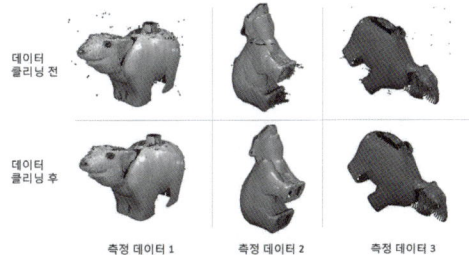

정답 4. ④ 5. ② 6. ④ 7. ① 8. ④

09 내마모성이 우수하고, 고무와 플라스틱의 특징을 가지고 있어 휴대폰 케이스의 말랑한 소재나 장난감, 타이어 등으로 프린팅해서 바로 사용이 가능한 소재는?

① TPU   ② ABS
③ PVA   ④ PLA

>해설< ■ TPU(Thermoplastic polyurethane)
열가소성 폴리우레탄 탄성체 수지인 TPU 소재는 내마모성이 우수한 고무와 플라스틱의 특징을 고루 갖추고 있어 휴대폰 케이스나 장난감 소재, 바퀴 등으로 사용이 가능하다. 탄성이 뛰어나 휘어짐이 필요한 부품 제작에 주로 사용되나 가격이 비싼 편이다.

■ ABS(Acrylonitrile-Butadiene-Styrene)
FDM 방식 3D 프린터에서 PLA 소재와 더불어 가장 많이 사용되는 재료로 석유찌꺼기에서 유해 성분을 제거한 소재이다. 일상 생활 속에서 사용하는 플라스틱의 소재이기 때문에 가전제품, 자동차 부품, 파이프, 안전장치, 장난감 등 사용 범위가 넓다. 출력 시 플라스틱 타는 냄새가 발생하기 때문에 적절한 환기장치와 공기정화 장치 등을 구비하는 것이 좋다.

■ PVA(Polyvinyl Alcohol)
고분자 화합물로 폴리아세트산비닐을 가수 분해하여 얻어지는 무색 가루이다. 물에 녹기 때문에 PVA 소재는 주로 산업용 FDM 3D 프린터에서 서포터 용도로 이용된다. PVA 소재를 서포터로 사용하는 FDM 방식의 3D 프린터는 노즐이 두 개인 듀얼방식이며, 출력 후 출력물을 미지근한 용해물에 넣어 일정 시간이 흐르면 PVA 소재의 서포터가 녹아 원하는 모델의 형상만 남아 복잡한 제품의 형상 제작이 용이해진다.

■ PLA(Polylactic acid)
옥수수나 사탕수수 등 농작물의 전분을 이용해 만든 재료로써 무독성 친환경적 소재로 알려져 있다. 서포터 제거가 어렵고 표면이 거친 편으로 후가공이 ABS 대비 어려운 소재이다.

10 수학 함수를 이용한 3D 모델링 방식은?

① 폴리곤 방식   ② 넙스 방식
③ 솔리드 방식   ④ 안티앨리싱 방식

>해설< **폴리곤 방식** : 삼각형을 기본 단위로 하여 모델링을 할 수 있는 방식
넙스 방식 : 수학 함수를 이용하여 곡면의 형태를 만든다.
솔리드 방식 : 면이 모여 입체가 만들어지는 상태로 속이 꽉찬 물체를 이용해 모델링하는 방식
안티앨리싱 방식 : 이미지의 가장자리가 톱니 모양으로 표현되는 계단 현상을 없애기 위하여 경계선을 부드럽게 해주는 기법

11 다음 설명에 해당되는 3D 스캐너 타입은?

> 물체의 표면에 지속적으로 주파수가 다른 빛을 쏘고 수신광부에서 이 빛을 받을 때 주파수의 차이를 검출해 거리 값을 구해내는 방식

① 핸드헬드 방식
② 변조광 방식의 3D 스캐너
③ 백색광 방식의 3D 스캐너
④ 광 삼각법 3D 레이저 스캐너

>해설< 변조광 방식의 3D 스캐너는 물체 표면에 지속적으로 주파수가 다른 빛을 쏘고 수광부에서 이 빛을 받을 때, 주파수의 차이를 검출해, 거리 값을 구해내는 방식으로 작동한다. 이 방식은 스캐너가 발송하는 레이저 소스 외에 주파수가 다른 빛의 배제가 가능해 간섭에 의한 노이즈를 감쇄시킬 수가 있다.

12 FDM 방식 3D 프린팅을 위한 설정값 중 레이어(layer) 두께에 대한 설명으로 틀린 것은?

① 레이어 두께는 프린팅 품질을 좌우하는 핵심적인 치수이다.
② 일반적으로 레이어 두께를 절반으로 줄이면 프린팅 시간은 2배로 늘어난다.
③ 레이어가 얇을수록 측면의 품질뿐만 아니라 사선부의 표면이나 둥근 부분의 품질도 좋아진다.
④ 맨 처음 적층되는 레이어는 베드에 잘 부착되도록 가능한 얇게 설정하는 것이 좋다.

>해설< 맨 처음 압출하는 레이어는 베드 표면에 안정적으로 접착이 되도록 두껍게 설정하는 것이 좋다.

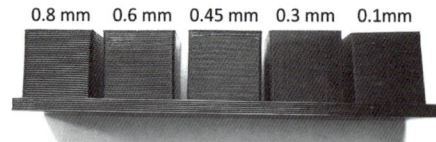

정답 9. ① 10. ② 11. ② 12. ④

13 노즐에서 재료를 토출하면서 가로 100mm, 세로 200mm 위치로 이동하라는 G코드 명령어에 해당하는 것은?

① G1 X100 Y200
② G0 X100 Y200
③ G1 A100 B200
④ G2 X100 Y200

해설 G0 : 프린트 헤드나 베드를 목적지로 빠르게 이송시키기 위해 사용
G1 : 현재 위치에서 지정된 위치까지 헤드나 플랫폼을 직선 이송한다. 이때 이송되는 속도나 압출되는 필라멘트의 길이를 지정할 수 있다. 이송 속도는 Fnnn에 의해서 다음 이송 속도가 지정되기 전까지는 현재의 이송 속도를 따른다.

14 3D 프린터의 정밀도를 확인 후 장비를 교정하려고 한다. 출력물 내부 폭을 2mm로 지정하여 10개의 출력물을 뽑아서 내부 폭의 측정값을 토대로 구한 평균값(A)과 오차 평균값(B)으로 옳은 것은?

출력회차	1	2	3	4	5
측정값	1.58	1.72	1.63	1.66	1.62
출력회차	6	7	8	9	10
측정값	1.65	1.72	1.78	1.80	1.65

① A:1.665, B:-0.335
② A:1.672, B:-0.328
③ A:1.678, B:-0.322
④ A:1.681, B:-0.319

해설 평균값 (A)
(1.58+1.72+1.63+1.66+1.62+1.65+1.72+1.78+1.80+1.65)/10=1.681
오차 평균값 (B)
1.681-2=-0.319

15 3D 프린팅 제품 출력 시 제품 고정 상태와 서포터에 관한 설명으로 옳지 않은 것은?

① 허공에 떠 있는 부분은 서포터 생성을 설정해 준다.
② 출력물이 베드에 닿는 면적이 작은 경우 출력 도중 쓰러지지 않도록 라프트(raft)와 서포터를 별도로 설정해 주는 것이 좋다.
③ 3D 프린팅의 공정에 따라 제품이 성형되는 바닥면의 위치와 서포터의 형태는 같다.
④ 각 3D 프린팅 공정에 따라 출력물이 성형되는 방향과 서포터는 프린터의 종류에 따라 다르다.

해설 3D 프린팅 공정별로 제품이 조형되는 바닥면의 위치와 서포트의 형태는 다르다.

16 SLA 방식 3D 프린터 운용시 주의해야 할 사항으로 옳지 않은 것은?

① UV 레이저를 조사하는 방식이므로 보안경을 착용하여 운용한다.
② 레진은 보관이 까다롭고 악취가 심하기 때문에 환기가 잘되는 곳에서 운용한다.
③ 레진은 어두운 장소에서 경화반응을 일으키므로 햇빛이 잘 드는 곳에서 보관하고 운용한다.
④ 출력물 표면에 남은 레진은 유해성분이 있기에 취급시 방독 마스크와 니트릴 보호 장갑을 착용해야 한다.

해설 광경화수지(레진, Resin)는 빛에 민감한 반응을 일으키므로 보관 시 직사광선을 피해 환기가 잘 되고 그늘진 서늘한 곳에 보관하는 것이 좋다.

정답 13. ① 14. ④ 15. ③ 16. ③

17 다음 설명에 해당되는 코드는?

- 기계를 제어 및 조정해주는 코드
- 보조기능의 코드
- 프로그램을 제어하거나 기계의 보조장치들을 ON / OFF 해주는 역할

① G 코드 ② M 코드
③ C 코드 ④ QR 코드

해설 M 코드는 스테핑 모터, 냉각팬, 압출기, 베드, 챔버 등 3D 프린터의 장치들을 제어 조정해 주는 보조 기능을 하는 코드이다.

18 옥수수 전분을 이용해 만든 소재는?

① PVA ② HIPS
③ ABS ④ PLA

해설 PVA : 수용성 소재이므로 서포터 소재로 사용이 용이함
HIPS : 고충격성과 우수한 휨 강도와 함께 균형이 잡힌 기계적 성질을 가짐
ABS : 상대적으로 열에 강하므로 구조용 부품으로 많이 쓰이며 강도가 우수하여 출력 후 표면 처리가 비교적 용이

19 FDM 방식의 3D 프린터에서 출력물이 안쪽으로 밀려서 성형되는 경우에 대한 설명이 틀린 것은?

① 한쪽으로 밀려서 성형되는 경우 자동으로 감지가 가능하다.
② 헤드가 너무 빨리 움직이는 경우 헤드 정렬이 틀어져 발생한다.
③ 타이밍 벨트의 높은 장력이 모터의 원활한 회전을 방해하여 발생한다.
④ 타이밍 풀리가 스테핑 모터의 회전축에 느슨하게 고정되는 경우 발생한다.

해설 오픈소스형 FDM 3D 프린터는 출력 중 압출기가 막혀 압출이 원활하지 않거나 베드에 제대로 붙지 않은 채 출력이 되거나 실패해도 자동으로 감지하여 기계를 스스로 작동을 멈추는 기능은 없는 것이 대부분이다.

20 슬라이서 프로그램에서 최적의 적층값을 얻기 위해 고려할 사항이 아닌 것은?

① 모델면 Open 및 Close
② 모델의 재료 및 스케일
③ Retraction의 Speed
④ Surface 출력 두께

해설 리트랙션 속도는 필라멘트 공급 후 헤드가 다음 지점으로 이동할 때 용융된 필라멘트가 흘러나오는 것을 방지하기 위해 역방향으로 필라멘트를 잡아당기는데 이 때 잡아당기는 속도를 의미한다.

21 다음 중 3D 프린터 조형방식과 재료에 따른 지지대 제거 방식으로 옳지 않은 것은?

① 액상 기반의 재료를 사용하는 SLA, DLP 방식의 경우 광경화성 수지를 사용하므로 모델 재료와 지지대 재료가 같다.
② FDM 방식의 경우 지지대는 자동으로 생성되지만 소프트웨어를 통해 지지대 생성을 하지 않을 수도 있다.
③ 분말 기반의 재료를 사용하는 3DP, SLS 방식과 같은 적층기술은 지지대를 사용하지 않아도 되며 출력 후 분말만 털어주면 출력물을 얻을 수 있다.
④ 액상 기반의 재료를 사용하는 SLA, DLP 방식의 경우 지지대가 출력물에서 쉽게 떨어지지 않는다.

해설 FDM 보다 오히려 지지대가 쉽게 분리된다.

정답 17. ② 18. ④ 19. ① 20. ③ 21. ④

22 다음 중 SLS 방식의 3D 프린터 출력물 회수 순서로 옳은 것은?

> ㉠ 3D 프린터 작동 중지
> ㉡ 플렛폼에서 출력물 분리
> ㉢ 보호장구 착용
> ㉣ 3D 프린터 문열기
> ㉤ 플랙폼에 남아 있는 분말 제거
> ㉥ 출력물에 묻어 있는 분말 제거

① ㄱ-ㄷ-ㄹ-ㄴ-ㅂ-ㅁ
② ㄷ-ㄱ-ㄹ-ㄴ-ㅂ-ㅁ
③ ㄱ-ㄷ-ㄹ-ㄴ-ㅁ-ㅂ
④ ㄷ-ㄱ-ㄹ-ㄴ-ㅁ-ㅂ

23 용기 안에 담긴 액체 상태의 포토폴리머에 빛을 주사하여 선택적으로 경화시키는 3D 프린팅 방식은?

① 수조광경화 방식 ② 재료분사 방식
③ 재료압출 방식   ④ 분말융접 방식

해설 광경화 방식인 Vat photopolymerization 기술은 액상의 광경화성수지에 빛을 주사하여 경화시켜 구조물을 제작하는 것이다. 이 기술은 특정 파장의 빛에 노출되면 경화가 일어나는 광경화성수지(photopolymer) 표면에 빛을 주사하면 굳어지는 현상을 이용한다. 즉, 수조(Vat) 안의 광경화성수지가 반응하여 경화되는 특정 파장의 빛을 주사하여 층을 형성하고 이를 반복하여 적층함으로써 3차원 형상을 만드는 방식이다. 이는 광학적으로 해상도 및 정밀도가 매우 높은 빛을 만들 수 있기 때문에 다른 3차원 프린팅 방식에 비해 정밀도가 비교적 우수하다.

24 다음 CAD 명령어 중에서 점, 선, 면 등을 일정한 간격으로 띄우는 명령어는?

① Trim
② Offset
③ Extend
④ Copy

해설 Trim : 자르기, Extend : 연장하기, Copy : 복사하기

25 다음 중 빈 칸에 들어가야 하는 용어가 순서대로 바르게 연결된 것은?

> 좌표 지령의 방법은 절대 지령과 증분 지령으로 구분된다. 두 지령은 모두 다 모달 그룹3에 해당되며, 절대 지령은 (   )을 사용하고, 증분 지령은 (   )을 사용한다.

① G91, G90   ② G00, G10
③ G90, G91   ④ G10, G00

해설 G90 : 절대 좌표 설정
G91 : 상대 좌표 설정

26 제품을 주문할 때 부품의 가공방법, 견적 등을 확인할 수 있는 도면은?

① 계획도   ② 제작도
③ 주문도   ④ 조립도

해설 계획도 : 만들고자 하는 제품의 계획을 나타내는 도면
제작도 : 제작자가 설계자의 의도를 도면을 통해 해독하고 요구하는 제품을 제작할 때 사용하는 도면
주문도 : 주문하는 제품의 모양, 기능 등을 주문자에게 보여주고 제시하기 위한 도면
조립도 : 제품이나 기계의 전체적인 조립상태, 조립순서나 방법 등을 나타낸 도면

27 다음 그림과 같은 기하공차를 무엇이라고 하는가?

① 위치도   ② 평행도
③ 원통도   ④ 동심도

해설 위치도 : ⊕
평행도 : //
동심도 : ◎

정답 22. ④ 23. ① 24. ② 25. ③ 26. ② 27. ③

28 일반적인 주투상도의 선택 방법에 관한 설명으로 적합하지 않은 것은?

① 특별한 이유가 없는 경우 대상물을 가로 길이로 놓은 상태
② 조립도 등 주로 기능을 표시하는 도면에서는 대상물을 사용하는 상태
③ 가공하기 위한 도면에서는 가장 많이 이용하는 공정에서 대상물을 놓은 상태
④ 그 부품이 최초로 가공해야 하는 공정에서 부품이 놓이는 상태

29 3D 프린터 출력 설정 조건 중 노즐 내부에 장기간 채워져 있어 고착된 찌꺼기 형태의 필라멘트를 압출시켜 제거하는 기능과 출력물의 첫 번째 층이 베드에 잘 붙도록 하기 위해 사용하는 설정으로 맞는 것은?

① 스커트와 브림(Skirt and Brim)
② 층과 외벽(Layers and Perimeter)
③ 지지대 재료(Support Material)
④ 내부채움(Infill)

30 3D 모델링에 대한 설명으로 옳지 않은 것은?

① 스케치를 끝내고 형상치수를 수정할 수 없다.
② 곡면모델링에서 평면이 없을 경우 가상평면을 형성하여 스케치면을 설정한다.
③ 내부구조를 확인하기 위하여 특정부분의 3D 단면 확인이 가능하다.
④ 3D 형상 간의 치수를 확인하여 설계의 점검이 가능하다.

> 해설 스케치 후에도 수정 가능하다.

31 출력물이 베드에 잘 붙도록 첫 번째 층을 연장하여 출력물이 출력 도중 떨어지거나 쓰러지지 않도록 지정한 크기만큼 출력하는 것은?

① 프로브(Probe)
② 바닥 받침대(Support)
③ 라프트(Raft)
④ 브림(Brim)

> 해설 브림(Brim)은 출력물의 바깥쪽 가장자리에만 부착되며 라프트(Raft)처럼 출력물의 아랫면에는 부착되지 않는다. 베드 접착 및 뒤틀림 방지에 도움을 주는 출력보조물이다.

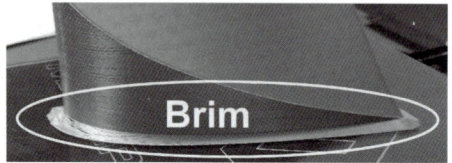

라프트는 모델 및 서포트를 출력하기 전 베드 바닥에 전체적으로 넓게 깔아주는 출력보조물로 안정적인 출력에 도움이 되지만 출력 시간이 오래 걸리고 재료 소모가 그만큼 많다는 단점도 있다.

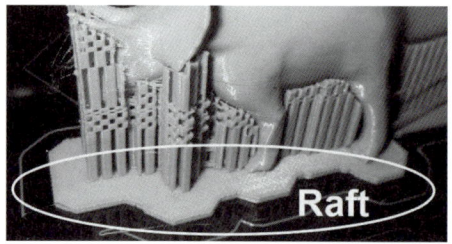

32 3D 프린터로 한 변의 길이가 25mm인 정육면체를 출력하였더니 X축 방향 길이가 26.9mm가 되었다. 이 때 X축 모터 구동을 위한 G 코드 중 M92(steps per unit)명령 상 설정된 스텝 수가 85라면 치수를 보정하기 위해 설정해야 할 스텝 값은?

① 88
② 91
③ 79
④ 65

> 해설 85 스텝에 26.9mm 만큼 움직였으므로 1스텝에 0.3165mm 정도 움직인다. 따라서 25/0.3165=78.9889로 약 79이다.

정답 28. ④ 29. ① 30. ① 31. ④ 32. ③

33. STL 포맷의 정사면체 꼭짓점을 구하는 공식은?

① (총 삼각형의 수 / 2) − 2
② (총 삼각형의 수 / 2) + 2
③ (총 삼각형의 수 − 2) / 2
④ (총 삼각형의 수 + 2) / 2

해설 ■ STL 포맷의 꼭짓점 수와 모서리 수를 구하는 방법

꼭짓점 수 =(총 삼각형의 수/2)+2
        =(4/2)+2=4
모서리 수 =(꼭짓점 수×3)−6
        =(4×3)−6=6

34. 다음 중 도면에 기입되는 치수의 성격으로 가장 거리가 먼 것은?

① 다듬살 치수
② 소재 치수
③ 다듬질 치수
④ 재료 치수

해설 재료치수는 소재가 되는 강판, 형강, 관 등의 치수로서 잘림살, 다듬살 또는 톱밥이 될 부분을 모두 포함한 치수이다.

35. 도면에 표시하는 치수기입의 원칙 중 잘못된 것은?

① 치수는 계산해서 구할 수 있어야 한다.
② 치수는 주투상도에 집중한다.
③ 치수는 필요에 따라 기준으로 하는 점, 선 또는 면을 기준으로 하여 기입한다.
④ 치수는 대상물의 크기 및 자세 및 위치를 가장 명확하게 표시할 수 있도록 기입한다.

해설 치수는 되도록 계산할 필요가 없도록 참고치수 등을 기입하면 좋다.

36. 3D 프린터의 개념 및 특징에 관한 내용으로 옳지 않은 것은?

① 컴퓨터로 제어되기 때문에 만들 수 있는 형태가 다양하다.
② 제작속도가 매우 빠르며, 절삭가공하므로 표면이 매끄럽다.
③ 재료를 연속적으로 한층, 한층 쌓으면서 3차원 물체를 만들어 내는 제조 기술이다.
④ 기존 잉크젯 프린터에서 쓰이는 것과 유사한 적층방식으로 입체물을 제작하는 방식도 있다.

해설 적층제조 방식의 특성 상 제작 속도가 느리며 쌓아 올리는 방식의 특성 상 표면이 기계가공에 비해 거친 편이다.

37. 접촉식과 비교하여 비접촉식 스캐너 특징으로 옳은 것은?

① 거울과 같이 전반사가 일어나는 경우에 적합하다.
② 측정물이 투명한 경우에 적합하다.
③ 터치 프로브를 이용하여 좌표를 읽어낸다.
④ 먼 거리의 대형 구조물을 측정하는데 용이하다.

해설 3차원 스캐닝은 직접 접촉을 통해서 좌표를 획득하는 방법과 비접촉으로 획득하는 방법으로 크게 구분된다. 접촉식의 대표적인 방법은 CMM(Coordinate Measuring Machine)이며, 터치 프로브(touch probe)가 직접 측정 대상물과의 접촉을 통해서 좌표를 읽어 내는 방식이다. 이는 측정 대상물의 외관이 복잡하거나, 접촉 시 피측정물이 쉽게 변형될 경우에는 사용이 불가하다. 하지만, 측정 대상물이 투명하거나 거울과 같이 전반사 혹은 표면 재질로 인해서 난반사가 일어나는 단단한 피측정물에 대해서 측정이 가능하다는 장점이 있다.
비접촉식 중 TOF 방식 레이저 스캐너는 레이저의 펄스가 레이저 헤드를 출발해서 대상물을 맞히고 반사하여 돌아오는 시간을 측정해서 최종적으로 거리를 계산하는 방식으로 먼 거리의 대형 구조물을 측정하는 데 용이하지만 소형이면서 정밀 측정이 필요한 경우에는 부적합하다.

◀ 3D 레이저 스캐너

정답 33. ② 34. ① 35. ① 36. ② 37. ④

38 노즐 내부가 막혔을 때 해결 방안으로 옳지 않은 것은?

① 노즐의 온도를 올려 청소 바늘로 구멍을 찔러 뚫는다.
② 노즐을 새로운 노즐로 교체한다.
③ 노즐의 온도를 사용 온도보다 높게 하여 막힌 물질을 녹인다.
④ 노즐을 분해하여 토치로 노즐을 가열하여 물에 담가둔다.

해설 노즐 내부에 남아 있는 필라멘트를 녹여 깨끗하게 하려면 노즐을 가열 후 분리하여 아세톤에 넣고 몇 시간 정도 두었다가 전용 청소용 바늘을 이용하여 막힌 곳을 깨끗하게 청소해 주어야 한다.

39 측정 대상물에 대한 표면 처리 등의 준비, 스캐닝 가능 여부에 대한 대체 스캐너의 선정 등의 작업을 수행하는 단계는?

① 역설계   ② 스캐닝 보정
③ 스캐닝 준비   ④ 스캐닝 정합

해설 스캐닝을 준비하는 과정은 스캐닝의 방식, 측정 대상물의 크기 및 표면, 적용 분야(고정밀 산업용 혹은 일반용) 등에 따라서 조금씩 차이가 있을 수 있다. 기본적으로 측정 대상물에 대한 표면 처리 등의 준비 및 스캐닝 가능 여부에 대한 대체 스캐너 고려, 스캐닝 경로설정 등이 스캐닝 준비 단계에 포함된다.

40 3D 모델링에서 구멍 기능의 설명으로 옳은 것은?

① 형상을 관통하는 경우만 사용 ; 일부만 뚫을 수도 있다. "DP12" 형태로 표기한다. 관통은 "THRU"로 표기한다.
② 평면에만 사용 가능, 둥근 면에도 가능하고, 평면은 2차원 개념이고, 둥근 면은 3차원 개념이다.
③ 두께가 10mm 이상인 형상에만 사용
④ 2D 스케치 작업없이 생성된 3차원 형상에 직접 수행 가능하다.

41 3D 프린터의 출력공차를 고려한 파트 수정에 대한 설명으로 옳은 것은?

① 조립되는 부분은 출력공차를 고려하여 부품 형상을 모델링하거나 필요한 경우에는 수정해야 한다.
② 조립 부품을 수정할 때에는 반드시 두 개의 부품을 모두 수정해야 한다.
③ 출력공차를 고려할 시 출력 노즐의 크기는 고려할 필요가 없다.
④ 공차를 고려할 사항으로는 소재 수축률, 기계공차, 도료 색상 등이 있다.

해설 플라스틱을 녹여 쌓아올리는 FDM 방식은 열을 가하고 식으면서 나타나는 열 수축 현상이 발생한다. 하나의 물체만을 3D 프린터로 출력한다면 있는 그대로 출력할 수 있지만, 하나 이상의 부품을 출력하고 출력된 부품을 조립할 경우 공차를 고려하지 않고 3D CAD에서 모델링된 부품을 그대로 출력하면 수축과 팽창 공차에 의해서 조립이 제대로 되지 않는다.
3D 프린터로 출력 후, 조립이 되어야 되는 상황에서는 모델링된 파트를 출력 후, 조립이 가능할 수 있도록 모델링을 수정해야 하며, 3D 프린터의 특성 상 너무 작은 구멍이나, 기둥, 면의 두께를 가지고 있는 형상 벽면 같은 경우 원활한 출력을 위해 부품을 수정해야 한다.

42 FDM 방식 3D 프린터로 출력한 후 제품을 조립하여 동작시킬 때 확인사항이 아닌 것은?

① 출력 속도   ② 소재 종류
③ 설정 온도   ④ 레이저 광원

43 FDM 방식 3D 프린터로 출력하기 위해 확인해야 할 점검 사항으로 볼 수 없는 것은?

① 장비 매뉴얼을 숙지한다.
② 테스트용 형상을 출력하여 프린터 성능을 점검한다.
③ 프린터의 베드(Bed) 레벨링 상태를 확인 및 조정한다.
④ 진동, 충격을 방지하기 위해 프린터가 연질 매트 위에 설치되었는지를 확인한다.

해설 쿠션이 있는 연질매트에 올려 놓으면 흔들림으로 인해 출력물이 정상적으로 출력되지 않는다.

정답 38. ④ 39. ③ 40. ④ 41. ① 42. ④ 43. ④

44 내경 30mm의 구멍이 있는 부품과 결합하는 축을 FDM 3D 프린터를 이용하여 출력할 때 구멍에 끼워지는 축의 지름을 얼마로 설정하는 것이 좋은가?(단, 출력물의 구멍 공차는 0~+0.2mm이다.)

① 31.2mm
② 30.2mm
③ 30mm
④ 29.8mm

해설 구멍의 치수 허용차는 30~30.2mm이므로 최소 허용치수인 30mm보다 축의 외경 치수를 작게 해주어야 조립이 가능하다. 따라서 29.8mm로 해야 조립이 가능할 것이다.

45 성공적인 3D 프린팅을 위한 고려 사항으로 보기 중 가장 적당하지 않은 것은?

① 3D 프린팅을 위한 모델링 데이터는 모든 면이 닫혀 있어야 한다.
② 모델의 두께를 지정하지 않으면 내부를 모두 채운 상태로 출력하게 된다.
③ 정확한 치수에 따른 모델링을 하고 재료의 수축률로 생기는 오차에 대비하는 것이 좋다.
④ 적층 높이의 수치가 높을수록 출력물 품질도 좋아지고 프린팅 속도도 빨라진다.

해설 적층높이(적층두께)의 수치가 낮을수록 출력물 품질이 좋아지지만 프린팅 속도는 상대적으로 느려진다.

46 슬라이서 소프트웨어 설정 중 내부 채우기의 정도를 뜻하는 것으로 0~100%까지 채우기가 가능하며 채우기 정도가 높아질수록 출력 시간이 오래 걸리는 단점이 있는 것은?

① Infill
② Raft
③ Support
④ Resolution

해설 인필(Infill)은 출력물의 내부를 채우는 정도(%)이며 100%에 가깝게 설정할수록 출력 시간이 증가한다.

47 다음 중 3D 프린터 출력물의 외형강도에 가장 크게 영향을 미치는 설정 값은?

① Raft
② Brim
③ Speed
④ Number of shells

해설

48 3D 프린터 출력을 하기 위한 오브젝트의 수정 및 오류검출에 관한 설명으로 옳지 않은 것은?

① 출력용 STL파일의 사이즈는 슬라이서 프로그램에서 조정이 가능하다.
② 오브젝트의 위상을 바꾸어 출력하기 위해서는 반드시 모델링 프로그램에서 수정할 필요는 없다.
③ 같은 모양의 오브젝트를 멀티로 출력할 때는 반드시 모델링 프로그램에서 수량을 늘려 주어야 한다.
④ 오브젝트 위치를 바꾸기 위한 반전 및 회전은 슬라이서 프로그램에서 조정 가능하다.

해설 동일한 모델을 여러개 출력하고 싶은 경우 슬라이서 프로그램에서 복사 기능을 활용하면 된다.

정답 44. ④ 45. ④ 46. ① 47. ④ 48. ③

49 3D 프린터 출력물에 용융된 재료가 흘러나와 얇은 선이 생겼을 경우 이러한 오류를 해결하는 방법으로 옳지 않은 것은?

① 온도 설정을 변경한다.
② 리트렉션(Retraction) 거리를 조절한다.
③ 리트렉션(Retraction) 속도를 조절한다.
④ 압출헤드가 긴 거리를 이송하도록 조정한다.

해설 압출 헤드가 긴 거리를 이송하지 않도록 해 준다.
압출 노즐이 재료를 압출하지 않고 이송할 때 노즐 내부의 용융된 상태의 재료가 흘러 내린다. 이때 이송 거리가 짧으면 재료가 흘러내리기 전에 헤드가 이송되어 다음 단면형상을 성형하기 때문에 큰 문제가 발생하지 않는다. 하지만 이송 거리가 길게 되면 재료가 흘러내릴 시간이 충분하게 된다. 압출 헤드가 재료를 압출하지 않고 이송되는 거리가 긴 경우에는 G코드를 수정하여 단면을 만드는 패턴을 수정하는 것이 좋다.

50 FDM 방식 3D 프린터에서 레이어 출력 후 이동 시 익스트루더 스텝모터의 역회전을 통해 필라멘트 토출을 방지하는 것은?

① Attraction
② Retraction
③ Infill
④ Chamfer

해설 출력물에 머리카락같이 얇은 선이 생기는 것은 압출 노즐 내부의 용융된 재료가 흘러나오기 때문이다.
이런 현상을 없애기 위해서는 압출 노즐 내부의 재료를 뒤로 이동시키는 리트렉션(retraction) 설정을 조정하는 것이다.
한 부분의 성형이 끝나고 다른 부분의 성형을 위해서는 압출 노즐이 이동되어야 하며 이때 노즐 내부에 남아 있는 용융된 플라스틱 재료가 흘러내리지 않게 하는 것이 리트렉션 기능이다.

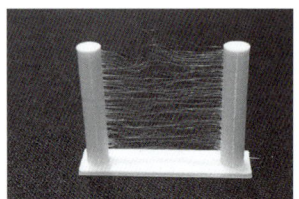

◀ 리트렉션

51 FDM 방식 3D 프린터의 품질개선 방법으로 옳지 않은 것은?

① 출력 전 노즐 막힘 방지를 위해 온도를 높여 내부에 굳어 있는 필라멘트를 제거 후 출력한다.
② 노즐 높이 조절을 위해 틈새게이지를 사용하여 세팅한다.
③ 스타팅 모터 고정이 느슨해지는 것을 방지하기 위해 고정나사로 조여진다.
④ 노즐 토출 구멍의 직경과 관계없이 레이어 두께를 가능한 얇게 설정한다.

52 다음 중 3D 프린팅 작업을 위해 3D 모델링에서 고려해야 할 항목으로 가장 거리가 먼 것은?

① 1회 적층 높이
② 서포터의 유무
③ 출력프린터의 제작 크기
④ 출력 소재 및 수축률

해설 적층 높이(적층 두께, 레이어 높이)는 모델링 시 고려하는 사항이 아니라 출력할 때 슬라이서에서 설정하는 사항이다.

53 3D 모델링의 방식의 종류 중 넙스(NURBS) 방식에 대한 설명으로 옳은 것은?

① 삼각형을 기본 단위로 하여 모델링할 수 있는 방식이다.
② 폴리곤 방식에 비해 많은 계산이 필요하다.
③ 폴리곤 방식보다는 비교적 모델링 형상이 명확하지 않다.
④ 도형의 외곽선을 와이어프레임만으로 나타낸 형상이다.

해설 폴리곤 방식은 삼각형을 기본 단위로 하여 모델링을 할 수 있는 방식이다. 삼각형의 꼭짓점을 연결해 3D 객체를 생성한다. 기본 삼각형은 평면이며 삼각형의 개수가 많을수록 형상이 부드럽게 표현된다. 크기가 작은 다각형을 많이 사용하여 객체를 구성하면 부드러운 표면을 표현할 수 있으나 랜더링 속도는 떨어진다. 다각형의 수가 적으면 빠른 속도로 랜더링할 수 있으나 객체 표면이 거칠게 표현된다.

정답 49. ④ 50. ② 51. ④ 52. ① 53. ②

54 3D 모델링 방법 중 축을 기준으로 2D 라인을 회전하여 만드는 방식은?

① 회전
② 스윕
③ 돌출
④ 로프트

해설 회전(Revolve)은 축을 기준으로 2D 라인을 회전하여 3D 객체로 만드는 방식이다. 단면이 대칭을 이루면서 360도 회전되는 물체를 만들 때 사용한다. 예를 들면 술잔, 컵, 병 등을 모델링 하는 경우를 들 수 있다.

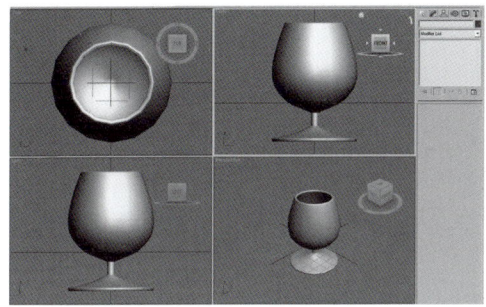

55 3D 프린팅 시 사용할 필라멘트의 직경과 압출되는 재료의 양을 설정해야 한다. 출력 시 재료에 대한 설정의 오류가 아닌 것은 무엇인가?

① 출력물이 갈라지는 현상
② 그물같이 구멍이 생기는 현상
③ 출력물이 흘러내리는 현상
④ 분할 출력 현상

해설 분할 출력은 조립 부품 외 단일 객체의 크기가 3D 프린터에서 출력 가능한 최대 크기를 넘거나, 비슷할 경우 객체를 분할하여 출력하는 것을 말한다.

56 출력물의 성형 시 처음부터 재료가 압출되지 않는 원인으로 옳지 않은 것은 무엇인가?

① 노즐이 막혔을 경우
② 필라멘트 재료가 얇아졌을 경우
③ 노즐의 온도가 너무 낮은 경우
④ 노즐과 플랫폼 사이의 거리가 너무 멀 경우

해설 ■ 처음부터 재료가 압출되지 않을 때 오류 해결
㉠ 압출기 내부에 재료가 채워져 있지 않는 경우를 확인한다.
㉡ 압출기 노즐과 플랫폼 사이의 거리가 너무 가까울 때 확인한다.
㉢ 필라멘트 재료가 얇아졌을 때를 확인한다.
㉣ 압출 노즐이 막혀 있을 때를 해결할 수 있다.

57 DfAM(Design for Additive Manufacturing) 설계 방식에 대한 설명으로 가장 올바른 것은?

① 출력물의 형상을 최적화하기 위해 파트를 분할하거나 경량화를 이루기 위한 설계 방식이다.
② 서포트를 최소화하기 위해 파트를 수정 및 변경하는 설계방식이다.
③ 모델링 내부에 빈 공간이 발생되도록 하기 위한 설계 방식이다.
④ 지지대를 최적화하기 위한 설계 방식이다.

해설 DfAM 설계 방식은 모델의 형상을 3D 프린팅에 최적화하기 위해 파트를 분할하거나 불필요한 속을 비우면서도 내구성을 증가시키고 소재의 절감과 경량화를 이루기 위한 설계 기법이다.

58 3D 프린터의 종류와 사용소재의 연결이 옳지 않은 것은?

① FDM → 열가소성 수지(고체)
② SLA → 광경화성 수지(액상)
③ SLS → 열가소성 수지(분말)
④ DLP → 열경소성 수지(분말)

해설 DLP 기술 방식은 액상의 광경화성 수지를 DLP(Digital Light Projection) 광학 기술로 Mask Projection하여 모델을 조형하는 방식으로 쉽게 설명하면 빔프로젝터를 사용하여 액상수지(레진, 광경화성수지)를 경화시켜 모델을 제작하는 기술로 우리말로 '마스크 투영 이미지 경화방식'이라고도 한다.
주로 주얼리, 보청기, 덴탈, 완구 등의 분야에서 사용하는 기술 방식이다.

정답 54. ① 55. ④ 56. ④ 57. ① 58. ④

59 슬라이스 프로그램에 대한 설명으로 틀린 것은?

① 3D 모델을 물리적으로 번역한 것이다.
② 슬라이스 프로그램의 성능에 따른 출력물의 품질차이는 없다.
③ 무료로 배포되고 있는 큐라와 같은 소프트웨어가 많이 이용되고 있다.
④ 사용되는 원료의 적층 경로와 속도, 압출량 등을 계산해서 G코드를 생성해 준다.

해설 슬라이스 프로그램의 성능에 따라 출력물의 품질도 달라질 수 있다. 일부 3D 프린터에서 사용하는 슬라이스 프로그램은 오픈 소스 형태가 아니라 상업용 버전을 사용하여 출력 품질 향상을 꾀하는 경우도 있다.

60 다음 도면의 치수 중 A 위치에 기입될 치수의 표현으로 가장 정확한 것은? (단, 도면 전체에 치수편차 ±0.1을 적용한다.)

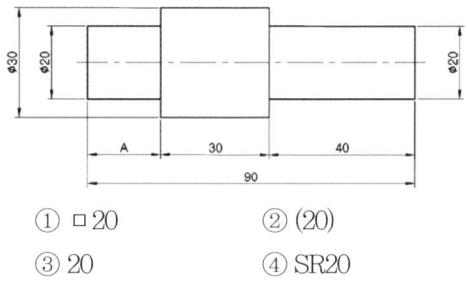

① □20 ② (20)
③ 20   ④ SR20

해설 도면에서 전체 길이가 90으로 허용공차가 ±0.1이므로 제작완료 후 89.9~90.1의 치수 범위 내에 있어야 합격품이 된다.
만약 A부 치수를 20으로 기입한다면 20±0.1, 30±0.1, 40±0.1로 가공되어도 허용공차 범위 내에 있어 합격이지만 20.1, 30.1, 40.1의 치수로 가공시 전체길이 치수가 90.30이 되므로 불량이 발생할 수 있게 된다.
따라서 중요하지 않은 부분의 치수는 ( ) 안에 기입하여 참고 치수로 나타내어 주는 것이 좋다.

■ 대표적인 7가지 3D 프린팅 기술방식(ASTM)

ASTM 기술 명칭	기술 정의	기술 방식
광중합 방식 [PP] (Photo Polymerization)	액상의 광경화성수지에 빛을 조사하여 소재와 중합반응을 일으켜 선택적으로 고형화시켜 적층조형하는 기술	SLA DLP LCD
재료분사 방식 [MJ] (Material Jetting)	액상의 광경화성수지나 열가소성수지, 왁스 등 용액형태의 소재를 미세한 노즐을 통해 분사시키고 자외선 등으로 경화시키는 방식	PolyJet MJM MJP
재료압출 방식 [ME] (Meterial Extrusion)	고온 가열한 소재를 노즐을 통해 연속적으로 압출시켜가며 형상을 조형하는 기술	FDM FFF
분말적층 용융결합 방식 [PBF] (Powder Bed Fusion)	분말 형태의 소재에 레이저빔이나 고에너지빔을 조사해서 선택적으로 소재를 결합시키는 기술	SLS DMLS EBM
접착제 분사 방식 (Binder Jetting)	석고나 수지, 세라믹 등 파우더 형태의 분말재료에 바인더(결합제)를 선택적으로 분사하여 경화시키는 기술	3DP CJP Ink-jetting
고에너지 직접조사 방식 [DED] (Direct Energy Deposition)	고에너지원(레이저빔, 전자빔, 플라즈마 아크 등)을 이용하여 입체모델을 조형하는 기술	DMT LMD LENS
시트 적층 (Sheet lamination)	얇은 필름이나 판재 형태의 소재를 단면형상으로 절단하고 열, 접착제 등으로 접착시켜가면서 적층시키는 기술	LOM VLM UC

2022년 CBT 기출문제(B) 복원

01 ASTM(미국재료시험학회)에서 적층가공기술을 7개의 카테고리로 분류하였는데 다음 중 해당되지 않는 것은?

① VAT Photopolymerization(수지광중합방식)
② Material Jetting(재료분사방식)
③ Material Extrusion(재료압출방식)
④ Filament Fusion(필라멘트 용융방식)

해설 ■ ASTM의 대표적인 7가지 3D 프린팅 기술 방식
㉠ 광중합방식(PP), ㉡ 재료분사방식(MJ), ㉢ 재료압출방식(ME),
㉣ 분말적층용융결합방식(PBF), ㉤ 접착제분사방식(BJ),
㉥ 고에너지직접조사방식(DED) ㉦ 시트적층(SL)

02 3D 프린팅 출력 시 성형되지 않은 재료가 지지대(support) 역할을 하는 프린팅 방식은?

① 재료분사(Material Jetting)
② 재료압출(Material Extrusion)
③ 분말적층용융(Powder Bed Fusion)
④ 광중합(Vat Photo Polymerization)

해설 분말적층 용융결합 방식(PBF, Powder Bed Fusion)이나 접착제 분사 방식(BJ, Binder Jetting)은 출력물 주위에 있는 분말들이 지지대 역할을 하기 때문에 별도의 지지대를 형성시켜 줄 필요가 없다. 상용화된 기술로 SLS, DMLS, CJP 기술 방식 등이 이에 속한다.

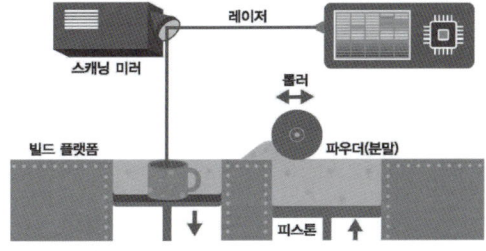

03 G코드 중에서 홈(원점)으로 이동하는 명령어는?

① G28
② G92
③ M106
④ M109

해설 G92 : 공작물 좌표계 설정
M106 : 냉각팬의 전원 ON
M109 : 압출기 온도 설정 후 대기

04 다음 설명에 해당되는 코드는?

> · 기계를 제어 및 조정해주는 코드
> · 보조기능의 코드
> · 프로그램을 제어하거나 기계의 보조장치들을 ON / OFF 해주는 역할

① G코드   ② M코드
③ C코드   ④ QR코드

해설 준비기능(G코드)은 주로 3D 프린터 헤드의 작동과 관련된 지령들이지만, 보조기능(M코드)은 프린터 헤드 이외의 보조 장치의 제어에 관한 기능들로 구성되어 있다. M코드는 장치별로 다른 경우가 많지만 3D 프린터의 동작, 스테핑 모터 전원공급 및 차단, 압출기 전원, 온도 설정, 쿨링팬 전원, 베드 온도 제어 등의 보조장치들을 제어하는 역할을 하는 코드이다.

05 압출기 노즐의 직경이 0.4mm인 3D 프린터의 레이어 두께로 적당하지 않은 것은?

① 0.2mm   ② 0.25mm
③ 0.3mm   ④ 0.5mm

해설 보통 FDM 방식의 압출기 노즐 구멍이 0.4mm인데 레이어 높이 설정은 최소 0.05mm에서 최대 0.4mm까지 설정 가능하다.

정답 1. ④ 2. ③ 3. ① 4. ② 5. ④

06 프린터처럼 전기를 사용하는 장비 사용시 안전 관리사항으로 적절하지 않은 것은?

① 장비의 결함여부를 수시 체크한다.
② 정기적으로 사전 점검을 실시한다.
③ 스위치 부근에 인화성, 가연성인 에탄올, 아세톤 등의 취급을 절대 금지한다.
④ 접지형 플러그와 콘센트를 사용하고 콘센트는 바닥에 방치하는 것을 지향한다.

> 해설 특히 멀티 콘센트 사용 시 문어발식 배선과 콘센트 하나에 여러 개의 플러그를 꽂는 것을 금지하며 콘센트는 물기나 습기가 있는 바닥에 설치하지 않도록 주의한다.

07 그림의 구속조건 중 도형의 직각 조건을 부여하는 것은?

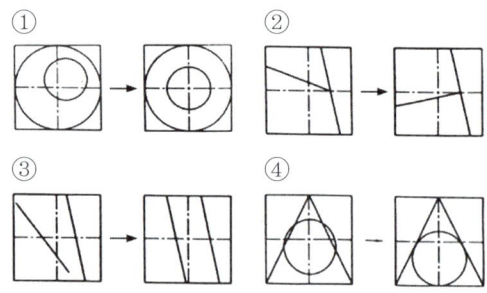

> 해설 ① 동심 ② 직각 ③ 평행 ④ 접선

08 출력용 데이터를 근거로 출력 보조물의 필요성을 판단할 수 있으며 출력 보조물이 필요할 경우 슬라이서 프로그램으로 형상을 분석할 수 있다. 슬라이서에서 설정하는 출력에 관련된 출력보조물이 아닌 것은?

① 프로브(Probe)
② 바닥 받침대(Support)
③ 라프트(Raft)
④ 채움 정도(Infill)

> 해설 프로브(Probe)는 접촉식 3D 스캐너인 CMM에서 탐촉자로 불리는 주요 부품이다.

09 FDM 방식 3D 프린팅 출력 전 생성된 G코드에 직접적으로 포함되지 않는 정보는?

① 헤드 이송 속도
② 헤드 동작 시간
③ 헤드 온도
④ 헤드 좌표

> 해설 STL형식으로 변환된 파일을 3D 프린터가 인식 가능한 G코드 파일로 변환할 땐 다음과 같은 내용들이 추가된다.
> ㉠ 3D 프린터가 원료를 쌓기 위한 경로 및 속도, 적층 두께, 쉘 두께, 내부 채움 비율
> ㉡ 인쇄 속도, 압출 온도 및 히팅 베드 온도
> ㉢ 서포터 적용 유무 및 적용 유형, 플랫폼 적용 유무 및 적용 유형
> ㉣ 필라멘트 직경, 압출량 비율, 노즐 직경
> ㉤ 리플렉터 적용 유무 및 적용 범위, 트래이블 속도, 쿨링팬 가동 유무 등

10 FDM 방식 3D 프린팅에서 재료를 교체하는 방법으로 옳은 것은?

① 프린터가 작동 중인 상태에서 교체한다.
② 재료가 모두 소진되었을 때만 교체한다.
③ 프린터가 정지한 후 익스트루더가 완전히 식은 상태에서 교체한다.
④ 프린터가 정지한 상태에서 익스트루더의 온도를 소재별 적정 온도로 유지한 후 교체한다.

> 해설 FDM 3D 프린터의 작동이 완료되고 정지한 상태에서 압출기(익스트루더)의 온도를 사용하려는 소재별(ABS, PLA 등)로 적정 온도를 유지한 후 기존 필라멘트를 빼내고 새로운 필라멘트로 교체한다.

정답 6. ④ 7. ② 8. ① 9. ② 10. ④

11 산업 패러다임의 변화에 따라 공급자와 소비자 간의 경계가 허물어지고 생산시설 기반이 없어도 아이디어만으로 설계, 시제품 제작, 제조(생산), 소비를 가능하게 하여 소비자와 생산자 사이의 경계 구분없이 소비자가 곧 생산자가 되는 산업 패러다임의 변화를 가능하게 하고 있다. 이런 변화를 가능하게 만든 기술은?

① 3D 스캐닝 & 프린팅 기술
② CNC 가공 기술
③ 금형 제작 기술
④ 로봇 제작 기술

12 3D 스캐너의 작업 중 병합(Merging)이 있다. 다음 중 올바르게 설명한 것은?

① 개별 스캐닝 작업에서 얻어진 점 데이터들이 합쳐지는 과정
② 여러 개의 스캔 데이터를 하나의 파일로 통합하는 과정
③ 여러 개의 스캐닝 작업에서 얻어진 점 데이터들이 합쳐지는 과정
④ 개별 스캔 데이터를 하나의 파일로 통합하는 과정

해설 ■ 병합(Merging)
병합은 정합을 통해서 중복되는 부분을 서로 합치는 과정이다. 정합은 전체 데이터를 회전 이송하면서 같은 좌표계로 통일하는 과정이며, 병합은 이러한 데이터를 하나의 파일로 통합하는 과정이다. 보통의 소프트웨어에서는 병합 과정이 별도로 존재하지 않는 경우가 많으며, 정합 데이터를 새로운 파일로 저장함으로써 자동 병합이 수행된다.
즉, 두 개의 점 데이터를 모두 포함하는 새로운 점 데이터를 생성함으로써 병합이 이루어진다. 이 경우, 장비에서 제공하는 소프트웨어에 따라서는 병합 시 점의 개수를 줄일 수도 있다. 이는 서로 중첩되는 부분에는 상대적으로 불필요하게 많은 점 데이터들이 존재하기 때문에 최종 데이터를 생성하기 이전에 필요한 양으로 데이터 사이즈를 줄이게 된다.

■ 정합(Registration)
스캔 데이터는 보통 여러 번의 측정에 따른 점군 데이터를 서로 합친 최종 데이터이다. 이렇게 개별 스캐닝 작업에서 얻어진 점 데이터들이 합쳐지는 과정을 정합이라고 한다. 정합은 정합용 고정구 및 마커 등을 사용하는 경우와 측정 데이터 자체로 정합을 하는 경우가 있다.

13 3D 프린팅에 적합하지 않은 3D 데이터 포맷은?

① STL
② OBJ
③ MPEG
④ AMF

해설 색상 및 질감 프로파일을 저장할 수 있는 OBJ, 스캐닝한 객체를 저장하는 용도의 PLY 및 AMF, VRML 등의 형식이 있다. .mpeg 또는 .mpg의 파일 확장자는 MPEG 비디오 파일 형식으로 다른 비디오 형식보다 스트리밍 및 다운로드 속도가 빨라 영화에 널리 사용되는 형식이다.

14 FDM 방식에서 사용하는 PC(폴리카보네이트)소재에 대한 설명으로 틀린 것은?

① 전기 절연성, 치수안정성이 좋고 내충격도 뛰어난 편이라 전기부품 제작에 가장 많이 사용하는 재료이다.
② 연속적인 힘이 가해지는 부품에는 부적당한 일회성으로 강한 충격을 받는 제품에 주로 사용되는 재료이다.
③ 출력 시 특별한 냄새가 발생하지 않는 특성을 가지고 있는 소재이다.
④ 출력 속도에 따라 압출 온도 설정을 다르게 해야 하므로 다소 까다롭다.

해설 PC나 ABS 같은 소재는 출력 시 발생하는 냄새를 오래 맡을 경우 인체에 해로울 수 있으므로 별도의 전용 출력실에서 3D 프린터를 운용하고 출력 시에는 가급적 출입하지 않으며 실내 환기시설이나 공기청정장치 등을 설치하는 것이 필수적이다.

정답 11. ① 12. ② 13. ③ 14. ③

15 축의 지름이 구멍보다 클 때 축과 구멍사이에 항상 죔새가 있는 끼워맞춤은?

① 헐거운 끼워맞춤
② 중간 끼워맞춤
③ 억지 끼워맞춤
④ 구멍기준식 끼워맞춤

해설 ㉠ **헐거운 끼워맞춤** : 구멍과 축 사이에 항상 틈새가 있는 끼워맞춤
㉡ **중간 끼워맞춤** : 틈새와 죔새가 모두 있는 끼워맞춤
㉢ **억지 끼워맞춤** : 축과 구멍 사이에 항상 죔새가 있는 끼워맞춤
㉣ **구멍기준식 끼워맞춤** : 여러 개의 공차역 클래스의 축과 1개의 공차역 클래스의 구멍을 조립하는데에 따라 필요한 틈새 또는 죔새를 주는 끼워맞춤 방식

16 압축된 금속 분말에 적절한 열에너지를 가해 입자들의 표면을 녹이고 녹은 표면을 가진 금속입자들을 서로 접합시켜 금속 구조물의 경도를 높이는 SLS 방식에서 사용되는 공정은?

① 압출(Extrusion)
② 큐어링(Curing)
③ 수조(Vat)
④ 소결(Sintering)

해설 소결(Sintering)은 용융점 이하의 온도에서 원자의 이동현상에 의해 분말 입자가 서로 결합하는 과정을 의미하는데 PBF 기술 방식 중 SLS(Selective Lase Sintering), DMLS(Direct Metal Laser Sintering) 기술이 이에 속한다.

17 FDM 방식 3D 프린팅을 사용하여 한 변의 길이가 50mm인 정육면체 형상을 출력하기 위해 한 층의 높이 값을 0.2mm로 설정하여 슬라이싱 하였다. 이때 생성된 전체 layer의 층수는?

① 50개
② 100개
③ 200개
④ 250개

해설 전체 높이를 설정한 레이어 두께로 나누어 주면 전체 적층(레이어) 수를 쉽게 구할 수 있다.
50 / 0.2 = 250층

18 내마모성이 우수한 고무와 플라스틱의 특징을 고루 갖추고 있어 탄성, 투과성이 우수하며 마모에 강하다. 탄성이 뛰어나 휘어짐이 필요한 부품 제작에 주로 사용되나 가격이 비싼 편인 재료는?

① PLA
② HIPS
③ TPU
④ PVA

해설 PLA : 출력 시 열 변형에 의한 수축이 적어 다른 소재들보다 정밀한 출력이 가능
HIPS : 고충격성과 우수한 휨 강도와 함께 균형이 잡힌 기계적 성질을 가짐
PVA : 물에 잘 녹기 때문에 주로 산업용 FDM 3D 프린터의 서포터 소재로 사용한다.

19 SLA 방식 3D 프린팅 운용시 주의해야 할 사항으로 옳지 않은 것은?

① UV 레이저를 조사하는 방식이므로 보안경을 착용하여 운용한다.
② 레진은 보관이 까다롭고 악취가 심하기 때문에 환기가 잘되는 곳에서 운용한다.
③ 레진은 어두운 장소에서 경화반응을 일으키므로 햇빛이 잘 드는 곳에서 보관, 운용한다.
④ 출력물 표면에 남은 레진은 유해성분이 있기에 방독 마스크와 니트릴 보호 장갑을 착용하고 취급해야 한다.

해설 광경화성수지(Resin)는 빛에 민감한 반응을 하여 경화되는 성질이 있는 소재이므로 취급에 주의를 요하는 3D 프린팅용 소재이다.

20 척도가 1:2 이라면 무엇을 말하는가?

① 배척
② 현척
③ 축척
④ NS

해설 ■ **척도의 종류**
· 축척 : 실제보다 작게 작도 (1:2, 1:5, 1:10 등)
· 현척(실척) : 실제와 같게 작도 (1:1)
· 배척 : 실제보다 크게 작도 (2:1, 5:1, 10:1 등)
· N.S. : Not to scale, 비례척이 아닌 임의의 척도

정답 15. ③ 16. ④ 17. ④ 18. ③ 19. ③ 20. ③

21. 도면에 대한 설명으로 올바르지 않은 것은?

① 각 나라별, 기업별로 자기만의 별도 기준에 따라 도면을 작성하여 사용한다.
② 표준화된 문자와 기호 등을 통해 설계자의 생각을 제작자에게 정확하게 전달하는 수단으로 사용되는 종이 형태의 그림을 말한다.
③ 설계자와 제작자 간의 상호 의사소통이 가능하도록 국가 표준규격으로 그려진 그림을 말한다.
④ 각 산업 부문별 제도 규격을 파악하여 설계자의 의도를 이해하고 제품을 제작할 수 있도록 그려진 그림을 말한다.

해설 도면 또는 설계도는 어떤 기능과 구조, 배치를 그린 그림으로 전기, 전자, 기계 및 토목 건축물 등의 설계 결과를 기록한 것을 말한다. 각국의 공업규격에서 정한 표준화된 문자와 기호 등을 이용하여 설계자의 생각을 제작자에게 정확하게 전달하는 수단으로 사용되는 종이 형태의 그림이다.

22. 재료압출방식(ME) 출력물의 후가공에 대한 설명으로 거리가 먼 것은?

① FDM 방식은 압출공정으로 인해 측면이 레이어가 생기기 때문에 표면을 부드럽게 할 필요가 있다.
② 후가공은 보통 서포터나 바닥보조물 제거부터 시작된다.
③ 출력물의 표면을 다듬기 위해 사포가 사용되는데 사포의 거칠기마다 번호가있는데 번호가 낮을수록 사포 표면이 거칠고 높을수록 사포 표면이 곱다.
④ 후가공은 번호가 높은 사포를 사용을 시작해서 번호가 낮은 사포 순서로 작업하는 것이 좋다.

해설 번호가 낮은 사포인 거친 사포로 사용을 시작해서 점차로 번호가 높은 고운 사포의 순서로 작업하는 것이 좋다.

23. 오픈소스형 FDM 방식에 대한 설명으로 잘못된 것은?

① FDM 방식은 필라멘트를 노즐로 밀어 넣으면서 고온의 열을 이용하여 녹여 압출하는 방식이다.
② 보통 제품 출력 전에 노즐 온도를 올려 안에 있는 필라멘트를 빼낸 뒤 출력을 하거나 필라멘트 교체를 진행한다.
③ 노즐이 막혀 원활한 출력이 안되면 300℃ 이상의 고온으로 올려주면 뚫린다.
④ 노즐을 분해하여 토치로 노즐을 가열한 뒤 공업용 알코올에 담가 놓으면 노즐 안의 불순물들이 빠지기도 한다.

24. 3D 프린팅은 의학 분야에서도 3D 스캐닝 기술과 접목하여 하루가 다르게 발전하고 있다. 다음 중 3D 프린팅 기술이 의료 분야에 현재 적용되고 있는 것과 가장 거리가 먼 것은 무엇인가?

① 신체복원 분야(손, 다리 절단 부분, 의수, 의족 등)
② 치과 분야(치구, 치형, 틀니모형 등)
③ 이식 수술 분야(두개골 함몰 부분, 골반, 척추 대체 등)
④ 외과 수술에 적용(심장이식, 혈관수술 등)

해설 현재 외과 수술에는 일부 적용하고 있으며 바이오 3D 프린팅에 의한 심장이식이나 간 등의 장기 이식수술까지는 진행하지 못하고 있다. 하지만 3D 프린터로 제작된 혈관을 이용한 수술 등 해외 성공 사례가 발표되는 등 점차 확산되고 있는 추세이다.

정답 21. ① 22. ④ 23. ③ 24. ④

25 FDM 방식에서 사용하는 소재 중에 ABS, HIPS, PC 소재 등의 히팅베드 설정 온도로 적절한 것은?

① 히팅베드가 필요없는 소재이다.
② 보통 50℃ 이하로 설정한다.
③ 보통 80℃ 이상으로 설정한다.
④ 챔버기능이 필요없으며 200℃ 이상의 고온으로 설정해야만 한다.

해설

소재의 종류	히팅베드 사용 유무 혹은 사용 온도
PLA, PVA 소재 등	히팅베드가 아니어도 됨 보통 50~60℃ 이하로 설정
ABS, HIPS, PC 소재 등	히팅베드 필수 보통 80℃ 이상으로 설정

26 FDM 3D 프린터에서 출력오류가 발생하는 현상으로 가장 거리가 먼 것은?

① 노즐과 베드의 간격이 넓을 때
② 노즐과 베드의 간격이 너무 붙었을때
③ 노즐과 베드 양쪽이 전부 히팅되는 구조인 경우
④ 노즐 내부에 찌꺼기가 많은 경우

해설 일반적으로 압출기 노즐과 베드는 모두 히팅 구조로 되어 있다.

27 수학함수를 이용한 3D 모델링 방식은?

① 폴리곤 방식   ② 넙스 방식
③ 솔리드 방식 ④ 안티앨러싱 방식

해설 **폴리곤 방식** : 폴리곤(Polygon)은 다각형이라는 뜻으로 형태를 구성하는 점, 선, 면의 집합으로 메쉬(Mesh)를 제작하는 방식
넙스 방식 : 넙스는 비정형 유리 B-스플라인(Non-Uniform Rational B-spline)의 약자로 폴리곤의 단점을 보안하기 위해 만들어진 기술로 정밀한 표현을 가능하게 해주며 수학적으로 선(Curve)을 그려서 형태를 잡고 그 형태의 선들을 이용(LOFT)해 면(Surface)을 구현하는 방식
솔리드 방식 : 3차원 형상의 표면뿐만 아니라 내부에 질량, 체적, 부피값 등 여러 가지 정보가 존재할 수 있으며 스케치에서 생성된 프로파일에 모델링 명령을 이용하여 형상을 표현하는 방식

28 3각법에서 정면도 아래에 위치하는 것은?

① 배면도   ② 저면도
③ 좌측면도 ④ 우측면도

해설
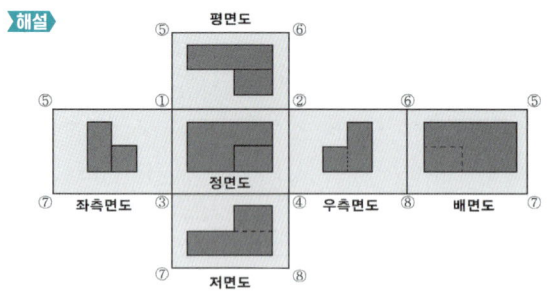
저면도 또는 밑면도라고도 한다.

29 확정된 출력용 데이터를 근거로 모델을 출력 시 출력 보조물의 필요성을 판단할 수 있으며 출력 보조물이 필요할 경우 슬라이서 프로그램으로 형상을 분석할 수 있다. 다음 보기 중 슬라이서에서 설정하는 출력 보조물이 아닌 것은?

① 로브(Rob)   ② 지지대(Support)
③ 바닥받침대(Raft) ④ 내부 채움(Infill)

해설 출력하고자 하는 모델의 형상분석을 통해 지지대(Support), 바닥받침대(Raft), 내부채움(Infill), 스커트와 브림(Skirt & Brim) 등을 슬라이서에서 설정할 수 있다.

30 ABS 소재의 필라멘트를 사용하여 장시간 작업할 경우 반드시 주의해야 할 사항은?

① 융점이 기타 재질에 비해 매우 높으므로 냉방기를 가동하여 작업한다.
② 옥수수 전분 기반 생분해성 재질이므로 특별히 주의해야 할 사항은 없다.
③ 작업 시 냄새가 심하므로 작업장의 환기를 적절히 실시한다.
④ 물에 용해되는 재질이므로 수분이 닿지 않도록 주의해야 한다.

정답 25. ③ 26. ③ 27. ② 28. ② 29. ① 30. ③

31 AMF 포맷에 대한 설명으로 옳지 않은 것은?

① 같은 모델일 때 STL에 비해 용량이 매우 크다.
② STL포맷의 단점을 보완하여 STL에 비해 곡면을 잘 표현한다.
③ 메시마다 각각의 색상 지정이 가능하다.
④ Additive Manufacturing File의 약자이다.

해설 ■ AMF(Additive Manufacturing File)
AMF(Additive Manufacturing File) 포맷은 XML에 기반해 STL의 단점을 다소 보완한 파일 포맷이다. STL 포맷은 표면 메시에 대한 정보만을 포함하지만, AMF 포맷은 색상, 질감과 표면 윤곽이 반영된 면을 포함해 STL 포맷에 비해 곡면을 잘 표현할 수 있다. 색상 단계를 포함하여 각 재료 체적의 색과 메시의 각 삼각형의 색상을 지정할 수 있다. 3D CAD 모델링을 할 때 모델의 단위를 계산 할 필요가 없고 같은 모델을 STL과 AMF로 변환했을 때 AMF의 용량이 매우 작다. ASTM에서 ASTM F2915-12로 표준 승인되었지만 아직 많은 CAD 시스템에서 지원하지 않아 널리 사용되지 않고 있다.

32 FDM 델타 방식 프린터에서 높이가 258㎜일 때, 원점 좌표로 옳은 것은?

① (258, 0, 0)   ② (0, 258, 0)
③ (0, 0, 258)   ④ (0, 0, 0)

해설 ■ 델타 방식 3D 프린터의 예

33 CAD 프로그램을 이용하여 아래 그림에서 변경 전의 도형을 변경 후의 모양으로 바꿀 수 있는 기능은?

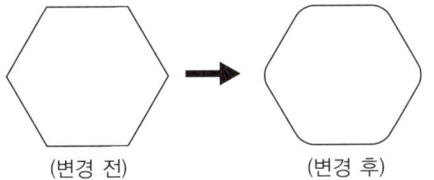

① Trim   ② Offset
③ Chamfer   ④ Fillet

해설 필렛(Fillet)은 모깎기라고도 부르며 날카로운 모서리를 부드럽고 둥글게 해주는 기능이다.

34 다음 보기 중에서 분말적층용융결합 방식에 해당하는 기술 명칭은?

① PolyJet
② SLS
③ SLA
④ FDM

해설 분말적층용융결합 방식(PBF, Powder Bed Fusion)은 분말 형태의 소재에 레이저 빔이나 고에너지 빔을 조사해서 선택적으로 소재를 결합시키는 기술로 SLS, DMLS, EBM 방식등이 있다.

35 FDM 방식 3D 프린터로 출력한 후 제품을 조립하여 동작시킬 때 확인사항이 아닌 것은?

① 출력속도   ② 소재 종류
③ 설정온도   ④ 레이저 광원

해설 FDM 방식 3D 프린터에서는 레이저 광원을 사용하지 않는다.

36 FDM 방식 3D 프린팅 가동 중 필라멘트 공급장치가 작동을 멈췄을 때 정비에 필요한 도구로 가장 거리가 먼 것은?

① 망치   ② 롱노우즈
③ 육각렌치   ④ +, - 드라이버

37 3D 모델링에서 작업 내용을 순서 또는 항목별로 정렬하여 나타낼 수 있는 것은?

① 모델링   ② 이력
③ 메뉴   ④ 선택

해설 3D CAD 프로그램은 설계자의 작업 순서를 순차적으로 기록하고 저장하여 보여 주는 이력(History)을 기능을 가지고 있다.

정답 31. ① 32. ③ 33. ④ 34. ② 35. ④ 36. ① 37. ②

38 비매니폴드에 대한 설명으로 옳은 것은?

① 실제 존재할 수 없는 구조이다.
② 하나의 모서리를 2개의 면이 공유한다.
③ 오픈 메시가 없는 클로즈 메시로 구성되어 있다.
④ 불 작업, 유체 분석 등을 했을 때 오류가 생기지 않는다.

해설 비(非)매니폴드 모델은 3D 프린터로 출력시 올바르게 출력되지 않는다.

39 3D 프린팅으로 제품을 출력할 때 재료가 베드(bed)에 잘 부착되지 않는 이유로 볼 수 없는 것은?

① 온도 설정이 맞지 않은 경우
② 플랫폼 표면에 문제가 있는 경우
③ 첫 번째 층의 출력 속도가 너무 빠른 경우
④ 출력물 아랫부분의 부착 면적이 넓은 경우

해설 ■ 재료가 베드(플랫폼)에 제대로 부착되지 않는 이유
㉠ 플랫폼의 수평이 맞지 않을 때
㉡ 노즐과 플랫폼 사이의 간격이 너무 클 때
㉢ 첫 번째 층이 너무 빠르게 성형될 때
㉣ 베드 온도 설정이 맞지 않는 경우
㉤ 베드 표면에 문제가 있는 경우
㉥ 출력물과 베드 사이의 부착 면적이 작은 경우

40 3D 모델링의 어셈블리 기능이 아닌 것은?

① 단면보기를 하여 설계검증을 할 수 있다.
② 각 부품의 조립상태를 검증할 수 있다.
③ 파트를 수정할 수 없다.
④ 부품 간의 간섭을 확인할 수 있다.

해설 파트 수정도 가능하다.

41 다음 보기 중 ( ) 안에 들어갈 내용으로 옳은 것은?

> 개별 스캐닝 작업에서 얻어진 점 데이터들이 합쳐지는 과정을 (A)이라고 한다.
> (A)의 과정을 통해 중첩되거나 불필요한 점의 갯수를 줄여 데이터 사이즈를 줄이는 것을 (B)이라고 한다.

① A : 정합, B : 클리닝
② A : 병합, B : 정합
③ A : 정합, B : 병합
④ A : 클리닝, B : 병합

42 FDM 방식 3D 프린터의 품질개선 방법이 아닌 것은?

① 출력 전 노즐 막힘 방지를 위해 온도를 높여 내부에 굳어 있는 필라멘트를 제거 후 출력한다.
② 노즐 높이 조절을 위해 틈새 게이지를 사용하여 설정한다.
③ 스테팅 모터의 고정이 느슨해지는 것을 방지하기 위해 고정 나사로 조여준다.
④ 노즐 토출 구멍의 직경과 관계없이 레이어 두께를 가능한 얇게 설정한다.

43 FDM 방식 3D 프린터 출력 시 필라멘트가 제대로 용융되지 않을 경우 해결 방식으로 옳지 않은 것은?

① 사용하는 재료에 알맞은 온도를 설정하여 사용한다.
② 외부의 온도는 출력물이 잘 냉각되도록 낮은 온도를 유지한다.
③ 노즐 장치의 온도를 고온으로 유지시킬 수 있는 히터 및 제어기를 확인한다.
④ 노즐 헤드(핫 엔드)의 고장 유무를 확인한다.

정답 38. ① 39. ④ 40. ③ 41. ③ 42. ④ 43. ②

44 여러 부분을 나누어 스캔할 때 스캔 데이터를 정합하기 위해 사용하는 도구는?

① 정합용 마커   ② 정합용 스캐너
③ 정합용 광원   ④ 정합용 레이저

해설 산업용 고정밀 라인 레이저 측정에서는 보통 정합용 마커(registration marker)를 많이 사용. 치수 정밀도가 매우 우수한 볼 형태로 이를 측정 대상물에 미리 고정을 시킨다. 보통 3개 이상의 볼이 필요하며 이렇게 고정된 볼은 측정 대상물과 같이 스캔이 된다.

45 다음 설명에 해당되는 3D 스캐너 타입은?

> 물체의 표면에 지속적으로 주파수가 다른 빛을 쏘고 수신광부에서 이 빛을 받을 때 주파수의 차이를 검출해 거리 값을 구해내는 방식

① 핸드헬드 방식
② 변조광 방식의 3D 스캐너
③ 백색광 방식의 3D 스캐너
④ 광 삼각법 3D 레이저 스캐너

해설 변조광 방식은 스캐너가 발송하는 레이저 소스 외에 주파수가 다른 빛의 배제가 가능해 간섭에 의한 노이즈를 감쇄 시킬 수가 있다. 이런 타입의 스캐너는 TOF 방식의 단점인, 시간 분해능에 대한 제한이 없어 훨씬 고속(약 1MHz)으로 스캔이 가능한데 비해 레이저의 세기가 약한데, 이는 일정 영역의 주파수 대를 모두 사용해야 하기 때문이다. 따라서, 중거리 영역인 10~30m 영역을 스캔할 때 주로 이용이 된다.

46 3D 프린터 출력용 모델링 데이터를 수정해야 하는 이유로 거리가 먼 것은?

① 모델링 데이터 상에 출력할 3D 프린터의 해상도 보다 작은 크기의 형상이 있다.
② 모델링 데이터의 전체 사이즈가 3D 프린터의 최대 출력 사이즈보다 작다.
③ 제품의 조립성을 위하여 각 부품을 분할 출력하기 위해 모델링 데이터를 분할한다.
④ 3D 프린터 과정에서 서포터를 최소한으로 생성시키기 위해 모델링 데이터를 분할 및 수정한다.

해설 전체 사이즈가 작더라도 모델링 데이터를 수정하지 않아도 슬라이싱 프로그램에서 크기 수정이 가능하다.

47 물체의 보이지 않는 안쪽 모양을 명확하게 나타낼 때 사용되며 일반적으로 45°의 가는 실선을 단면부 면적에 일정한 간격의 경사선으로 나타내어 절단되었다는 것을 표시해주는 것은?

① 해칭   ② 스머징
③ 커팅   ④ 트리밍

해설 가는 실선으로 기본 중심선에 대하여 45°로 등간격으로 그어 단면을 표시해 준다.

48 치수 보조기호를 나타내는 의미와 치수 보조기호가 잘못된 것은?

① 지름 : ⌀10
② 참고치수 : (30)
③ 구의 지름 : S⌀40
④ 판의 두께 : □4

해설 □은 정사각형을 나타내고, 두께 치수는 t로 나타낸다.

49 분말을 용융하는 분말 용접(Powder Bed Fusion) 방식의 3D 프린터에서 고형화를 위해 주로 사용되는 것은?

① 레이저
② 황산
③ 산소
④ 글루

해설 분말적층 용융결합(PBF) 방식은 분말 형태의 소재에 레이저빔이나 고에너지빔을 조사하여 선택적으로 소재를 결합시키는 기술로 SLS, DMLS 등의 상용화된 기술이 있다.

정답 44. ① 45. ② 46. ② 47. ① 48. ④ 49. ①

50 노즐에서 재료를 토출하면서 가로 100mm, 세로 200mm 위치로 이동하라는 G코드 명령어에 해당하는 것은?

① G1 X100 Y200
② G0 X100 Y200
③ G1 A100 B200
④ G2 X100 Y200

해설 G0는 급속이송으로 토출하지 않고 빠르게 프린터 헤드를 이동시키는 명령이다.
G1은 'F' 어드레스로 설정된 이송속도에 따라 'X', 'Y', 'Z', 'E' 등의 좌표어로 주어지는 위치까지 소재를 토출하면서 직선으로 이동하라는 명령이다.

51 아래 설명에 해당하는 방식은?

- 기본 객체들이 집합 연산을 적용하여 새로운 객체를 만드는 방법이다.
- 교집합, 차집합, 합집합 등의 집합연산이 있다.

① 폴리곤 방식
② 안티엘리어싱 방식
③ CSG 방식
④ 넙스 방식

해설 CSG는 Constructive Solid Geometry의 약자로 통상적으로 솔리드 기반 모델링이라고 볼 수 있다.
넙스 모델링은 수학적 공식으로 이루어진 데이터를 말하며 폴리곤의 경우 확대지 이미지가 깨지고 수치적으로 정확하지 않은 것에 반해 넙스 모델링은 수학을 근거로 만들어지기 때문에 수치가 정확하고 확대 시에도 깨지지 않는 장점이 있다.

52 G코드와 M코드에 대한 설명으로 틀린 것은?

① G코드 지령 숫자는 1에서 99까지이며 지령 숫자에 따라서 의미가 다르다.
② G코드 기능에 따라서 연속유효 G코드와 1회 유효 G코드로 분류할 수 있다.
③ 공구의 이동이나 가공, 기계의 움직임 등의 제어를 위해 준비하는 중요한 기능을 G 기능이라고 한다.
④ 프로그램 제어 및 NC 기계의 보조 장치 On/Off 작동을 수행하는 보조기능을 T기능이라 한다.

해설 준비기능(G코드)은 헤드의 움직임과 관계된 지령들이 많지만, 보조기능인 M코드는 헤드 이외의 장치의 제어에 관련한 기능들로 구성되어 있다.

53 3D 프린팅 사용 소재 선정시 고려해야할 사항이 아닌 것은?

① 소재는 녹는점
② 소재의 직경
③ 소재의 유해성
④ 소재의 무게

54 ( ) 파일이란 3차원 데이터를 표현하는 국제 표준 형식 중 하나로써 입체 물체의 표면 형상에 무수히 많은 3각형 면으로 구성하여 표현해 주는 일종의 폴리곤 포맷이다. ( ) 안에 알맞은 용어는?

① IGES
② STL
③ JPG
④ DWG

해설 ■ STL(STereoLithography)
STL 형식은 3D System사가 Albert Consulting Group에 의뢰해 쉽게 사용할 수 있도록 만들어졌다. 대부분의 CAD 시스템에서 쉽게 생성되도록 아주 단순하게 설계하였으며, 초기 3D 프린팅 시스템 제조사들이 채택하여 현재 3D 프린팅의 표준 입력 파일 포맷으로 널리 사용되고 있고, STL 포맷은 3차원 데이터의 surface 모델을 삼각형 면에 근사시키는 방식이다.
그렇기 때문에 CAD 시스템에서 생성은 용이하지만 생성된 STL 파일에서 제품을 제작하기 힘들 정도의 오류를 가진 경우도 있다. CAD 시스템에서 생성된 형상의 데이터는 surface를 포함하는 경우가 많고 이러한 surface 형상 데이터를 오차 없이 삼각형으로 나타내는 것은 불가능하다.
오차가 없도록 surface를 가능한 한 많은 삼각형으로 최대한 근사시켰기 때문에 그 과정에서 오류가 생길 수도 있다.

정답 50. ① 51. ③ 52. ④ 53. ④ 54. ②

55 필라멘트를 사용하는 3D 프린터에서 3D 모델링 데이터를 분할하여 출력한 후 조립하는 경우 고려해야할 항목으로 가장 거리가 먼 것은?

① 압출기 노즐 구멍의 직경
② 3D 프린팅 가능한 최대 조형크기
③ 출력물의 조립성
④ 조립시 부품 간의 공차

해설 오픈소스형 FDM 방식 3D 프린터의 노즐 구멍 크기는 보통 0.4mm이다.

56 주로 펄스 레이저(pulse laser)를 사용하며, 레이저의 펄스가 레이저 헤드를 출발해서 대상물을 맞히고 반사하여 돌아오는 시간을 측정해서 최종적으로 거리를 계산하는 방식은?

① Time-Of-Flight(TOF) 방식 레이저 3D 스캐너
② 패턴 이미지 기반 삼각 측량 3차원 스캐너
③ 레이저 기반 삼각 측량 3차원 스캐너
④ Industrial CT

해설 ■ Time-Of-Flight(TOF) 방식 레이저 3D 스캐너
TOF 방식은 주로 펄스 레이저(pulse laser)를 사용하며, 레이저의 펄스가 레이저 헤드를 출발해서 대상물을 맞히고 반사하여 돌아오는 시간을 측정해서 최종적으로 거리를 계산한다. 빛의 속도는 알려져 있고, 레이저 펄스에 대한 시간 측정을 통해서 거리를 계산하는 방식이다(거리 = 속도 × 시간).
따라서 레이저의 펄스를 카운트할 수 있는 고주파 타이머(high-frequency timer)가 사용이 되어야 하며, 주로 피코초(pico second, 10-12 second)의 타이머가 많이 사용된다. 위상 간섭(phase inteference)을 통해서도 시간을 측정할 수 있으며, 이 경우에는 펄스 레이저 대신 연속 레이저(continuous laser)를 사용한다. 점 방식으로 측정을 하기 때문에 피측정물을 둘러싸고 있는 외관을 스캔해야 한다. 이 방식의 장점은 먼 거리의 대형 구조물을 측정하는 데 용이하다는 점이지만, 측정 정밀도가 비교적 낮고 작은 형상이면서 정밀한 측정이 필요한 경우에는 적합하지 않다.

57 엔지니어링 모델링에서 사용되는 상향식(Bottom-up)방식에 대한 설명으로 옳지 않은 것은?

① 파트를 모델링 해놓은 상태에서 조립품을 구성하는 것이다.
② 기존에 생성된 단품을 불러오거나 배치할 수 있다.
③ 자동차나 로봇 모형(프라모델) 분야에서 사용되며 기존 데이터를 참고하여 작업하는 방식이다.
④ 제품의 조립관계를 고려하여 배치 및 조립을 한다.

해설 ③ 번은 하향식 방법 모델링에 대한 설명이다.

58 슬라이서 소프트웨어 설정 중 내부 채우기의 정도를 뜻하는 것으로 0~100%까지 채우기가 가능하며 채우기 정도가 높아질수록 출력 시간이 오래 걸리는 단점이 있는 것은?

① Infill
② Raft
③ Support
④ Resolution

해설 ■ Fill 메뉴예
㉠ Bottom/top thickness(mm)
출력물의 위/아래 두께를 늘려주는 기능이다.
㉡ Fill density(%)
출력물의 배부를 채우는 기능으로 100%로 출력하면 단단하지만 출력하는데 많은 시간이 걸리고 반대로 너무 채우지 않으면 출력물이 너무 약해서 쉽게 파손된다.

59 3D 프린터 출력물에 용융된 재료가 흘러나와 얇은 선이 생겼을 경우 이러한 오류를 해결하는 방법으로 옳지 않은 것은?

① 온도 설정을 변경한다.
② 리트렉션(Retraction) 거리를 조절한다.
③ 리트렉션(Retraction) 속도를 조절한다.
④ 압출헤드가 긴 거리를 이송하도록 조정한다.

해설 출력물에 머리카락같이 얇은 선이 생기는 것은 압출 노즐 내부의 용융된 재료가 흘러나오기 때문이다. 이런 현상을 없애기 위해서는 압출 노즐 내부의 재료를 뒤로 이동시키는 리트렉션(retraction) 설정을 조정하는 것이다. 한 부분의 성형이 끝나고 다른 부분의 성형을 위해서는 압출 노즐이 이동되어야 하며 이때 노즐 내부에 남아 있는 용융된 플라스틱 재료가 흘러내리지 않게 하는 것이 리트렉션 기능이다.
압출 노즐이 재료를 압출하지 않고 이송할 때 노즐 내부의 용융된 상태의 재료가 흘러 내린다. 이때 이송 거리가 짧으면 재료가 흘러내리기 전에 헤드가 이송되어 다음 단면형상을 성형하기 때문에 큰 문제가 발생하지 않는다. 하지만 이송 거리가 길게 되면 재료가 흘러내릴 시간이 충분하게 된다. 압출 헤드가 재료를 압출하지 않고 이송되는 거리가 긴 경우에는 G코드를 수정하여 단면을 만드는 패턴을 수정하는 것이 좋다.

60 일반적인 캐드 시스템에서 거리와 각도로 표현하는 좌표계는?

① 직교 좌표계
② 상대 좌표계
③ 극 좌표계
④ 원통 좌표계

해설 극 좌표는 거리와 각도를 입력하면 원하는 형상을 작도할 수 있다. 극 좌표 역시 상대 좌표처럼 각각의 포인트가 0,0에 있다고 생각하고 입력하면 된다.
입력방법은 "@거리〈각도" 형식으로 입력하는데 예를 들어서 20mm의 거리를 45도의 각도로 작도하고 싶은 경우 "@20〈45"라고 입력하면 된다.

■ CJP 방식 3D프린터 출력물

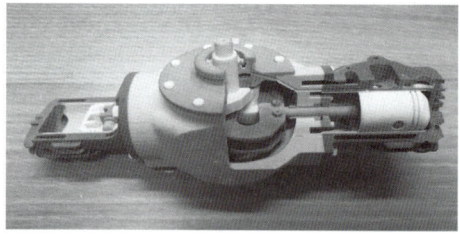

■ PolyJet 방식 3D프린터 출력물

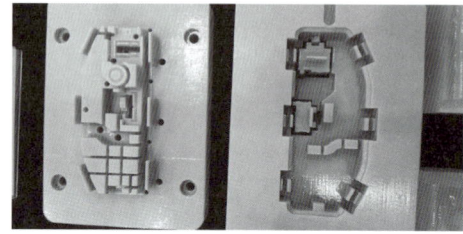

■ DMLS/DMT 방식 3D프린터 출력물

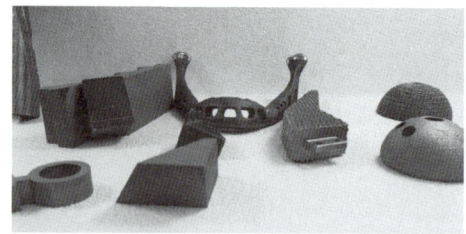

■ MJM 방식 3D프린터 출력물

■ SLA 방식 3D프린터 출력물

정답 59. ④ 60. ③

2022년 CBT 기출문제(C) 복원

01 패턴이미지 기반 스캐너의 설명으로 옳지 않은 것은?

① 먼거리의 대형 구조물의 측정에 적당하다.
② 대상물의 변형이 된 패턴을 카메라에서 측정한다.
③ 광패턴을 이용하기 때문에 넓은 영역을 빠르게 측정할 수 있다.
④ 휴대용으로 개발하기 용이하다.

해설 ■ 패턴 이미지 기반 삼각 측량 3차원 스캐너
이 방식은 이미지를 생성할 수 있는 장치(레이저 인터페로미터(laser interferometer) 혹은 프로젝터)와 같은 장치가 이미 알고 있는 패턴의 광을 측정 대상물에 조사하고, 대상물에 변형이 된 패턴을 카메라에서 측정을 하고 모서리 부분들에 대한 삼각 측량법으로 3차원 좌표를 계산한다. 광 패턴(structured light)을 바꾸면서 초점 심도를 조절할 수 있으며, 광 패턴을 이용하기 때문에 한꺼번에 넓은 영역을 빠르게 측정할 수 있으며 휴대용으로 개발하기가 용이하다.

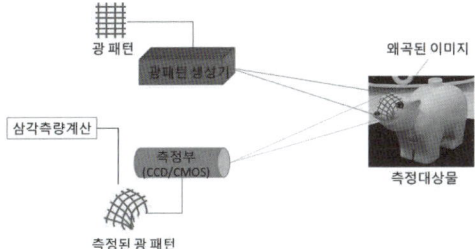

02 3D 스캐너는 접촉식과 비접촉식으로 크게 구분할 수 있는데 다음 중 접촉식 3D 스캐너에 해당하는 것은?

① CMM 3D 스캐너
② 레이저 방식 3D 스캐너
③ 광학 방식 3D 스캐너
④ 사진 방식 3D 스캐너

해설 ■ CMM(Coordinate Measuring Machine)
CMM은 접촉식 3차원 스캐너로 탐촉자라고 불리는 프로브(Probe)를 이용하여 측정하고자 하는 대상물에 직접 닿게 해서 측정을 하는 방식이다. 대부분의 제조업에 오래 전부터 이 방식이 활용되어 왔고 측정점의 정확도가 우수한 편이지만 대상물의 표면에 접촉을 해야 하므로, 물체에 변형이나 손상을 줄 수 있다는 단점과 다른 스캐닝 방식에 비해 측정 속도가 느리고 비싸다는 점을 들 수 있다.

03 FDM 방식의 출력물을 안정적으로 안착시키고 베드와의 접착성을 증대시키기 위한 설정으로 사용 가능하지만 그만큼 소재 낭비 및 출력시간의 증대를 가져오는 출력보조물은?

① 스커트
② 브림
③ 지지대
④ 라프트

해설 라프트(Raft)는 아래 강아지 모델처럼 베드에 접착되는 발바닥 부분처럼 좁은 경우 설정해주어 출력 중 쓰러지지 않고 안정적인 출력을 위해 설정하는 옵션인데 불필요한 지지대의 바닥에도 라프트가 출력되어 출력시간 증가 및 소재 사용량도 많아지는 단점이 있다.

라프트 사용 설정을 하면 모델뿐만 아니라 서포트 부분도 출력이 된다.

정답 1. ① 2. ① 3. ④

04 3D 스캐너의 작업 중 정합(Registration)이 있다. 다음 중 올바르게 설명한 것은?

① 개별 스캐닝 작업에서 얻어진 점 데이터들이 합쳐지는 과정
② 여러 개의 스캔 데이터를 하나의 파일로 통합하는 과정
③ 여러 개의 스캐닝 작업에서 얻어진 점 데이터들이 합쳐지는 과정
④ 개별 스캔 데이터를 하나의 파일로 통합하는 과정

해설 ■ 정합(Registration)
스캔 데이터는 보통 여러 번의 측정에 따른 점군 데이터를 서로 합친 최종 데이터이다. 이렇게 개별 스캐닝 작업에서 얻어진 점 데이터들이 합쳐지는 과정을 정합이라고 한다. 정합은 정합용 고정구 및 마커 등을 사용하는 경우와 측정 데이터 자체로 정합을 하는 경우가 있다.

■ 병합(Merging)
병합은 정합을 통해서 중복되는 부분을 서로 합치는 과정이다. 정합은 전체 데이터를 회전 이송하면서 같은 좌표계로 통일하는 과정이며, 병합은 이러한 데이터를 하나의 파일로 통합하는 과정이다. 보통의 소프트웨어에서는 병합 과정이 별도로 존재하지 않는 경우가 많으며, 정합 데이터를 새로운 파일로 저장함으로써 자동 병합이 수행된다.
즉, 두 개의 점 데이터를 모두 포함하는 새로운 점 데이터를 생성함으로써 병합이 이루어진다. 이 경우, 장비에서 제공하는 소프트웨어에 따라서는 병합 시 점의 개수를 줄일 수도 있다. 이는 서로 중첩되는 부분에는 상대적으로 불필요하게 많은 점 데이터들이 존재하기 때문에 최종 데이터를 생성하기 이전에 필요한 양으로 데이터 사이즈를 줄이게 된다.

05 방진마스크의 선정 기준과 거리가 먼 것은?

① 안면 접촉 부위에 땀을 흡수할 수 있는 재질을 사용한 것
② 안면 밀착성이 좋아 기밀이 유지되는 것
③ 마스크 내부에 호흡에 의한 습기가 발생하지 않을 것
④ 분집 포집 효율이 높고 흡기 배기 저항이 높을 것

해설 ■ 방진 마스크 선정기준
㉠ 분진포집효율은 높고 흡기·배기저항이 낮은 것
㉡ 중량이 가볍고 시야가 넓은 것
㉢ 안면 밀착성이 좋아 기밀이 잘 유지되는 것
㉣ 마스크 내부에 호흡에 의한 습기가 발생하지 않을 것
㉤ 안면 접촉부위가 땀을 흡수할 수 있는 재질을 사용한 것

06 압축된 금속 분말에 적절한 열에너지를 가해 입자들의 표면을 녹이고, 녹은 표면을 가진 금속 입자들을 서로 접합시켜 금속 구조물의 강도와 경도를 높이는 SLS 방식에서 사용하는 공정은?

① 압출(extrusion)
② 큐어링(curing)
③ 수조(vat)
④ 소결(sintering)

07 광패턴 방식 및 레이저 방식의 스캐너에서 측정 대상물의 좌표를 구하는 방식은 어떤 원리를 응용한 것인가?

① 삼각 측량법 ② 백색광
③ 광패턴   ④ 위상 간섭

해설 삼각 측량법은 광 패턴 방식 및 라인 레이저 방식에서 측정 대상물의 좌표를 구하는 방식이다. 이는 아래 그림과 같이 대상물에 레이저 빔의 한 점이 형성될 때, 레이저 헤드, 측정부, 그리고 대상물 사이에 삼각형(ABC)이 형성되고 사인 법칙을 적용해서 거리를 구하는 방식이다. 측정 대상물에 형성된 라인 형태 또는 면 형태의 수많은 레이저 점들에 대해서 개별적으로 삼각형을 형성하고 이에 대해서 좌표를 구하는 방식이다.

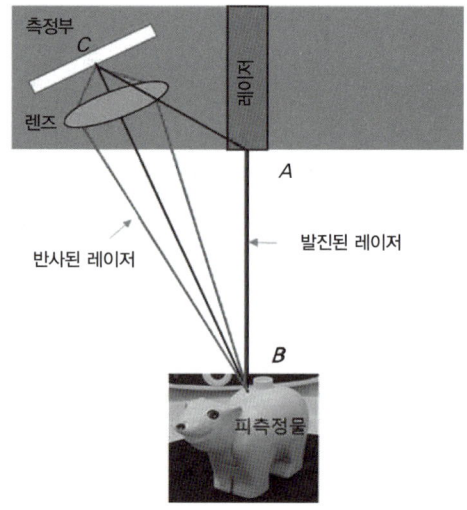

정답 4. ① 5. ④ 6. ④ 7. ①

08 지지대가 필요한 형상물 출력시 서포트 사용에 설정하지 않아도 되는 출력 방식은?

① FDM
② SLA
③ PolyJet
④ CJP

해설 CJP 기술 방식은 코어와 바인더라는 2가지 주요 구성 요소와 관련이 있는데 분말(파우더)상태의 재료에 액상의 결합제(컬러 바인더)를 분사하여 모형을 제작하는 방식이다.
분말 파우더를 롤러 시스템으로 한 층 도포한 후 잉크젯 헤드에서 컬러 바인더(결합제)를 분사하여 견고하게 만드는 방식으로 액상의 컬러 바인더가 파우더 속으로 침투하여 한 층씩 적층하며 인쇄된 레이어별 이미지들이 결합하여 3차원 입체 형상을 만드는 원리이다.

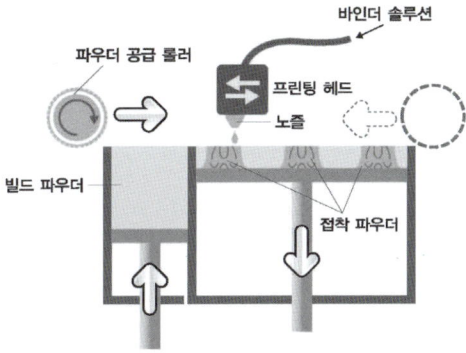

09 부울린 연산 방식의 설명에서 잘못된 것은?

① 차집합은 한 객체에서 다른 객체를 더하는 것이다.
② 합집합은 두 객체를 합쳐서 하나의 객체로 만드는 것이다.
③ 교집합은 두 객체의 겹치는 부분만 남기는 방식이다.
④ 집합 연산은 합집합, 교집합, 차집합이 있다.

10 3D 프린터 방식 중 분말재료 사용 방식으로 별도로 서포트를 설정하지 않아도 되는 것은?

① CJP, SLA   ② CJP, SLS
③ SLA, SLS   ④ FDM, SLS

해설 ■ 접착제 분사방식(Binder Jetting)
블레이드와 롤러 등을 이용하여 스테이지에 분말을 편평하게 깔고 그 위에 잉크젯 헤드로 접착제를 선택적으로 분사하는 방식으로 3DP, CJP 등의 방식이 있다.

■ 분말적층 용융결합 방식(Powder Bed Fusion)
분말 형태의 소재에 레이저빔이나 고에너지빔을 조사해서 선택적으로 소재를 결합시키는 기술로 SLS, DMLS 등의 방식이 있다. SLS(Selective Laser Sintering, 선택적 레이저 소결) 방식이라 널리 알려진 방식으로 정식 명칭은 분말적층 용융결합 방식이다. BJ 방식과 같이 분말을 블레이드와 롤러 등을 이용하여 분말 베드에 얇고 평평하게 깐다. 얇게 깔린 분말에 레이저를 선택적으로 조사하여 수평면 상에서 원하는 패턴을 만든다. 다시 이 위에 분말을 얇게 깔고 롤러 평탄화 작업을 한 후 이 분말에 다시 레이저를 선택적으로 조사하는 방식이다.

11 작업지시서에 포함되어야 하는 항목이 아닌 것은?

① 제작비용
② 제작물품명
③ 제작기간
④ 제작방법

해설 작업 지시서란 보통 생산관리업무에서 관리자가 현장직원에게 업무지시를 내리기 위해 작성하는 문서를 의미하는데 여기서는 3D 프린팅용 제품 제작 시에 반영해야 할 정보를 정리한 문서이다. 디자인 요구 사항, 영역, 길이, 각도, 공차, 제작 기간 및 수량 등에 대한 정보를 포함하고 있다.

■ 분말 방식 3D 프린터 출력물

정답 8. ④ 9. ① 10. ② 11. ①

12 다음 형상을 분할하여 출력하려고 한다 가장 적합한 방법은?

파트 분할 모델

① 2분할　　② 4분할

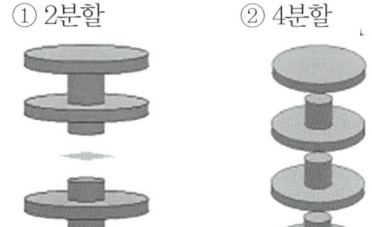

③ 4분할　　④ 2분할

해설　■ 파트(Part) 분할의 이해
적층 방식으로 출력이 되는 3D 프린터는 모델의 형상에 따라 제대로 출력하기 위해서 지지대를 생성해 주는데, 이 지지대를 제대로 제거할 수 없는 형상의 모델의 경우에 파트를 분할하여 출력하는 것이 좋은 경우가 있다. 즉, 파트를 분할하여 출력하는 경우, 하나의 파트를 그대로 출력했을 때 생성되는 지지대를 최소한으로 줄일 수 있으며, 지지대의 제거 또한 보다 손쉽게 이루어질 수 있다.
그리고 출력된 형상의 표면도 지지대가 적어지게 되므로 최대한 깨끗하게 유지한 상태로 출력할 수 있는 장점이 있기 때문에 파트를 분할하여 출력하는 것을 고려하기도 한다. 파트 분할은 출력될 모든 부품에 적용되는 것이 아니고, 모델링 내부에 공간이 많고, 그 공간에서 조립이나, 동작 등이 이루어져야 하는 경우에 많이 사용한다.

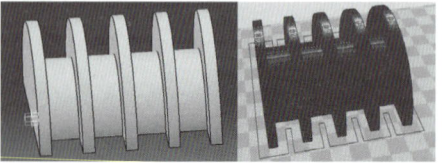

13 3D 프린터 출력 제품의 품질을 향상시키기 위해서 형상물을 분석하여 재배치하는 것을 무엇이라고 하는가?

① 형상 배치
② 형상 설계
③ 슬라이싱
④ 형상 분석

해설　출력 제품의 품질을 향상시키기 위해서 슬라이서에서 형상물을 분석하여 지지대가 생성되지 않도록 재배치하는 것 등의 작업을 뜻한다. 또한 형상 분석에는 형상을 확대, 축소, 회전, 이동을 통하여 지지대 사용 없이 적층되기 어려운 부분을 찾는 역할을 한다.

14 3D 프린터에서 사용되는 위치 결정 방식중 프린터 헤드 또는 플랫폼의 현재 위치를 기준으로 지정된 값만큼 이송하는 방식의 좌표는?

① 증분 좌표
② 로컬 좌표
③ 공작물 좌표
④ 절대 좌표

해설　■ 좌표 지령의 방법
좌표어에서 좌표를 지령하는 방법으로는 절대(absolute) 지령과 증분(incremental) 지령이 있다.
절대 지령은 "G90"을 사용하며, 증분 지령은 "G91"을 사용하며 모두 모달그룹3에 해당한다. 절대 지령은 좌표를 지정된 원점으로부터의 거리로 나타내는 방식이다. 좌표 값으로부터 현재 가공할 위치가 어디인지 직관적으로 알 수 있어 사람이 코드를 읽기 쉬운 장점이 있다. 반면, 증분 지령은 현재 플랫폼(베드)이나 헤드가 있는 위치를 기준으로 해당 축 방향으로의 이동량으로 위치를 나타낸다.

정답　12. ④　13. ④　14. ①

15 소재를 ABS를 사용하며 출력 시 한층의 높이를 0.2mm에서 0.1mm로 변경하여 출력하면 어떻게 되는가?

① 노즐온도는 190℃이며 품질이 좋아진다.
② 노즐온도는 240℃이며 품질이 떨어진다.
③ 노즐온도는 190℃이며 출력시간이 빨라진다.
④ 노즐온도는 240℃이며 출력시간이 느려진다.

해설 ABS는 FDM 방식 3D 프린터에서 PLA 소재와 더불어 가장 많이 사용되는 재료이다. 유독 가스를 제거한 석유 추출물을 이용해 만든 재료로 강하고 내구성이 좋으며 열에도 상대적으로 강한 편이다. 우리가 일상적으로 사용하는 플라스틱의 소재로 가전제품, 자동차 부품, 파이프, 안전장치, 장난감(레고 부품 등) 등 그 사용 범위가 넓다. 가격이 PLA에 비해 저렴한 편이지만 출력 시 열수축에 의한 휨 현상이 있으므로 제품 설계 시 형상에 유의해야 할 필요가 있다. 또한 압출 시 가열할 때 플라스틱 타는듯한 냄새가 나기 때문에 출력 시 적절한 장소와 환기 시설 등이 필요하다.
ABS 소재는 압출 온도가 약 220~250℃로 PLA(180~230℃)에 대비 높은 편이다.

16 3D 입체 모델링을 단면별로 나누어 프린팅 소프트웨어에서 작동할 수 있게 G코드를 생성하는 프로그램은?

① 슬라이서 프로그램   ② 분할 프로그램
③ 모델링 프로그램   ④ 전송 프로그램

17 성공적인 프린팅을 위한 고려 사항이다. 잘못된 것은?

① 3D 프린팅을 위한 모델링 데이터는 모든 면이 닫혀 있어야 한다.
② 두께를 지정하지 않으면 내부를 모두 채워 출력하게 된다.
③ 정확한 치수에 따른 모델링을 하고 재료의 수축률로 생기는 오차에 대비하는 것이 좋다.
④ 적층 높이의 수치가 높을수록 출력물 품질은 좋아지지만 프린팅 속도는 빨라진다.

해설 FDM 방식에서 적층 높이(레이어 높이 또는 두께)는 보통 0.05, 0.1, 0.2, 0.3, 0.4 정도로 설정이 가능하며 수치를 작게 설정할수록 고운 표면을 얻을 수 있지만 출력시간은 그만큼 길어진다.

18 SLA 방식 3D 프린터 운용 시 주의해야 할 사항으로 옳지 않은 것은?

① UV 레이저를 조사하는 방식이므로 보안경을 착용하여 운용한다.
② 레진은 보관이 까다롭고 악취가 심하기 때문에 환기가 잘되는 곳에서 운용한다.
③ 레진은 어두운 장소에서 경화반응을 일으키므로 햇빛이 잘 드는 곳에서 보관, 운용한다.
④ 출력물 표면에 남은 레진은 유해성분이 있기에 방독 마스크와 니트릴 보호 장갑을 착용해야 한다.

해설 광경화성 수지인 레진은 자연광이나 광도가 센 실내등에도 경화반응을 일으키므로 직사광선이나 실내등이 너무 밝은 곳에 보관하면 딱딱하게 경화된다. 대개 SLA 장비는 차광 유리 등이 장착되어 있는 것이 일반적이다.

19 출력용 데이터를 근거로 출력 보조물의 필요성을 판단할 수 있으며 출력 보조물이 필요할 경우 슬라이서 프로그램으로 형상을 분석할 수 있다. 슬라이서에서 설정하는 출력 보조물이 아닌 것은?

① 프로브(Probe)
② 바닥받침대(Support)
③ 라프트(Raft)
④ 채움정도(Infill)

해설 프로브는 탐촉자라고도 하며 접촉식 3D 스캐너인 CMM에서 측정 대상물과 직접 접촉하며 정밀측정시 사용하는 요소이다.

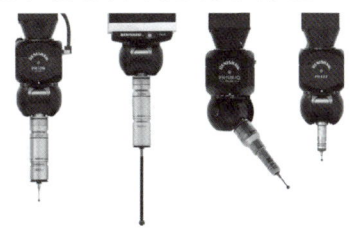

정답 15. ④ 16. ① 17. ④ 18. ③ 19. ①

20 출력파일을 저장할 때 STL파일로 저장할 때 폴리곤 모델링처럼 솔리드로 인식을 하는 경우가 있다. 이때 간혹 발생하게 되는 에러를 설명한 것이다. 이 중에서 잘못된 것은?

① STL 파일이 하나로 합쳐져 있지 않을 때
② STL 파일면이 닫혀있지 않을 때
③ STL 파일 솔리드 형상으로 모델링 되었을 때
④ STL 파일면이 뒤집혀 있을 때

21 다음 설명에 해당하는 소재는?

- 전기 절연성, 치수안정성이 좋고 내충격성도 뛰어난 편이라 전기 부품 제작에 가장 많이 사용되는 재료이다.
- 연속적인 힘이 가해지는 부품에 부적당하지만 일회성으로 강한 충격을 받는 제품에 주로 쓰인다.

① ABS   ② PLA
③ Nylon   ④ PC

해설) 폴리카보네이트(polycarbonate, PC)는 탄산염을 중합하여 만든 수지로 절연성, 내충격성, 가공성 등 기계적 성질이 우수하여 각종 기계, 전기 제품에 많이 사용된다.

22 FDM 방식 3D 프린터 출력 시 필라멘트가 제대로 용융되지 않을 경우 해결 방식으로 옳지 않은 것은?

① 사용하는 재료에 알맞은 온도를 설정하여 사용한다.
② 외부의 온도는 출력물이 잘 냉각되도록 낮은 온도를 유지한다.
③ 노즐 장치의 온도를 고온으로 유지시킬 수 있는 히터 및 제어기를 확인한다.
④ 노즐 헤드(핫 엔드)의 고장 유무를 확인한다.

해설) 내부 챔버 기능이 없는 FDM 3D 프린터의 경우 겨울철 실내 난방이 제대로 이루어지 않는 경우 출력에 큰 영향을 미친다.

23 거의 모든 3D 엔지니어링 소프트웨어에서는 솔리드 모델링과 곡면 모델링을 같이 수행할 수 있는 기능을 제공하고 있다 이를 무엇이라고 하는가?

① 와이어프레임 모델링
② 서피스 모델링
③ 파라메트릭 모델링
④ 하이브리드 모델링

해설) 하이브리드 모델링은 설계자가 디자인한 현상태에 기초해서 모델을 변경하는 익스플리싯 모델링과 디자인 전과정에서 모델의 각 단계가 상호연계되어 있어 처음부터 어떤 방식으로 만들어졌는지에 따라 조작되고 변경되는 파라메트릭 모델링의 혼합 방식이다.

24 3D 프린터의 출력공차를 고려한 파트 수정에 대한 설명으로 옳지 않은 것은?

① 조립되는 부분은 출력공차를 고려하여 부품 형성을 모델링하거나 필요한 경우에는 수정해야 한다.
② 조립 부품을 수정할 때에는 반드시 두 개의 부품을 모두 수정해야 한다.
③ 출력공차를 고려할 시 3D 프린터의 최소/최대 출력 공차를 분석한 후 그 값에 맞게 부품을 수정할 필요가 있다.
④ 공차를 고려할 사항으로는 소재 수축률, 기계공차(오차) 등이 있다.

해설) 조립 부품 중에서 두 개의 부품을 모두 수정하는 것이 아니라, 두 부품 중에서 하나의 부품에만 공차를 적용하는 것이 바람직하다.

정답 20. ③ 21. ④ 22. ② 23. ④ 24. ②

25. 다음 G코드에서 'F1200'이 의미하는 것은?

```
G1  F1200
```

① 이송 속도를 1,200mm/min으로 설정
② 쿨링 팬의 속도를 1,200RPM으로 설정
③ 노즐온도는 1,200℃로 설정
④ 3D 프린터의 동작을 1,200초 동안 정지

해설 G코드 명령어 중 Fnnn은 이송 속도를 의미하며 nnn은 속도 mm/min이다. G1은 현재 위치에서 지정된 위치까지 헤드나 플랫폼을 직선 이송하라는 지령이다.
'F1200'은 헤드(또는 플랫폼)의 이송 속도를 1200mm/min으로 설정하라는 지령이다.

26. 메쉬의 삼각형 면의 한 모서리가 한면에만 포함되는 오류는?

① 오픈 메쉬   ② 클로즈 메쉬
③ 비매니폴드   ④ 반전 면

해설 구멍이 있는 메쉬는 오픈 메쉬가 되어 출력하는 데 큰 오류가 생길 수 있다. 클로즈 메쉬는 메쉬의 삼각형 면의 한 모서리가 2개의 면과 공유하는 것이며, 오픈 메쉬는 아래 그림에서 확대된 부분으로 표현된 경계선처럼 메쉬의 삼각형 면의 한 모서리가 한 면에만 포함되는 경우를 말한다.

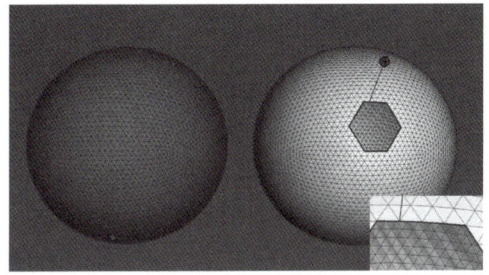

27. 점과 점 사이의 법칙(vertex-to-vertex rule)으로 삼각형들은 꼭짓점을 항상 공유해야 한다. 이 법칙에 위배되는 경우가 아닌 것은?

① 삼각형이 있는 부분
② 삼각형 끼리 겹치는 경우
③ 꼭짓점 연결이 안되는 경우
④ 공간 상에서 삼각형이 서로 교차를 하는 경우

해설 ■ 구멍이 포함된 메쉬의 예
삼각형이 없는 부분, 즉 구멍이 생길 수도 있는데 이런 오류들은 페어링 작업을 통해서 복구해야 한다.

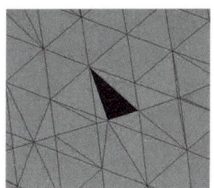

28. 출력물의 윗 부분에 구멍이 생겼을 때 가장 적절한 대처법은?

① 내부채움을 100%로 설정한다.
② 프린터 출력속도를 줄인다.
③ 서포트를 재설정한다.
④ 노즐온도를 올린다.

해설 ■ 출력물 윗부분에 구멍이 생기는 경우 예

29. 3D 프린터에서 모델을 출력하기 전에 슬라이서에서 적층되는 과정을 사전에 확인해 보는 것은?

① 가상 적층   ② 적층 높이
③ 적층 두께   ④ 적층 가공

해설 ■ 슬라이싱(Slicing)
3D 프린팅은 CAD 프로그램으로 모델링한 3차원적 형상물을 2차원적 단면으로 분해한 후 적층하여 다시 3차원적 형상물을 얻는 방식을 말한다.

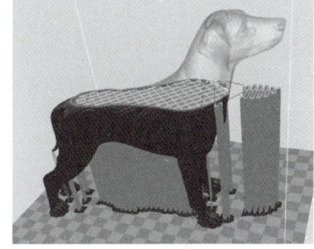

정답 25. ① 26. ① 27. ① 28. ① 29. ①

30 FDM 방식 3D 프린터 출력 전 생성된 G코드에 직접적으로 포함되지 않는 정보는?

① 헤드 이송속도
② 헤드 동작 시간
③ 헤드 온도
④ 헤드 좌표

해설 FDM 방식 3D 프린터로 출력하기 전에 슬라이싱 작업을 통해 G코드가 형성된다. 예를 들어,
㉠ 헤드 이동속도 : G0 F1200 X0.000 Y0.000 Z0.000
 (헤드 이동속도 1,200mm/min)
㉡ 헤드 온도설정 : M104, S210
 (압출기 온도를 210℃로 설정)
㉢ 헤드좌표 : G28 X0 Y0 Z0
 (각 축을 원점인 X=0, X=0, Z=0의 좌표로 이송시킨다.)

■ G코드에 포함되는 내용
㉠ 3D 프린터가 원료를 쌓기 위한 경로 및 속도, 적층 두께, 쉘 두께, 내부 채움 비율
㉡ 인쇄 속도, 압출 온도 및 히팅베드 온도
㉢ 서포터 적용 유무 및 적용 유형, 플랫폼 적용 유무 및 적용 유형
㉣ 필라멘트 직경, 압출량 비율, 노즐 직경
㉤ 리플렉터 적용 유무 및 적용 범위, 트래이블 속도, 쿨링팬 가동 유무

31 FDM 방식의 3D 프린터에서 출력 도중에 재료가 압출되지 않는 경우와 거리가 먼 것은?

① 압출 노즐이 막혀 있을 때
② 스풀에 더 이상 필라멘트가 없을 때
③ 필라멘트 재료가 얇아졌을 때
④ 압출 헤드의 모터가 과열되었을 때

해설 압출기 노즐이 막힌 경우는 출력 초기부터 재료가 압출되지 않는 상황에 해당한다. 출력 설정 시 스커트 기능이 활성화되어 있으면 노즐 막힘 유무를 출력 초기에 확인 가능하다.

32 특별히 지지대가 필요한 면은 없지만 성형 도중에 자중에 의하여 스스로 붕괴하게 되는 경우는?

① Ceiling ② Unstable
③ Overhang ④ Base

해설 ■ 지지대 구조물의 종류 및 설명

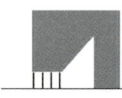
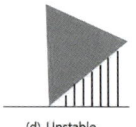
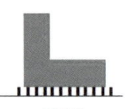

(a) Overhang (b) Ceiling (c) Island
(d) Unstable (e) Base (f) Raft

(a) 외팔보와 같이 새로 생성되는 층이 받쳐지지 않아 아래로 휘게 되는 경우이다.
(b) 양단이 지지되는 경우도 이를 받치는 기둥의 간격이 크면 가운데 부분에서 처짐이 과도하게 발생하게 된다.
(c) 이전에 단면과는 연결되지 않는 단면이 새로이 등장하는 경우로, 지지대가 받쳐주지 않으면 허공에 떠 있는 상태가 되어 제대로 성형되지 않는다.
(d) 특별히 지지대가 필요한 면은 없지만 성형 도중에 자중에 의하여 스스로 붕괴하게 되는 경우다.
(e) 기초 지지대로 성형 중 진동이나 충격이 가해졌을 경우 성형품의 이동이나 붕괴를 방지하기 위한 지지대이다.
(f) 플랫폼에 처음으로 만들어지는 구조물로서 성형 중에는 플랫폼에 대한 강한 접착력을 제공하고, 성형 후에는 부품의 손상 없이 플랫폼에 분리하기 위한 지지대의 일종이다.

지지대와 관련한 성형 결함으로는 제작 중 하중으로 인해 아래로 처지는 현상을 'Sagging'라하며, 소재가 경화화면서 수축에 의해서 뒤틀림이 발생하게 되는데 이러한 현상을 'Warping'이라고 한다.

33 적정온도를 지키지 않고 노즐온도를 설정할 때 노즐의 막힘, 필라멘트 끊김 현상 등이 일어날 수 있으니 출력시 노즐 온도를 소재에 맞게 적정 온도로 설정하여야 한다. PLA의 적정 노즐 온도는?

① 180℃~230℃ ② 220℃~250℃
③ 240℃~260℃ ④ 250℃~280℃

해설 ■ 소재에 따른 노즐 온도(참고값)

소재 종류	노즐 온도
PLA	180℃~230℃
ABS	220℃~250℃
Nylon	240℃~260℃
PC	250℃~305℃
PVA	220℃~230℃
HIPS	215℃~250℃
Wood	175℃~250℃
TPU	210℃~230℃

정답 30. ② 31. ① 32. ② 33. ①

34 다음과 같이 표시된 기하공차 도면에서 0.01이 뜻하는 것은?

| // | 0.01/100 | A |

① 지정길이
② 공차값
③ 참고 규격
④ 평행도 등급

해설 ■ 기하공차 기호의 의미

//	0.01/100	A
형상공차의 종류	공차값/지정길이	기준 데이텀

35 KS 제도법에서 치수 기입방법에 관한 설명으로 잘못된 것은?

① 치수선은 원칙으로 지시하는 길이 또는 각도를 측정하는 방향에 평행하게 긋는다.
② 치수선의 양끝에는 화살표 등 끝부분 기호를 붙인다.
③ 치수선은 반드시 치수 보조선을 사용하여야 한다.
④ 치수 보조선의 간격이 좁아 화살표를 기입할 여지가 없을 때에는 화살표 대신에 검정 동그라미 또는 사선을 사용할 수 있다.

해설 치수보조선은 경우에 따라 부품도의 외형선을 치수보조선으로 이용해도 된다.

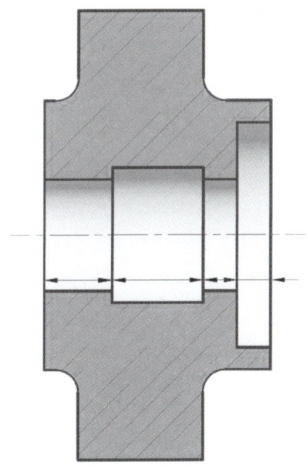

치수 보조선을 사용하지 않은 경우의 예

36 오픈소스 기반 FDM 방식의 보급형 3D 프린팅이 초등학교까지 보급되는 상황에서 학생들의 호기심을 자극하고 있다. 이러한 상황에서 안전을 고려한 3D 프린팅의 운영으로 가장 거리가 먼 것은?

① 필터를 장착한 장비를 권장하고 필터의 교체 주기를 확인하여 관리한다.
② 장비의 내부 동작을 볼 수 있고, 직접 만져 볼 수 있는 오픈형 장비의 운영을 고려한다.
③ 베드는 노히팅 방식을 권장하고 스크레퍼를 사용하지 않는 플랙시블 베드를 지원하는 장비의 운영을 고려한다.
④ 소재는 ABS보다 비교적 인체에 유해성이 적은 PLA를 사용한다.

해설 초등학교 같은 교육기관은 가급적 오픈형보다 밀폐형(유해가스 제거용 헤파필터 내장형)을 권장하고 있으며, 이는 출력 도중 고온으로 가열된 노즐부를 손으로 만지거나 장비 작동 중 손이나 머리카락, 옷 등의 끼임에 의한 안전사고의 우려가 있으므로 운영 시 별도의 세심한 주의를 필요로 한다.

37 ABS와 PLA 중간 정도의 강도를 가지고 있으며 신장률이 뛰어나고 3D 프린터 출력 시 끊어지지 않고 적층이 잘되며 고유의 접착성을 가지고 있어 히팅베드 면에 접착이 우수한 소재는?

① PLA
② HIPS
③ TPU
④ PVA

해설 ■ HIPS(High-Impact Polystyrene) 소재
HIP 소재는 FDM에서 많이 사용하는 재료인 ABS와 PLA의 중간 정도의 강도를 지닌다.
신장률이 뛰어나기 때문에 3D 프린터로 출력 시 쉽게 끊어지지 않고 적층이 잘되며, 고유의 접착성을 가지고 있어서 히팅베드 면에 접착성이 좋은 소재이다.
또한 HIPS 소재는 리모넨(Limonene)이라는 용액에 녹는 성질이 있기 때문에 PVA 소재와 마찬가지로 서포터(지지대) 용도로 사용되기도 한다.

정답 34. ② 35. ③ 36. ② 37. ②

38 마케팅 분석방법 중 SWOT에서 S가 뜻하는 것은?

① 위협 ② 기회
③ 약점 ④ 강점

해설
㉠ S(Strength) : 브랜드나 상품의 강점
㉡ W(Weakness) : 약점
㉢ O(opportunity) : 기회
㉣ T(Threat) : 위협

39 압출기 노즐의 직경이 0.4㎜인 3D 프린터의 레이어 두께로 적당하지 않은 수치는 어느 것인가?

① 0.2mm ② 0.25mm
③ 0.3mm ④ 0.5mm

해설 보급형 3D 프린터의 노즐의 직경은 보통 0.4mm로 슬라이서 상에서 설정할 수 있는 레이어 두께(적층높이)값은 0.4mm 이하인 0.05, 0.1, 0.2, 0.3, 0.4mm 정도이다.

40 출력 방식에 따른 서포트 설명이 아닌 것은?

① 소결 방식 : 별도의 지지대가 필요없다.
② 압출 방식 : 서포트와 출력물의 재료가 다를 수 있다.
③ 광경화 방식 : 서포트 소재와 동일하여 서포트를 얇게 할 수 있다.
④ 재료분사 방식 : 출력소재와 서포트 소재가 동일하다.

해설 재료분사 방식(Matrial Jetting)은 하나의 공정에서 여러 재료를 사용할 수 있으며 재료는 노즐을 통하여 물방울 형태로 플랫폼 위에 분사되며 에너지 빔이 선택적으로 그 소재를 굳혀서 원하는 형상을 얻는 방식이다.
대표적인 상용 기술로 MJM, PoyJet 방식이 있는데 빌드 재료인 아크릴 포토폴리머(Acrylic Photopolymer)와 서포트(Support) 재료가 되는 왁스(Wax)를 동시에 분사하여 자외선(UV Light)으로 경화시켜가며 모델을 제작하는 방식으로 아크릴 계열 의 광경화성 수지는 투명도를 조절하여 조형이 가능하다.

41 렙랩(RepRap) 프로젝트에 대한 설명이 잘못된 것은?

① 주로 FDM(Fused Deposition Modeling) 방식을 사용하는데 렙랩에서는 FFF(Fused Filament Fabrication)라 부른다.
② 국내외 저가형 3D 프린터가 다수 등장할 수 있었던 건 렙랩 프로젝트 덕분이라고 해도 과언이 아니다.
③ 영국에서 시작되었다.
④ 렙랩에서는 3D 프린터 제작에 필요한 도면이나 소프트웨어 정보들은 저가로 구매가 가능하다.

해설 렙랩에서는 3D 프린터 제작에 필요한 도면이나 소프트웨어 정보들이 모두 오픈 소스로 공개되어 있으며 부품을 구매할 수 있는 전자상거래 사이트가 아니다.

42 다음 중 선의 용도 및 종류에 대한 설명으로 맞는 것은?

① 무게 중심선은 가는 1점 쇄선으로 단면의 무게중심을 나타내는데 쓰인다.
② 기준선은 가는 실선이고, 위치결정의 근거가 된다는 것을 명시하는데 쓰인다.
③ 특수 지정선은 가는 1점 쇄선으로 특수한 가공을 하는 부분 등 특별 요구사항을 적용할 수 있는 범위를 표시하는데 쓰인다.
④ 중심선은 가는 1점 쇄선이고 도형의 중심을 표시하는데 쓰인다.

해설
㉠ 가는 2점 쇄선 : 단면의 무게중심을 연결한 선을 표시하는 선
㉡ 가는 1점 쇄선 : 위치결정의 근거가 된다는 것을 명시할 때 쓰는 선
㉢ 굵은 1점 쇄선 : 특수한 가공을 하는 부분 등 특별한 요구사항을 적용할 수 있는 범위를 표시

정답 38. ④ 39. ④ 40. ④ 41. ④ 42. ④

43 축의 지름이 구멍보다 클 때 항상 죔새가 생기는 끼워맞춤은 무엇인가?

① 중간 끼워맞춤
② 억지 끼워맞춤
③ 헐거움 끼워맞춤
④ 구멍기준식 끼워맞춤

해설 ■ 억지 끼워맞춤
축의 최소치수가 구멍의 최대치수보다 항상 큰 끼워맞춤을 말한다.

44 2개 이상의 제품을 동시에 출력할 경우 고려해야 할 사항으로 가장 거리가 먼 것은?

① 각 제품마다 각각의 좌표계를 설정한다.
② 기계 좌표계를 기준으로 공작물 좌표계를 설정한다.
③ 모델 사이에 0.1mm 이상의 공간을 두어야 한다.
④ 플레이트에 Brim을 크게 깔아 주어야 한다.

45 3D 모델링에 대한 설명으로 옳지 않은 것은?

① 스케치를 끝내고 형상치수를 수정할 수 없다.
② 곡면 모델링에서 평면이 없을 경우 가상평면을 형성하여 스케치면을 설정한다.
③ 내부구조를 확인하기 위하여 특정부분의 3D 단면 확인이 가능하다.
④ 3D 형상 간의 치수를 확인하여 설계의 점검이 가능하다.

46 라프트(Raft) 값 설정과 관련이 없는 것은?

① Base line width는 라프트의 맨 아래층 라인의 폭을 설정하는 옵션이다.
② Line spacing은 라프트의 맨 아래층 라인의 간격을 설정하는 옵션이다.
③ Surface layer는 라프트의 맨 위층의 적층 횟수를 설정하는 옵션이다.
④ Infill speed 내부 채움시 속도를 별도로 지정하는 옵션이다.

해설 Infill speed(내부채움 속도)는 내부채움과 관련된 설정이므로 라프트 값과는 무관하다.

47 보통 CO_2 레이저 같은 레이저 열원이 많이 사용된다. 하지만 레이저의 온도가 너무 높으면 분말을 융접할 때 분말이 타는 경우가 생길 수 있으니 분말 소재에 맞는 적정 온도를 설정해야 한다. 이 설명에 맞는 3D 프린팅 기술 방식은?

① 수조광경화 방식
② 재료분사 방식
③ 재료압출 방식
④ 분말융접 방식

해설 분말 융접 3차원 프린팅에서는 금속뿐만 아니라 플라스틱, 세라믹 등 다른 종류의 분말들도 소재로 이용한다.
하지만 기본적으로는 일반적인 소결(Sintering) 공정과 마찬가지로 분말 재료에 압력을 가해서 밀도를 높인 후 여기에 적절한 에너지를 가해서 분말의 표면을 녹여 결합시키는 공정을 이용하므로, 이를 통칭하여 '소결'이라는 용어를 사용한다.

48 다음 중 모따기를 나타내는 치수보조기호는 무엇인가?

① R
② SR
③ C
④ t

해설 R : 반지름, SR : 구의 반지름, t : 얇은 판의 두께

정답 43. ② 44. ④ 45. ① 46. ④ 47. ④ 48. ③

49 대상물의 모양, 기능을 가장 명확하게 나타낼 수 있는 투상도는?

① 부분투상도
② 회전투장도
③ 주투상도
④ 국부 투상도

50 FDM 방식에서 사용하는 소재 중에 ABS, HIPS, PC 소재 등의 히팅베드 설정 온도로 가장 적절한 것은?

① 히팅 베드가 필요없는 소재이다.
② 보통 50℃ 이하로 설정한다.
③ 보통 80℃ 이상으로 설정한다.
④ 히팅베드나 챔버 기능이 필요없는 소재들이다.

해설

소재 종류	히팅베드 사용 유무 혹은 사용 온도
PLA, PVA 소재 등	히팅베드가 아니어도 됨 보통 50~60℃ 이하로 설정
ABS, HIPS, PC 소재 등	히팅베드 필수 보통 80℃ 이상으로 설정

51 솔리드 모델링으로 표현하기 힘든 기하곡면을 모델링하고 형상의 표면 데이터를 얻을 수 있는 모델링은?

① 파라메트릭 모델링
② 파트 모델링
③ 와이어프레임 모델링
④ 서페이스 모델링

해설 ■ 서페이스 모델링(Suface-based Modeling)
곡면 모델링이라고도 하며, 면을 중심으로 하여 물체를 표현하며, 주로 곡선과 곡면을 통해 물체의 외형만을 표현하는 방법이다.
표면만 존재하는 모델링 기법으로 인식되어 컴퓨터의 속도와 메모리를 적게 사용하는 반면에 실제 물체와 같이 물체의 내부 정보를 제공하지 못하기 때문에 솔리드 모델링처럼 물체의 체적이나 용적을 구할 수 없다.

52 3D 스캐너 작업 중 병합(Merging)에 대해 올바르게 설명한 것은?

① 개별 스캐닝 작업에서 얻어진 점 데이터들이 합쳐지는 과정
② 여러 개의 스캔 데이터를 하나의 파일로 통합하는 과정
③ 여러 번의 스캐닝 작업에서 얻어진 점군 데이터들이 합쳐지는 과정
④ 개별 스캔 데이터를 하나의 파일로 통합하는 과정

해설 스캔 데이터는 보통 여러 번의 측정에 따른 점군 데이터를 서로 합친 최종 데이터다. 이렇게 개별 스캐닝 작업에서 얻어진 점 데이터들이 합쳐지는 과정을 정합이라고 한다.
병합은 정합을 통해서 중복되는 부분을 서로 합치는 과정이고, 정합은 전체 데이터를 회전 이송하면서 같은 좌표계로 통일하는 과정이며, 병합은 이러한 데이터를 하나의 파일로 통합하는 과정이다.

53 미국재료시험학회 ASTM에서 규정하고 있는 대표적인 7가지 3D 프린팅 기술방식에 속하지 않는 것은?

① Vat Photopolymerization
② Powder Bed Fusion
③ Sheet Lamination
④ Fused Filament Fabrication

해설 FFF(Fused Filament Fabrication) 기술방식은 재료압출 방식인 FDM과의 상표권 분쟁 방지를 위해 랩렙 오픈소스 진영에서 만들어낸 기술 명칭이다.

54 지지대가 필요한 형상물 출력시 서포트 사용에 설정을 하지 않아도 되는 출력 방식은?

① FDM   ② SLA
③ PolyJet   ④ CJP

해설 CJP(Color Jet Printing)는 접착제분사(Binder Jetting) 방식으로 석고나 수지, 세라믹 등 파우더 형태의 분말재료에 바인더(결합제)를 선택적으로 분사하여 경화시키는 기술이다.

정답 49. ③ 50. ③ 51. ④ 52. ② 53. ④ 54. ④

55 다음 중 가는 1점쇄선을 사용하는 선은?

① 중심선 ② 외형선
③ 치수선 ④ 지시선

해설 · **외형선** : 굵은 실선 · **치수선** : 가는 실선 · **지시선** : 가는 실선

56 출력물 후처리에 사용하기도 하는 아세톤 훈증에 대한 설명으로 잘못된 것은?

① 밀폐된 용기 안에 출력물을 넣고 아세톤을 기화시키면 기화된 아세톤이 출력물의 표면을 강제로 녹여 후처리하는 방법이며 매끈한 표면을 얻을 수 있다.
② 단점은 냄새가 많이 나고 디테일한 부분이나 꼭짓점 각이 뭉개지는 경우가 있다는 것이다.
③ 환기가 잘되는 곳에서 작업해야 하며, 실내에서 사용하는 경우 환기 시설이 갖추어진 공간에서 작업을 실시한다.
④ 아세톤을 기화시키는 방식이라 화재발생 위험이 전혀 없는 후가공 방식으로 각광받고 있다.

해설 투명하고 무색의 휘발성 액체인 아세톤은 에테르, 벤젠, 클로로포름 등에 잘 용해되고 인화성이 매우 강해 열이나 불꽃에 노출 시 화재 및 폭발의 위험성이 크다.

57 FDM 방식 3D 프린터의 품질개선 방법이 아닌 것은?

① 출력 전 노즐 막힘 방지를 위해 온도를 높여 노즐 내부에 굳어 있는 필라멘트를 제거 후 출력한다.
② 노즐 높이 조절을 위해 틈새게이지를 사용하여 세팅한다.
③ 스테핑 모터의 고정이 느슨해지는 것을 방지하기 위해 고정나사로 조여진다.
④ 노즐 토출 구멍의 직경과 관계없이 레이어 두께를 가능한 얇게 설정한다.

58 다음 설명에 해당되는 데이터 포맷은?

· 최초의 3D 호환 표준 포맷
· 형상데이터를 나타내는 엔티티로 이루어져 있다.
· 점, 섬, 원, 자유곡선, 자유곡면 등 3차원 모델의 거의 모든 정보를 포함한다.

① XYZ ② IGES
③ STEP ④ STL

해설 ㉠ XYZ 데이터
가장 단순하며, 각 점에 대한 좌표 값인 XYZ 값을 포함
㉡ IGES(Initial Graphics Exchanges Specification)
최초의 표준 포맷이며, 형상 데이터를 나타내는 엔티티(entity)로 이루어져 있다. 스캔 데이터는 보통 점으로 이루어져 있기 때문에 엔티티 106 혹은 116으로 데이터 저장
㉢ STEP(Standard for Exchange of Product Data)
IGES의 단점을 극복하고 제품 설계부터 생산에 이르는 모든 데이터를 포함하기 위해서 가장 최근에 개발된 표준. 거의 대부분의 상용 CAD/CAM 소프트웨어에서 STEP 표준 파일을 지원하며, 3D 스캐너에서는 선택적으로 지원

59 다음 G코드에 대해 맞는 설명은?

① G01 : 곡선 가공
② G02 : 반시계 방향으로 원호를 가공
③ G50 : 스케일링
④ G60 : 공정밀도 위한 한 방향 위치 결정

해설 ■ G코드 일람표 참조
㉠ G01 : 직선 보간, 직선 가공
㉡ G02 : 원호 보간, 시계 방향으로 원호를 가공
㉢ G50 : 스케일링 취소, 크기 확대, 축소
㉣ G60 : 공정밀도 위한 한 방향 위치 결정

정답 55. ① 56. ④ 57. ④ 58. ② 59. ④

60 FDM 방식 3D 프린터 출력시 첫 번째 레이어의 바닥 안착이 중요하다. 바닥에 출력물이 잘 고정되게 하기 위한 방법으로 적절하지 않은 것은?

① Skirt 라인을 1줄로 설정하여 오브젝트를 출력한다.
② 열 수축현상이 많은 재료를 출력을 하거나 출력물의 바닥이 평평하지 않을 때 Raft를 설정하여 출력한다.
③ 출력물이 플랫폼과 잘 붙도록 출력물의 바닥 주변에 Brim을 설정한다.
④ 소재에 따라 Bed를 적절한 온도로 가열하여 출력물의 바닥이 수축되지 않도록 한다.

해설 압출기 노즐이 막혀 있는지 육안으로 관찰하기 힘들기 때문에 스커트(Skirt) 설정을 하여 출력물의 외곽 주위로 몇 줄 정도 그려주는 출력 보조물로 베드 바닥 안차과는 관련이 없다.

정답 60. ①

참고 ■ FDM/FFF 3D 프린터의 출력 오류의 형태

출력 오류의 형태	원인과 현상
처음부터 재료가 압출되지 않음	① 압출기 내부에 재료가 채워져 있지 않을 때 ② 압출기 노즐과 플랫폼 사이의 거리가 너무 가까울 때 ③ 필라멘트 재료가 얇아졌을 때 ④ 압출기 노즐 구멍이 막혀 있을 때
출력 도중에 재료가 압출되지 않음	① 스풀에 더 이상 필라멘트가 없을 때 ② 필라멘트 재료가 얇아졌을 때 ③ 압출 노즐이 막혔을 때 ④ 압출 헤드의 모터가 과열되었을 때
재료가 베드에 부착되지 않음	① 베드의 수평이 맞지 않을 때 ② 노즐과 베드 사이의 간격이 너무 클 때 ③ 첫 번째 층이 너무 빠르게 성형될 때 ④ 온도 설정이 맞지 않은 경우 ⑤ 플랫폼 표면의 문제가 있는 경우 ⑥ 출력물과 플랫폼 사이의 부착 면적이 작은 경우
재료 압출량이 적음	① 필라멘트 재료의 지름이 적절하지 않은 경우 ② 압출량 설정이 적절하지 않은 경우
재료가 과다하게 압출됨	압출 노즐에서 너무 많은 재료가 압출되어 출력물의 모양이 지저분하게 된 경우
바닥이 말려 올라감	출력물의 바닥이 플랫폼에 부착되어 있지 않고 위쪽으로 말려 올라가는 경우
출력 도중에 단면이 밀려서 조형됨	① 프린트 헤드가 너무 빨리 움직일 때 ② 3D 프린터의 기계 혹은 전자 시스템에 문제가 발생할 때
일부 층이 생성되지 않음	몇 개의 층이 성형되지 않거나 혹은 층의 일부만 성형되어 출력물의 일부 층이 만들어지지 않은 경우
갈라짐 현상	① 층(레이어) 높이가 너무 높은 경우 ② 3D 프린터의 설정 온도가 너무 낮은 경우
얇은 선이 생김	머리카락처럼 얇은 선들이 출력물들 사이에 만들어지는 경우
윗 부분에 구멍이 생김	출력물의 윗부분 형상에 구멍이 생기거나 일부 형상이 만들어지지 않은 경우

PART 04

출제빈도가 높은
G-코드, M-코드 명령어

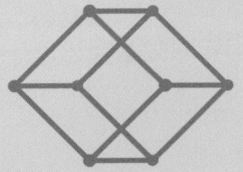

01 3D 프린터에서 사용하는 주요 G-코드 명령어 이해

G-코드 명령어

준비기능(G : preparation function)은 로마자 G 다음에 2자리 숫자(G00~G99)를 붙여 지령한다. 제어장치의 기능을 동작하기 전 준비하는 기능으로 준비기능(G코드)이라고 부른다. 준비기능은 17개의 모달그룹(modal group)으로 분류되어 있다.

1. G-코드 명령어와 용도

G-코드	용 도
Gnnn	어떤 점으로 이동하라는 것과 같은 표준 G-Code 명령
Mnnn	RepRap에 의해 정의된 명령. 예) 쿨링팬 회전
Tnnn	도구 nnn 설정
Snnn	파라미터 명령. 예) 모터로 보내는 전압
Pnnn	파라미터 명령. 밀리초 동안의 시간
Xnnn	이동을 위해 사용하는 X 좌표
Ynnn	이동을 위해 사용하는 Z 좌표
Znnn	이동을 위해 사용하는 Y 좌표
Fnnn	1분당 Feedrate. 예) 프린터 헤드의 속도
Rnnn	파라미터. 예)온도에 사용
Ennn	압출형의 길이 mm
Nnnn	선 번호. 통신 오류시 재전송 요청을 위해 사용
*nnn	체크섬. 통신 오류를 체크하는데 사용

2. 주요 G-코드 명령어와 용도

G-코드	용도
Fnnn	이송 속도, nnn은 이송 속도(mm/min)
Mnnn	압출 필라멘트의 길이, nnn은 압출되는 길이(mm)
G0	급속 이송(빠른 이송), 프린터 헤드나 베드(플랫폼)을 목적지로 빠르게 이송 G0 X20 → X=20mm인 지점으로 빠르게 이송
G1	직선 보간, 현재 위치에서 지정된 위치까지 프린트 헤드나 베드를 직선 이송 이 때 이송 속도나 압출되는 필라멘트 길이 지정 가능 G1 F1200 → 이송속도를 1,200mm/min으로 설정 G1 X80.5 Y12.3 E12.5 → 현재 위치에서 X = 80.5, Y = 12.3으로, 필라멘트를 현재 길이에서 12.5mm까지 압출하면서 이송
G28	원점 이송, 3D 프린터의 각 축을 원점으로 이송
G4	멈춤(dwell), 3D 프린터의 모든 동작을 Pnnn에 의해 지정된 시간만큼 멈춤 G4 P100 → 3D 프린터의 동작을 100msec 동안 멈춘다.
G20	단위 변환, 인치(inch)
G21	단위 변환, 밀리미터(mm)
G90	절대 좌표 설정
G91	상대 좌표 설정
G92	좌표계 설정 G92 Y15 E120 → 3D 프린터의 현재 Y값을 Y=15mm로 압출 필라멘트의 현재 길이를 120mm로 설정한다.

02 3D 프린터에서 사용하는 주요 M-코드 명령어 이해

M-코드 명령어

준비기능은 주로 3D 프린터 헤드의 작동과 관련된 지령들이지만, 보조기능은 프린터 헤드 이외의 보조장치의 제어에 관한 기능들로 구성되어 있다. M코드는 장치별로 다른 경우가 많지만 3D 프린팅에서 자주 사용되는 일부 M코드는 아래와 같다.

1. M-코드 명령어와 용도

M-코드	용도
M0	프로그램 정지(3D 프린터 동작 정지)
M1	휴면 3D 프린터의 버퍼에 남아 있는 모든 움직임을 마치고 시스템을 종료시킨다. 선택적 프로그램 정지(옵션 정지)
M17	모든 스테핑 모터에 전원 공급
M18	모든 스테핑 모터에 전원 차단
M73	장치의 제작 진행률 표시창에 현재까지 제작이 진행된 정도를 백분율로 표시하는 지령
M101	압출기 전원 ON
M102	압출기 전원 ON (역방향)
M103	압출기 전원 OFF, 후진
M104	압출기 온도 설정 Snnn으로 지정된 온도로 압출기의 온도 설정 **M104 S210** : 3D 프린터 압출기 온도를 210℃로 설정
M106	쿨링팬 전원 켜기 Snnn으로 지정된 값으로 쿨링팬 회전 속도 설정 **M106 S170** : 쿨링팬의 회전 속도를 최대 회전 속(255)의 2/3인 170으로 설정
M107	쿨링팬 전원 끄기 M107 대신 'M106 S0'가 사용되기도 함
M109	압출기 온도 설정 후 대기(설정 온도에 도달할 때까지 대기) ME방식의 헤드에서 소재를 녹이는 열선의 온도를 지정하고 해당 조건에 도달할 때까지 가열 혹은 냉각을 하면서 대기하는 명령
M117	LCD 화면 상에 메시지 표시

M-코드	용 도
M126 M127	헤드에 부착된 부가 장치(주로 냉각팬) 등을 켜고 끄는 기능
M133	특정 헤드를 "M109"로 설정한 온도로 다시 가열하도록 하는 기능
M135	헤드의 온도 조작을 위한 PID제어의 온도 측정 및 출력 값 설정 시간 간격을 지정하는 명령
M140	플랫폼(베드)온도 설정 **M140 S80** : 베드의 온도를 80℃로 설정
M141	챔버 온도 설정 제품이 출력되는 공간인 챔버의 온도를 Snnn으로 지정된 값으로 설정
M190	조형하는 플랫폼을 가열하는 기능 베드(조형판)이 지정 온도가 될 때까지 대기 **M190 S70** : 베드의 온도가 70℃가 될 때까지 대기
M300	소리 재생 출력 종료를 알려 주는 용도로 '삐'소리 재생 **M300 S250 P100** : 250Hz 주파수를 갖는 소리를 100밀리 초 동안 재생

주) 세미콜론(;)은 주석을 넣을 때 사용

시험에 **꼭** 나오는
3D 프린터 운용기능사 **필기**
기출문제 풀이집

인 쇄	2023년 3월 28일 초판 1쇄 인쇄
발 행	2023년 4월 10일 초판 1쇄 발행
저 자	김진원·노수황 공저
발행처	도서출판 메카피아
발행인	노수황
대표전화	1544-1605
주 소	서울특별시 영등포구 국회대로76길 18 3층 3호(14) (여의도동, 오성빌딩)
전자우편	mechapia@mechapia.com
팩 스	02-6008-9111
제작관리	조성준
기 획	메카피아 편집부
마케팅	영업부
표지·편집	포인기획
등록번호	제2014-000036호
등록일자	2010년 02월 01일
ISBN	979-11-6248-175-2 13560
정 가	19,800원

※ 이 책은 저작권법에 의해 보호를 받는 저작물로 무단 전재나 복제를 금지하며,
※ 이 책 내용의 전부 또는 일부를 이용하려면 반드시 저작권자나 발행인의 서면동의를 받아야 합니다.
※ 파본 및 낙장은 구입하신 서점에서 교환하여 드립니다.